대한민국이 열광할 시니어 트렌드
디지털 시니어의 탄생

미래 비즈니스를
뒤바꿀
가장 스마트한
시니어가 온다

대한민국이 열광할

시니어 트렌드

디지털 시니어의 탄생

고려대학교 고령사회연구원 지음

비즈니스북스

대한민국이 열광할 시니어 트렌드: 디지털 시니어의 탄생

1판 1쇄 인쇄   2025년 3월 7일
1판 1쇄 발행   2025년 3월 21일

지은이 | 고려대학교 고령사회연구원
발행인 | 홍영태
편집인 | 김미란
발행처 | (주)비즈니스북스
등 록 | 제2000-000225호(2000년 2월 28일)
주 소 | 03991 서울시 마포구 월드컵북로6길 3 이노베이스빌딩 7층
전 화 | (02)338-9449
팩 스 | (02)338-6543
대표메일 | bb@businessbooks.co.kr
홈페이지 | http://www.businessbooks.co.kr
블로그 | http://blog.naver.com/biz_books
페이스북 | thebizbooks
인스타그램 | bizbooks_kr
ISBN 979-11-6254-417-4   03320

몇 해 전 고려대학교 보건대학원 최고위과정에서 모 디지털 플랫폼 회사 CEO의 강의를 들을 때의 일이다. 말 걸어 주는 돌봄 로봇을 활용해 지역사회 독거노인들에게 매일 전화로 안부를 묻는 사업을 설명하고 있었다. 한 노인분이 말하길, 하루에 식사 시간 외 자신의 입을 여는 유일한 때가 로봇이 전화 걸어 주는 그 시간뿐이라 했다.

참으로 가슴이 먹먹했다. 우리나라 시니어들의 다수는 디지털 문명으로부터 소외되어 있다. 내 주변의 시니어 가운데서도 특히 후기 고령자일수록 디지털 문맹자가 드물지 않다. 스마트폰을 적극적으로 사용하는 분들도 많지 않을 뿐만 아니라 사용한다고 해도 제한된 기능만 활용하는 경우가 대부분이다.

이 책은 초고령사회에 진입한 우리 국민의 삶에 새로운 희망의 메시지를 전한다. '나이 든 삶에서 나다운 삶으로'의 변화를 위해 디지털은 필수 요소가 된 것이다. 노년의 삶에서 가장 위협적인 요소인 치매 예방을 위해서는 가까운 이웃들과 끊임없는 소통이 매우 중요하다고 한다. 디지털 시니어는 그런 관점에서 매우 능동적인 접근이다. 주변 지인·가족과 활발히 소통이 가능한 수단을 제공하기 때문이다.

다방면의 저술과 언론 활동 등을 통해 변화하는 디지털 문명과 시니어 그룹 사이에 가교 역할을 하고 있는 이동우 연구위원은 이런 세상의 변화를 매의 눈으로 꿰뚫으며 혜안을 제시한다. 이 책이 초고령사회를 맞이한 대한민국에 새로운 자극이 되어, 고령화 사회의 어두운 단면인 '외로움' 극복에 도움이 되기를 진정으로 소망한다.

최근 대한민국은 2030년을 기점으로 전 세계에서 가장 기대수명이 긴 나라가 될 것으로 예측되었다. 물론 축복일 것이다. 하지만 건강하게 오래 살아가는 지표인 건강수명과의 격차는 점점 벌어지고 있다. 이런 어려움을 이겨 나가는 데 이 책이 기여하길 빈다. 세상을 앞서 보면서 그 지혜를 널리 전파하는, 대한민국 지식인의 사명을 실천하고 있는 이동우 연구위원에게 응원과 격려의 박수를 보낸다.

고려대학교 고령사회연구원장

윤석준

'나이 든' 삶에서 '나다운' 삶으로

21세기에 접어들면서 인류는 인구 구조의 급격한 변화를 경험하고 있다. 특히 고령화 현상은 전 세계적으로 주목받는 중요한 이슈가 되었다. 한국 역시 이런 흐름에서 예외가 아니며 그 속도가 가장 빠른 국가 중 하나로 꼽힌다. 통계청의 전망에 따르면 한국은 2025년에 초고령사회에 진입할 것으로 예상된다. 그리고 2050년경에는 65세 이상 인구가 전체 인구의 약 40퍼센트를 차지할 것이다.

이런 급격한 인구 변화는 우리 사회 전반에 걸쳐 큰 영향을 미치며 특히 경제와 산업 분야에서 새로운 도전과 기회를 동시에 제공한다. 여기서 주목해야 할 중요한 현상 중 하나는 '디지털 시니어'의 등장이다.

| 인구 중 고령자 수 추계

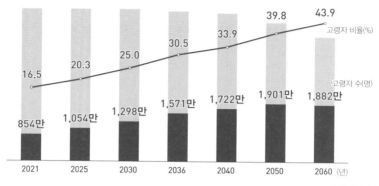

출처: 통계청.

디지털 시니어는 기존의 노년층과는 다른 특징을 지닌 새로운 세대를 지칭한다. 1970년대생이 주축을 이루고 있는 이 세대는 디지털 기술의 발전과 함께 성장했으며 스마트폰과 인터넷을 능숙하게 다룬다. 대부분 경제적으로 여유가 있으며 자신의 삶을 적극적으로 즐기고자 하는 욕구가 강하다.

디지털 시니어의 등장은 시니어 비즈니스 시장에 새로운 변화의 바람을 불러일으키고 있다. 그러나 많은 기업이 아직 이런 변화를 제대로 인식하지 못하고 있다. 시니어를 단순히 '노인'으로 인식하고 그들의 니즈를 단편적으로 이해하는 데 그친다. 이는 시니어 시장의 잠재력을 제대로 활용하지 못하는 결과로 이어지고 있다.

디지털 시니어들은 기존의 시니어들과는 다른 특성과 라이프스타일을 보여 주면서 소비 시장의 새로운 중심축으로 부상하고 있다. 현재 연령대가 40대 후반에서 50대 중반인 이들은 한국 사회의 급격한 변화를 경험했다. 경제 성장기에 청소년기를 보냈고 IMF 외환위기를 겪으며 사회에 진출했다. 기술의 발전과 함께 성장했으며 개인주의적 가치관을 처음으로 사회에 널리 알린 세대이기도 하다.

이들은 아날로그 감성을 지녔지만 디지털 기술에도 익숙하며 새로운 기술을 수용하는 데 거부감이 적다. 또한 지속적인 학습과 성장에 대한 열정이 강해서 은퇴 후에도 새로운 도전을 즐기며 자기계발에 투자를 아끼지 않는다. 건강에도 관심이 커서 운동과 식단 관리에 적극적이며, 웨어러블 기기를 통한 건강 관리나 홈트레이닝 같은 새로운 형태의 건강 관리 방식을 적극적으로 수용하는 편이다.

흔히 우리가 떠올리는 은퇴자의 전통적인 이미지에서 벗어나 있는 이들은 '앙코르 커리어'encore career를 추구하며, 새로운 분야에서 제2의 커리어를 시작하는 경우가 많다. 소비 패턴에서도 변화가 두드러지는데, 노후를 위해 아끼고 절약하기보다는 자신을 위한 투자와 경험을 중시하고 고가의 취미 활동이나 여행에 과감히 투자한다. 품질과 가치를 중시하는 소비를 하며 단순히 물건을 소유하기보다는 이로써 얻는 경험과 만족감을 더 중요하게 여긴다.

그러면서도 이들은 개인의 삶을 즐기는 것을 넘어 사회에 기여하려는 욕구도 강하다. 그래서 자원봉사나 멘토링 활동 등에 적극적으로 참여하며 자신의 경험과 지식을 젊은 세대와 공유하고자 한다. 이는 단순히 사회적 책임감 때문만이 아니라 이런 활동을 통해 자신의 삶에 더 큰 의미와 목적을 부여하고자 하는 욕구의 표현이다.

이런 특성들은 디지털 시니어들이 디지털과 아날로그, 개인과 사회, 일과 삶의 균형을 추구하는 세대임을 보여 준다. 이들은 자신의 삶을 풍요롭게 만들기 위해 끊임없이 노력하면서도 그 과정에서 사회와의 연결과 기여를 중요하게 여긴다. 또한 새로운 기술과 트렌드를 수용하면서도 자신만의 가치관을 견고히 하며 건강하고 의미 있는 삶을 추구하려고 한다.

그러나 여전히 많은 기업이 시니어 시장을 '실버 마켓'silver market 이라는 틀 안에서 바라보고 있다. 시니어를 주로 의료, 요양, 간병 등의 서비스가 필요한 수동적인 소비자로 인식하는 것이다. 신기술과 트렌드에 민감한 디지털 시니어들의 욕망은 기업들의 이런 인식과는 크게 다르다. 이들은 단순히 나이가 들었다는 이유로 노인으로 취급받기를 원하지 않으며 자기만의 독특한 라이프스타일과 가치관을 추구하고 적극적으로 표현하고자 한다.

이런 디지털 시니어들의 욕망은 기존의 시니어 비즈니스 모델과 충돌한다. 아직도 시니어를 위한 제품 하면 보통 은퇴나 신체적 불편에 초점이 맞춰지는 까닭이다. 그러나 그런 태도는 오히려 노인을 사회로부터 분리하고 그들의 가치를 평가절하하는 것이다. 디지털 시니어들은 이제 노년을 안락한 여생을 보내는 시기가 아니라 새로운 삶이 시작되는 시기로 인식한다.

이런 충돌과 변화는 여러 산업 분야에서 나타나고 있다. 건강 관리 분야에서는 질병 치료에 초점을 맞추는 것뿐 아니라 예방과 웰니스에 중점을 둔 서비스에 대한 수요가 증가하고 있다. 여행 산업에서는 단순한 패키지 투어가 아닌, 개인의 취향과 관심사를 고려한 맞춤형 여행 상품에 대한 요구가 높아지고 있다. 금융서비스 분야에서도 디지털 기술을 활용한 편리하고 안전한 서비스에 대한 수요가 증가하고 있다.

이런 변화에 대응하지 못하는 기업들은 앞으로 시니어 시장에서 도태될 것이다. 반면에 새롭게 등장한 디지털 시니어들의 욕망을 정확히 파악하고 이에 맞는 제품과 서비스를 제공하는 기업들은 새로운 기회를 잡을 것이다. 일부 기업들은 이미 디지털 시니어들을 위한 맞춤형 건강 관리 앱, 온라인 교육 플랫폼, 시니어 특화 여행 상품 등을 개발해 성공을 거두고 있다.

그러나 이런 변화를 시도할 때 주의할 점이 있다. 디지털 시니어들이 새로운 기술에 익숙하다고 해서 모든 시니어가 그렇다고 일반화해서는 안 된다. 여전히 많은 시니어가 디지털 기술 사용에 어려움을 겪으며 오프라인 서비스를 선호하는 경우도 많다. 따라서 기업들은 디지털과 아날로그 서비스를 적절히 혼합해 제공하는 전략을 구사할 필요가 있다.

또한 개인정보 보호와 보안에 대한 우려도 고려해야 한다. 디지털 시니어들은 온라인 서비스를 활발히 이용하긴 하지만 동시에 개인정보 유출이나 사기에 대한 우려도 크다. 그렇기에 보다 강력한 보안 시스템

을 구축하고 이용자인 시니어들에게 안전성을 충분히 설명하고 인식시
키려는 노력이 필요하다.

시니어 비즈니스에서 성공하려면 기업들의 인식 변화도 중요하지만
사회 전반의 인식 변화도 필요하다. 아직도 많은 사람이 시니어를 돌봄
이 필요한 대상으로만 인식한다. 그러나 요즘 시니어들은 능동적이고
독립적인 소비의 주체이며 사회의 중요한 구성원이다. 따라서 이들을
존중하고 이들의 경험과 지혜를 활용하는 사회적 분위기를 만들어 가
는 것이 중요하다.

무엇보다 시니어 시장의 잠재력을 인식하고 이를 활용해 혁신적인
제품과 서비스를 개발해야 한다. 동시에 시니어들의 다양한 니즈와 특
성을 깊이 이해하고 그들의 삶의 질 향상에 실질적으로 기여할 방안을
모색해야 한다.

정부 정책 역시 이런 변화에 발맞춰 나가야 한다. 예컨대 디지털 시
니어들의 경제활동을 장려하고 지원하는 정책, 평생교육 지원 정책, 시
니어 창업 지원 정책 등이 필요하다. 또한 세대 간 소통과 교류를 촉진
하는 프로그램을 개발하고 지원하는 것도 중요하다.

시니어 비즈니스는 단순히 하나의 산업 분야가 아니라 우리 사회의
지속 가능한 발전을 위한 중요한 과제다. 고령화 사회에서 시니어들의
삶의 질을 향상하고 그들의 경험과 지혜를 사회적 자산으로 활용하는
것은 매우 중요하다. 따라서 기업들은 단기적인 이익만을 추구할 것이
아니라 장기적인 관점에서 시니어 비즈니스를 바라봐야 한다. 이런 장

기적 관점은 기업의 지속 가능한 성장과 사회적 책임을 동시에 달성할 수 있는 전략적 접근을 요구한다.

장기적 전략의 핵심은 지속 가능성과 포용성에 있다. 기업들은 환경적·사회적·경제적 측면에서 균형 잡힌 접근을 통해 시니어 비즈니스를 발전시켜야 한다. 이는 단순히 시니어를 위한 제품이나 서비스를 제공하는 것을 넘어 그들이 사회의 활발한 구성원으로 참여할 기회를 창출하는 걸 의미한다.

또한 시니어들의 경험과 지혜를 활용해 세대 간 협력을 촉진하고 기업의 혁신과 성장을 도모해야 한다. 예를 들면 시니어들의 전문성을 젊은 세대에게 전수하는 멘토링 프로그램 등을 통해 기업의 내부적 역량을 강화할 수 있다. 단순히 시니어만을 위한 것이 아니라 기업 전체의 경쟁력 향상으로 이어지는 것이다.

장기적 관점에서 시니어 비즈니스는 새로운 시장 기회를 창출할 수 있다. 고령화는 전 세계적인 추세이며 이에 따라 시니어 관련 제품과 서비스에 대한 수요는 지속적으로 증가할 것이다. 기업들은 이런 글로벌 트렌드를 주시하고 국제 시장으로의 확장을 고려해야 한다.

더불어 기업들은 시니어 비즈니스를 통해 사회적 가치를 창출하는 데 주력해야 한다. 이는 기업의 평판을 높이고 브랜드 가치를 키우는 데 도움이 될 뿐만 아니라 장기적으로 기업의 지속 가능성을 확보하는 데 중요한 역할을 한다. 시니어들의 삶의 질 향상에 기여하는 기업은 사회적 신뢰를 얻을 것이며 이는 결과적으로 기업의 성장으로 이어질 것이다.

마지막으로, 기업들은 시니어를 위한 혁신적인 비즈니스 모델을 개발해야 한다. 전통적인 수익 모델에서 벗어나 시니어들의 다양한 니즈를 충족시키는 새로운 형태의 비즈니스 모델을 구상해야 한다. 이는 제품과 서비스의 개발뿐만 아니라 유통, 마케팅, 고객 서비스 등 기업 활동 전반에 걸친 혁신을 요구한다.

요약하면 오늘날 시니어 비즈니스에 대해 장기적 관점을 갖는 것이야말로 지속 가능한 성장과 사회적 책임을 동시에 달성할 수 있는 전략적 접근이라 할 수 있다. 이는 단순히 시니어 시장의 경제적 가치를 활용하는 것을 넘어 고령화 사회에서 기업의 역할과 책임을 재정의하는 것이다. 시니어들의 삶의 질 향상과 사회적 참여 증진을 통해 기업은 경제적 성과와 사회적 가치 창출을 동시에 이룰 수 있다. 그리고 이런 장기적 전략은 기업의 미래 성장을 위한 핵심 동력이 되어 우리 사회의 지속 가능한 발전에 기여하는 중요한 요소가 될 것이다.

차례

제1장 새로운 시니어가 온다

제2장 요즘 시니어들의 디지털 라이프

제7장 시니어는 '스타일'을 추구한다

제8장 '최애'로 연결되다, 시니어 팬덤

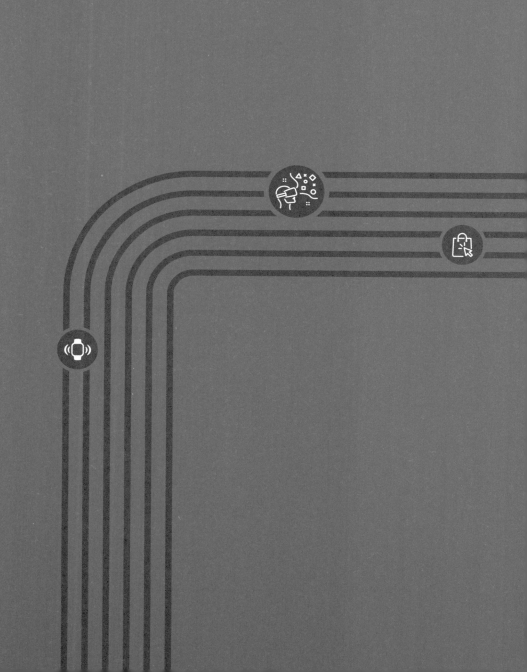

새로운
시니어가 온다

시니어,
디지털 세상을 자유자재로 누비다

불과 얼마 전까지만 해도 빠른 기술 변화에 적응하지 못하거나 무관심하리라 여겨졌던 시니어 세대는 이제 스마트폰과 인터넷을 자유자재로 활용하며 디지털 세상에 적극적으로 참여하는 '기술 주체'로 바뀌었다. 그리고 이런 변화는 단순히 기술 사용의 확대를 넘어 시니어들의 생활 방식, 소비 패턴, 사회적 관계 등 시니어들의 삶 전반에 걸쳐 큰 영향을 미치고 있다.

디지털 시니어들의 가장 큰 특징은 스마트폰을 통한 인터넷 활용이다. 과거에는 PC를 통해 인터넷을 이용하는 것이 일반적이었지만 이제는 언제 어디서나 손쉽게 사용할 수 있는 스마트폰이 주요 디지털 기기로 자리 잡았다. 이를 통해 시니어들은 실시간으로 정보를 얻고 소통하며 다양한 서비스를 이용한다.

정보 검색은 물론이고 소셜 미디어 활동, 온라인 쇼핑, 디지털 금융서비스 이용 등 시니어들의 스마트폰 활용은 이제 일상이 되었다. 특히 소셜 네트워크 서비스(SNS) 이용률이 늘어났는데, 2023년 기준으로 65세 이상 시니어의 SNS 이용률은 34.2퍼센트로 전년 대비 5.1퍼센트포인트 증가했다.

온라인 쇼핑 역시 디지털 시니어들 사이에서 빠르게 확산되고 있다. 과거 오프라인 매장을 선호하던 시니어들은 이제는 스마트폰을 통해 온라인으로 손쉽게 상품을 구매한다. 이는 코로나19 팬데믹 이후 더욱 가속화되었는데, 비대면 소비에 익숙해진 시니어들이 온라인 쇼핑의 편리함을 경험하면서 지속적으로 이용하게 된 까닭이다. 온라인 쇼핑은 시간과 장소의 제약 없이 다양한 상품을 비교하고 구매할 수 있다는 점에서 시니어들에게 큰 매력으로 다가가고 있다.

디지털 금융서비스의 이용도 눈에 띄게 증가해서 모바일 뱅킹, 간편 결제, 온라인 투자 등 다양한 디지털 금융서비스를 활발히 이용하는 모습을 보인다. 이는 금융 기관들이 시니어 친화적인 인터페이스와 서비스를 개발하면서 더욱 가속화되고 있다. 그리고 디지털 시니어들은 더 효율적이고 편리하게 자산을 관리하고 금융 활동을 하고자 하는 욕구가 강하기 때문에 이런 디지털 기술 수용도가 높다.

디지털 시니어들의 적극적인 디지털 기술 활용은 이들의 사회적 관

│ 디지털 시니어들은 동영상 플랫폼 등을 통해 지식과 기술을 습득한다

계에도 큰 영향을 미치고 있다. 이들은 소셜 미디어를 통해 가족, 친구들과 소통하고 새로운 인간관계를 형성하는 등 온라인 공간에서 활발히 활동하는데, 이는 은퇴 후 사회적 관계가 축소될 수 있는 이들에게 새로운 소통의 창구를 제공하고 있다.

특히 코로나19 팬데믹 이후 비대면 소통이 일상화되면서 시니어들의 디지털 소통 능력이 크게 향상되었다. 이제 시니어들은 화상 통화, 메신저 앱 등을 통해 멀리 있는 가족이나 친구들과 실시간으로 소통하며, 온라인 커뮤니티를 통해 같은 관심사를 가진 사람들과 교류하는 등 디지털 공간에서의 사회적 활동을 즐긴다.

또한 디지털 기술은 시니어들의 자기계발과 평생학습에도 큰 도움을 주고 있다. 오늘날 시니어들은 일과 학습을 종료하는 게 아니라 온라

인 강의, 교육 앱 등을 통해 새로운 지식과 기술을 습득하며 이로써 삶의 질 향상을 꾀한다. 특히 유튜브 같은 동영상 플랫폼이 인기가 많은데, 다양한 주제의 교육 콘텐츠, DIY 영상, TED 강연 등을 통해 지식을 쌓고 새로운 기술을 배우는 데 활용하고 있다. 이런 학습 활동은 시니어들의 커리어뿐만 아니라 인지기능 유지와 정신 건강 증진에도 긍정적인 영향을 미치고 있다.

AI 스피커, 스마트홈 기기 등 인공지능 기술의 발전도 시니어들의 생활에 큰 변화를 가져오고 있다. 예를 들면 AI 스피커 음성으로는 날씨 정보를 확인하거나 조명을 끄고 켜거나 음악을 재생하는 등 일상의 편리함을 누릴 수 있다. 또한 AI 기술을 활용한 건강 관리 앱이나 디바이스로 언제 어디서든 자신의 건강 상태를 모니터링하고 관리할 수 있다. 이런 AI 기술의 활용은 시니어들의 독립적인 생활을 지원하고 삶의 질을 높이는 데 큰 역할을 한다.

디지털 시니어들의 증가는 기업들의 마케팅 전략에도 큰 변화를 가져왔다. 과거에는 젊은 층을 주요 타깃으로 삼았던 기업들이 이제는 구매력 있는 시니어 소비자들을 주목하고 있다. 이들의 니즈에 맞춘 제품과 서비스를 개발하고 소셜 미디어 광고, 인플루언서 마케팅 등 디지털 채널을 통해 홍보하는 전략을 취하고 있다.

디지털 시니어들은 제품 구매 전 온라인에서 정보를 검색하는 경향이 강하게 나타난다. 이들은 TV 광고를 통해 제품을 처음 인지한 후 더 자세한 정보를 얻기 위해 온라인 검색을 활용하는 패턴을 보인다. 실제로 37.1퍼센트의 디지털 시니어가 온라인 검색을 통해 제품 정보를 탐색한다고 한다.

특히 유튜브는 디지털 시니어들에게 중요한 정보 습득 채널로 자리 잡았다. 74.5퍼센트의 디지털 시니어가 유튜브를 통해 정보를 얻는다고 응답했는데, 이는 동영상 콘텐츠가 시니어들에게도 매력적인 정보 전달 매체로 인식되고 있음을 보여 준다. 유튜브는 글이나 이미지보다 직관적이고 이해하기 쉬운 형태로 정보를 제공하기 때문에 시니어들의 선호도가 높은 것으로 보인다.

이런 온라인 정보 검색 활성화는 디지털 시니어들의 구매 의사결정 과정에 큰 영향을 미친다. 이제 그들은 단순히 광고나 주변의 추천에 의존하지 않고 스스로 정보를 찾아 비교하고 분석하는 능동적인 소비자로 변모하고 있다. 이는 디지털 시니어들이 젊은 세대 못지않게 디지털 리터러시를 갖추고 있음을 보여 주는 증거이기도 하다.

온라인 정보 검색의 활성화는 기업들의 마케팅 전략에도 변화를 요구하고 있다. 이제 TV 광고만으로는 충분한 정보 전달이 어려워졌기 때문에 온라인 채널을 통한 상세하고 풍부한 제품 정보 제공이 필수가 되었다. 특히 시니어들의 눈높이에 맞는 콘텐츠 제작과 유튜브 등 동영상 플랫폼을 활용한 마케팅이 중요해지고 있다.

금융 산업에서도 디지털 시니어를 위한 서비스가 확대되고 있다. 예를 들어 일본의 SMBC은행은 60세 이상 고객을 위한 전용 지점을 운영하며 70세 이상 고객을 위한 특별 서비스도 제공한다. 이런 서비스는 디지털 기기 사용에 익숙하지 않은 시니어들을 위해 대면 서비스와 디지털 서비스를 적절히 결합한 형태로 제공되고 있다.

기업들의 인력 운영 측면에서도 디지털 시니어의 중요성이 커지고 있다. 많은 기업이 경험과 전문성을 갖춘 시니어 인력을 활용하기 위해 다양한 프로그램을 운영하는데, 예를 들면 SK그룹의 기술 전문가 제도Honored Engineer, HE가 있다. 이 제도는 60세 이상의 우수 엔지니어를 재고용해 그들의 기술과 노하우가 사라지지 않고 활용되도록 하는 것이 목적이다. 독일의 보슈Bosch는 시니어 전문가Senior Expert 프로그램을 통해 은퇴한 전문가들을 프로젝트 멘토로 활용한다. 이런 프로그램들은 디지털 시니어들의 경험과 지혜를 효과적으로 활용하는 방안으로 주목받고 있다.

디지털 시니어들의 증가는 실버산업의 성장에도 큰 영향을 미치고 있다. 특히 헬스케어 분야에서 디지털 기술을 활용한 서비스가 늘어나고 있는데, 원격 진료를 비롯해 웨어러블 디바이스를 통한 건강 모니터링, AI를 활용한 개인 맞춤형 건강 관리 서비스 등이 대표적이다. 이런 서비스들은 시니어들의 건강한 노후 생활을 지원하는 동시에 의료 비용 절감과 삶의 질 향상에 기여하고 있다.

주거 분야에서도 시니어를 위한 변화가 일어나고 있다. 스마트홈 기술을 활용한 시니어 전용 주거 시설이 늘어나고 있으며 특히 움직임 감지 센서, 원격 제어 시스템, 응급 호출 시스템 등이 적용된 안전하고 편리한 주거 환경 제공에 집중하는 경향이 커졌다. 이런 시설들은 시니어

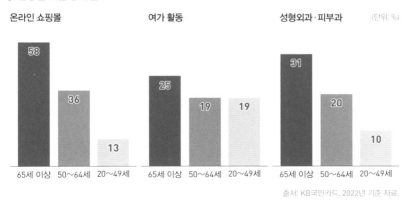

온라인 쇼핑몰 / 여가 활동 / 성형외과·피부과 (단위: %)

온라인 쇼핑몰: 65세 이상 58, 50~64세 36, 20~49세 13
여가 활동: 65세 이상 25, 50~64세 19, 20~49세 19
성형외과·피부과: 65세 이상 31, 50~64세 20, 20~49세 10

출처: KB국민카드, 2022년 기준 자료.

들의 독립적인 생활을 지원하면서도 안전을 보장할 수 있어 큰 주목을 받고 있다.

시니어들의 여가 활동도 변화하고 있다. 온라인 게임, 가상 현실VR 체험, 온라인 여행 등 디지털 기술을 활용한 새로운 형태의 여가 활동이 늘어나고 있다. 특히 코로나19 팬데믹 이후 비대면 여가 활동의 중요성이 커지면서 이런 경향이 더욱 강화되었다. 많은 시니어가 온라인 문화 체험, 가상 박물관 투어, 실시간 스트리밍 공연 관람 등 다양한 디지털 콘텐츠를 즐기고 있다.

이처럼 디지털 시니어의 등장은 사회 전반에 걸쳐 큰 변화를 불러오고 있는데 이를 세 가지 측면에서 살펴보면 다음과 같다.

첫째, 경제적 측면에서 시니어 소비자들의 영향력이 커졌다. 구매력 있는 디지털 시니어들이 온라인 시장에서 차지하는 비중이 늘어나면서 새로운 소비 트렌드를 형성하고 있다.

둘째, 사회적 측면에서 시니어들의 디지털 참여가 활발해지면서 세대 간 소통과 이해가 증진되었다. 온라인 공간에서 다양한 세대가 교류하는 현상은 세대 간 격차를 줄인다.

셋째, 문화적 측면에서 시니어들의 디지털 콘텐츠 소비가 늘어나면서 시니어를 타깃으로 한 새로운 문화 콘텐츠가 등장하고 있다.

그러나 이런 변화 속에서 디지털 격차 문제도 제기되고 있다. 디지털 기기 사용에 어려움을 겪는 시니어들이 여전히 존재하기 때문이다. 이들은 점차 디지털화되는 사회에서 소외될 위험이 있다. 이에 정부와 기업들은 시니어들이 소외되지 않고 변화하는 사회에 적극적으로 참여할 수 있도록 디지털 역량 강화를 위한 다양한 교육 프로그램을 기획·운영하고 있다.

그중 정부의 '디지털 역량 교육 사업'은 시니어들의 디지털 격차 해소를 위해 전국의 복지관, 주민센터, 도서관 등에 '디지털 배움터'를 운영한다. 그리고 '찾아가는 버스'를 마련해 배움터에 가기 어려운 도심이나 농어촌에 거주하는 시니어들을 직접 찾아가 교육을 진행하는 등 지역별 디지털 격차를 완화하는 활동을 벌이고 있다.

각 지방자치단체도 시니어들의 디지털 역량 강화를 위해 다양한 프로그램을 운영한다. 서울시는 고령층을 대상으로 디지털 교육 콘텐츠를 제작하고 유튜브 채널에 공개한다. 부산시는 사회서비스원에 디지털 문제 해결 센터를 두고 있으며 광주시는 행정복지센터, 문화센터 등에서 디지털 배움터 교육을 운영한다.

기업들도 시니어들의 디지털 역량 강화를 위해 다양한 프로그램을 운영하고 있다. 삼성은 '시니어 디지털 아카데미'를 통해 65세 이상 취약 계층 노인을 대상으로 맞춤형 교육을 실시하며, 현대캐피탈은 '시니어 디지털 인턴 프로그램'을 통해 65세 이상 고객을 대상으로 시니어 인턴을 선발해서 금융 교육과 실습을 진행한다. CJ올리브네트웍스는 60세 이상 고령자를 대상으로 '시니어 디지털 리터러시 교육'을 실시하고 있다.

이런 다양한 프로그램들을 통해 시니어들은 디지털 기술에 대한 두려움을 극복하고 자신감을 얻을 수 있다. 그리고 일상생활에서 디지털 기기를 보다 자유롭게 활용할 수 있을 것이다. 이는 단순히 디지털 격차 해소를 넘어 시니어들의 삶의 질 향상과 사회 참여 증진으로 이어질 것이다.

앞으로도 정부와 기업들은 지속적으로 시니어들의 디지털 역량 강화를 위해 노력을 기울일 것으로 예상된다. 이를 통해 디지털 시대에 시니어들이 소외되지 않고 적극적으로 참여할 수 있는 환경이 조성되고 궁극적으로 모든 세대가 함께 성장하고 발전하는 디지털 사회가 실현되길 기대해 본다.

스마트폰으로
쇼핑하는 시니어들

디지털 시니어들 사이에서 스마트폰을 이용한 모바일 쇼핑이 많이 증가하는 추세다. 특히 액티브 시니어active senior (은퇴 이후에도 소비와 여가 생활을 즐기며 사회 활동에 적극적으로 참여하는 50~60대를 지칭하는 말)의 경우 스마트폰을 통한 온라인 쇼핑 비율이 40.2퍼센트에 이르는 것으로 나타났다. 이는 오프라인 매장 방문 비율인 48.8퍼센트에 근접한 수준으로, 모바일 쇼핑이 시니어들의 주요 소비 채널로 자리 잡았음을 보여 준다. 이런 변화는 디지털 기술의 발전과 시니어들의 라이프스타일 변화가 맞물린 결과로 볼 수 있다.

모바일 쇼핑의 증가 추세는 여러 요인에 기인한다.

첫째, 스마트폰의 보급률 증가와 함께 모바일 쇼핑 앱의 사용자 인터페이스가 개선되면서 시니어들의 접근성이 크게 향상되었다. 직관적인 디자인과 간편한 결제 시스템은 시니어들이 모바일 쇼핑을 더욱 쉽게 이용할 수 있게 만들었다.

특히 대형 전자상거래 플랫폼들이 시니어 친화적인 인터페이스를 개발하고 있는 점은 주목할 만하다. 예를 들어 중국의 티몰Tmall과 JD닷컴*은 시니어 전용 앱을 출시해 큰 글씨와 간단한 메뉴 구조, 음성 지원

---

*   티몰(티엔마오. 구 타오바오몰)은 알리바바가 운영하는 B2C e커머스 플랫폼으로 월간 활동 사용자 수는 2018년 기준 5억 명이 넘는다. JD닷컴(징둥닷컴)은 티몰의 최대 경쟁 플랫폼이다.

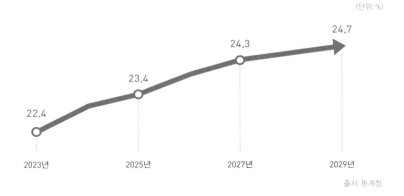

(단위: %)

24.7

24.3

23.4

22.4

2023년   2025년   2027년   2029년

출처: 통계청.

기능 등을 제공한다. 이런 노력은 시니어들의 디지털 접근성을 높이는 데 크게 기여하고 있다.

둘째, 코로나19 팬데믹의 영향으로 비대면 소비가 증가하면서 시니어들도 온라인 쇼핑에 익숙해졌다. 당시 많은 사람이 건강에 대한 우려로 오프라인 매장 방문을 꺼리면서 모바일 쇼핑이 안전하고 편리한 대안으로 부상했다. 시니어들은 처음으로 온라인 쇼핑을 경험하게 되었고 이는 새로운 소비 습관으로 자리 잡았다. 특히 식료품이나 생필품과 같은 일상적인 물품의 온라인 구매가 증가했는데, 이는 시니어들이 디지털 쇼핑의 편리함을 직접 체험하는 계기가 되었다.

셋째, 모바일 쇼핑은 시간과 장소의 제약 없이 상품을 구매할 수 있다는 장점이 있다. 이동이 불편하거나 시간적 여유가 없는 시니어들에게 이는 큰 매력으로 작용한다. 또한 다양한 상품을 비교하고 선택할 수 있다는 점도 모바일 쇼핑의 장점이다. 시니어들은 오프라인 매장을 방문할 때보다 더 많은 선택지를 갖게 되었고 이는 그들의 소비 만족도를 높이는 요인이 되고 있다.

특히 50대 여성의 전자상거래 이용률이 38.2퍼센트로 가장 높게 나타난 점은 주목할 만하다. 이는 50대 여성들이 디지털 기술 활용에 적극적이며 온라인 쇼핑에 대한 거부감이 낮다는 것을 보여 준다. 더불어 이들이 가정 내 주요 소비 결정권자로서 역할하고 있음을 시사한다. 이들 50대 여성은 자녀 세대의 영향으로 디지털 기기 사용에 빠르게 적응하는 편이며 이는 이들의 소비 행태에 반영되고 있다. 이들은 단순히 필요한 물건을 구매하는 것을 넘어 자신의 취향과 라이프스타일을 반영한 상품을 적극적으로 찾아 구매한다.

모바일 쇼핑의 증가는 시니어들의 소비 패턴 변화를 반영한다. 요즘 시니어들은 건강 관련 제품, 취미 용품, 여행 상품 등 다양한 분야에서 적극적인 소비 활동을 보인다. 특히 건강과 웰빙에 대한 관심이 높아지면서 건강기능식품, 운동용품 등의 구매가 증가하고 있다. 예를 들어 바이탈 프로틴Vital Proteins 같은 브랜드의 콜라겐 제품이나 벌크 컴플리트 그린스 프로틴Bulk Complete Greens Protein 같은 건강 보조제가 시니어 소비자들 사이에서 크게 인기를 끌고 있다.

또한 시니어들의 여가 활동이 다양해지면서 관련 상품의 온라인 구매도 증가하고 있다. 여행 상품, 문화 체험 티켓, 취미 용품 등의 구매가 늘어난 현상은 시니어들의 라이프스타일이 더욱 다양해지고 역동적으로 바뀌고 있음을 보여 준다. 특히 온라인 여행 상품 구매의 경우 시니어들이 직접 여행 정보를 검색하고 비교해 구매하는 경향이 늘어나고 있다. 이는 시니어들의 디지털 리터러시가 향상되고 있음을 보여 주는 동시에 그들의 소비 패턴이 주체적이고 능동적으로 변화하고 있음을 시사한다.

욜로와 요노의 조합, 나만의 소비 철학

디지털 시니어들의 소비 트렌드 중 주목할 만한 또 다른 특징은 '욜로'YOLO, You Only Live Once 와 '요노'YONO, You Only Need One 가 결합된 소비 경향이다. 욜로 소비는 현재의 삶을 즐기고 자신을 위한 투자를 아끼지 않는 소비 패턴을 말한다. 반면 요노 소비는 꼭 필요한 것만 구매하는 합리적인 소비를 의미한다. 최근 경기 불황과 취업난이 겹쳐, 과거 아낌없이 쓰던 욜로에서 소비를 줄이고 선택과 집중을 중시하는 요노로 2030세대의 소비 트렌드가 바뀌고 있다.

이런 흐름에서 디지털 시니어들은 이 두 가지 소비 패턴을 적절히 조합해 자신만의 소비 철학을 만들어 가고 있다. 예를 들어 고가의 명품이나 프리미엄 제품을 구매하는 데는 주저하지 않지만 일상적인 생필품은 합리적인 가격에 구매하는 등의 소비 행태를 보인다.

이런 변화는 기업들의 마케팅 전략에도 영향을 미쳐, 많은 기업이 시니어 소비자를 타깃으로 이들의 니즈에 따라 프리미엄 제품군과 가성비 제품군을 유연하게 제시하는 전략을 취하고 있다. 즉 욜로 소비자에게는 제품이나 서비스의 프리미엄 가치를 강조하고, 요노 소비자에게는 제품의 실용성과 경제성을 부각하는 것이다.

더불어 기업들은 소셜 미디어를 통한 타깃 광고, 시니어 인플루언서를 활용한 마케팅 등 디지털 마케팅 전략도 시니어들의 특성에 맞게 조정하고 있다. 또한 AI 기술을 활용해 시니어 소비자의 선호도와 구매 패턴을 분석하고 이를 바탕으로 개인화된 상품 추천 서비스를 제공하는 기업들도 늘어나고 있다.

이처럼 디지털 시니어들의 증가는 새로운 비즈니스 기회를 창출한다. 시니어 전용 온라인 쇼핑몰, 시니어 맞춤형 건강 관리 앱, 시니어 대상 온라인 교육 플랫폼 등 다양한 분야에서 새로운 서비스가 등장하고 있다. 이는 시니어 시장의 잠재력과 다양성을 보여 주는 것으로, 앞으로 더 많은 혁신적인 서비스와 제품이 등장할 것으로 예상된다.

디지털 시니어들의 모바일 쇼핑 증가 추세는 앞으로도 계속될 것으로 전망된다. 특히 5075세대(1955년생부터 1963년생까지)가 본격적으로 은퇴하면서 이들의 소비 행태가 시장에 미치는 영향은 더욱 커질 것으로 예상된다. 이들은 기존의 노년층과는 다른 소비 성향을 띠며 디지털 기술에 대한 적응력도 높다. 따라서 기업들은 이들의 특성을 잘 이해하고 그에 맞는 상품과 서비스를 개발하는 것을 목표로 삼아야 한다.

또한 시니어들의 모바일 쇼핑 증가는 온라인과 오프라인을 연계한 옴니채널Omni Channel* 전략의 중요성을 더욱 부각하고 있다. 많은 시니어가 온라인에서 정보를 탐색하고 오프라인에서 구매하거나, 반대로 오프라인에서 제품을 확인하고 온라인에서 구매하는 등의 행태를 보인다. 따라서 기업들은 온라인과 오프라인을 유기적으로 연결하는 전략을 통해 시니어 소비자들에게 더 나은 쇼핑 경험을 제공할 필요가 있다.

디지털 시니어들의 모바일 쇼핑 증가는 단순한 소비 채널의 변화를 넘어 시니어들의 라이프스타일과 소비문화의 전반적인 변화를 반영한다. 이는 기업들에는 새로운 기회이자 도전이 될 것이며 사회 전반적으로는 세대 간 디지털 격차를 줄이고 더 포용적인 디지털 사회를 이뤄 가는 계기가 될 것이다.

앞으로 시니어들의 디지털 역량이 더욱 향상되고 모바일 쇼핑 환경이 더욱 개선되면서 시니어 소비자들의 영향력은 더욱 커질 것으로 예상된다. 이에 따라 기업들은 시니어 소비자들의 니즈를 더욱 세밀하게 파악하고 그에 맞는 맞춤형 서비스와 제품을 개발하는 데 주력해야 할 것이다.

---

* 　모든 것을 뜻하는 라틴어 '옴니'Omni와 제품의 유통경로를 의미하는 '채널'Channel이 합쳐진 단어다. 소비자가 온라인, 오프라인, 모바일 등 다양한 경로를 넘나들며 상품을 검색하고 구매할 수 있도록 함으로써 어떤 채널에서든 소비자가 하나의 통합된 경험을 누릴 수 있도록 하는 접근 방식을 말한다. 백화점 온라인몰에서 구입한 상품을 오프라인 매장에서 픽업하는 것이 대표적인 사례다.

디지털 결제,
시니어의 소비 패턴을 바꾸다

　　디지털 시니어들 사이에서 디지털 결제 방식, 특히 간편 결제에 대한 선호도가 높아지고 있다. 조사 결과에 따르면 미리 등록해 둔 카드로 결제하는 간편 결제 방식의 이용률이 50.9퍼센트인 것으로 나타났다. 이는 일반 카드 결제 이용률인 19.8퍼센트를 크게 앞서는 수치로 디지털 시니어들이 새로운 결제 방식을 적극적으로 수용하고 있음을 보여 준다. 이런 현상은 디지털 시니어들의 라이프스타일 변화와 기술 수용도 향상을 반영하는 것으로 볼 수 있다.

　간편 결제 방식이 선호되는 이유는 여러 가지가 있다.

　첫째, 사용의 편리성이다. 한번 카드 정보를 등록해 두면 이후에는 간단한 인증 절차만으로 결제할 수 있기 때문에 쇼핑하는 데 들이는 시간과 노력을 절약할 수 있다. 특히 온라인 쇼핑 시 매번 카드 정보를 입력해야 하는 번거로움과 수고를 줄일 수 있다는 점이 큰 장점으로 작용한다. 이는 디지털 기기 사용에 능숙하거나 교육을 받은 시니어들에게 특히 매력적으로 다가가고 있다.

　둘째, 보안성이 향상되었다는 점이다. 초기에는 보안에 대한 우려가 있었지만 생체인증 등 다양한 보안 기술이 도입되면서 안전성에 대한 인식이 개선되었다. 실제로 많은 디지털 시니어가 간편 결제가 일반 카드 결제보다 더 안전하다고 느끼고 있다. 이는 기술에 대한 신뢰도가 높아졌음을 의미하며 이로써 디지털 시니어들의 기술 수용도도 전반적으로 향상되었음을 보여 준다.

셋째, 다양한 혜택과 포인트 적립 등의 부가 서비스가 제공된다는 점도 간편 결제의 매력을 높이고 있다. 많은 간편 결제 서비스가 캐시백, 할인 쿠폰 등을 제공하며 이는 가격에 민감한 시니어 소비자들에게 큰 유인으로 작용한다. 이런 혜택은 디지털 시니어들의 경제적 이익을 증진하는 동시에 새로운 기술 사용에 대한 동기를 부여한다.

특히 주목할 만한 점은 디지털 시니어의 88.7퍼센트가 스마트 페이를 편리하다고 평가했다는 것이다. 이는 대다수의 디지털 시니어들이 새로운 결제 기술에 대해 긍정적임을 보여 준다. 이런 높은 만족도를 보면 향후 디지털 결제 방식은 더욱 확대될 것이다. 오늘날 디지털 시니어들은 단순히 기술을 수용하는 것을 넘어 적극적으로 활용하고 있다.

디지털 결제의 선호는 오프라인 매장에서도 나타나고 있다. 많은 디지털 시니어가 실물 카드나 현금 대신 스마트폰을 이용한 모바일 결제를 선택한다. 이는 지갑을 따로 들고 다닐 필요가 없다는 편리성과 함께, 현금 사용을 줄임으로써 위생적이라는 인식도 작용한 결과로 볼 수 있다. 특히 코로나19 팬데믹 이후 비접촉 결제에 대한 선호도가 높아진 것도 이런 추세를 가속화하는 요인이다.

시니어들의 디지털 결제 선호 현상은 금융서비스 산업에 큰 영향을 미치고 있다. 은행들은 시니어 고객에게 특화된 디지털 금융서비스를 개발하고 핀테크 기업들도 시니어 친화적인 서비스 개발에 주력하고 있다. 금융 세계에서 디지털 시니어들이 새로운 주요 고객층으로 부상한 것이다. 그리고 이런 현상은 더 큰 맥락에서 볼 때 디지털 금융서비스 전반에 대한 수용도 증가로 이어지고 있다. 모바일 뱅킹, 온라인 투자, P2P 대출 등 다양한 디지털 금융서비스에 대한 시니어들의 관심과 이용률이 높아지고 있다. 이제 시니어들은 단순히 결제 수단을 넘어 전반적인 금융 생활에서 디지털화를 받아들이고 있다.

특히 주목할 만한 점은 디지털 시니어들의 투자 행태 변화다. 온라인 주식 거래, 로보어드바이저*를 통한 자산 관리, 암호화폐 투자 등 새로운 형태의 투자에 관심을 보이는 시니어들이 늘어나고 있다. 디지털 기술을 통해 더 다양한 투자 기회에 접근할 수 있게 되면서 시니어들의 자산 관리 방식에도 변화가 일어나고 있다.

이런 변화는 금융 교육의 중요성을 더욱 부각시킨다. 많은 금융 기관이 시니어를 대상으로 한 금융 교육 프로그램을 운영하며 디지털 금융 서비스의 이용 방법뿐만 아니라 금융 사기 예방, 개인정보 보호 등에 대한 교육도 함께 제공한다. 이는 시니어들이 안전하게 디지털 금융서비스를 활용할 수 있도록 돕는 중요한 역할을 하고 있다.

한편 디지털 결제의 확산은 시니어들의 소비 패턴에도 영향을 미치고 있다. 간편 결제의 편리성 때문에 충동구매가 늘어날 수 있다는 우려도 있지만, 반대로 지출 내역을 쉽게 확인하고 관리할 수 있어 더 합리

---

* 인간의 간섭을 최소한으로 해서 금융서비스나 투자 관리를 온라인으로 제공하는 일종의 투자 자문역이라 할 수 있다. 수리적 규칙이나 알고리즘에 기반한 디지털 금융서비스를 제공한다.

적인 소비가 가능해졌다는 의견도 있다. 실제로 많은 디지털 시니어가 모바일 앱을 통해 자신의 소비 패턴을 분석하고 예산을 관리하는 등 더욱 체계적인 재무 관리를 하는 것으로 나타났다.

디지털 결제의 확산은 시니어들의 사회적 활동에도 영향을 미친다. 예를 들어 온라인 기부나 크라우드펀딩 참여가 쉬워지면서 사회 공헌 활동에 참여하는 시니어들이 늘어나고 있다. 또한 디지털 결제를 통해 소액 송금이 간편해지면서 가족이나 지인들과의 금전적 교류도 더욱 활발해졌다. 이는 디지털 기술이 시니어들의 사회적 관계를 강화하는 데 기여하고 있음을 보여 준다.

디지털 결제의 선호 현상은 시니어들의 라이프스타일 전반에 걸친 변화를 반영한다. 디지털 기술을 적극적으로 수용하고·활용하는 시니어들이 늘어나면서 이들을 타깃으로 한 새로운 서비스와 제품이 등장하고 있다. 예를 들어 시니어 특화 핀테크 서비스, 건강 관리와 연계된 금융상품 등이 개발되고 있으며 이는 시니어 시장의 잠재력을 보여 주는 사례라고 할 수 있다.

더불어 디지털 결제의 확산은 현금 없는 사회로의 전환을 가속화하고 있다. 이는 시니어들의 생활 방식에도 큰 영향을 미치는데, 예를 들면 현금을 소지하지 않아도 되는 편리함, 지출 내역의 자동 기록, 분실이나 도난의 위험 감소 등의 이점을 경험하면서 많은 시니어가 현금 사용을 줄이고 있다. 이는 시니어들의 일상생활에 큰 변화를 가져오며 나아가 경제 전반의 디지털화를 촉진하는 요인이 되고 있다.

온라인 쇼핑의 증가와 함께 디지털 결제의 편리성이 더해지면서 시니어들의 소비 행태에도 변화가 나타나고 소비 영역이 확대되고 있다. 특히 해외 직구나 온라인 예약 서비스 등 과거에는 접근하기 어려웠던 서비스들을 이용하는 시니어들이 늘어나고 있다. 이는 시니어들의 소비 생활이 더욱 다양해지고 풍부해지고 있음을 보여 준다.

또한 온라인 플랫폼을 통한 중고 거래나 소규모 창업 등이 쉬워지면서 은퇴 후에도 경제활동을 지속하는 시니어들이 늘어나고 있다. 이는 디지털 기술이 시니어들에게 새로운 경제적 기회를 제공해 경제활동 참여를 독려하고 있음을 보여 준다.

디지털 결제의 선호 현상은 금융 산업의 변화도 촉진한다. 전통적인 은행들은 디지털 전환을 가속화하고 있으며 새로운 핀테크 기업들도 시니어 시장을 겨냥한 서비스를 개발하고 있다. 이는 금융서비스의 다양성과 접근성을 높이는 결과로 이어지고 있으며, 궁극적으로는 시니어들의 금융 생활을 더욱 풍요롭게 만들고 있다.

그러나 이런 변화 속에서 디지털 기기 사용에 어려움을 겪는 시니어들은 점차 디지털화되는 금융 환경에서 소외될 위험이 있다. 이에 정부와 금융 기관들은 디지털 소외 계층을 위한 대안적 서비스를 제공하는 한편 디지털 교육을 통해 이들의 참여를 독려하고 있다.

또한 디지털 결제가 새로운 형태의 금융 사기나 보안 위협을 야기할 수 있다는 우려도 있다. 디지털 결제가 늘어날수록 개인의 금융 정보와 소비 패턴 등이 디지털 플랫폼에 축적되고 있어 이에 대한 보안 문제가 중요한 이슈로 대두된 것이다. 특히 시니어들의 경우 디지털 보안에 대한 인식이 상대적으로 낮아 이들을 대상으로 한 금융 사기나 개인정보 유출 위험이 증가할 수 있다.

이에 금융 기관들은 보안 시스템을 강화하고 시니어들을 대상으로 한 금융 보안 교육도 강화하고 있다. 이는 디지털 시니어들이 안전하게 디지털 금융서비스를 이용할 수 있는 환경을 조성하는 데 중요한 역할을 한다.

더불어 디지털 서비스를 제공함과 동시에 전통적인 대면 서비스도 유지하는 등 다양한 채널을 통해 시니어들이 이용하기 쉽도록 접근성을 보장하고 있다. 또한 시니어 친화적인 인터페이스 개발, 쉬운 용어 사용, 큰 글씨 옵션 제공 등 시니어들의 특성을 고려한 서비스 디자인에도 주력하고 있다.

디지털 결제의 확산은 시니어들의 금융 생활에 큰 변화를 가져오고 있다. 이는 편리성과 접근성 향상이라는 긍정적 측면과 함께 보안과 개인정보 보호라는 새로운 과제도 제시한다. 앞으로 금융 산업은 이런 양면성을 고려해 시니어들이 안전하고 편리하게 디지털 금융서비스를 이용할 수 있는 환경을 조성해야 할 것이다. 이를 통해 시니어들의 금융 생활이 더욱 풍요로워지고 나아가 디지털 시대에 적극적으로 참여할 수 있는 기반이 마련되길 바란다.

누구보다 AI가
필요한 시니어들

오늘날 시니어들을 위해 개발된 인공지능 서비스는 다양한 분야에서 활발히 도입되고 있으며 실제로 시니어들의 삶의 질 향상에 크게 기여하고 있다. 이런 서비스들은 건강 관리, 일상생활 지원, 정서적 케어 등 다양한 영역에서 시니어들의 필요를 충족시키는데, 특히 AI 기술의 발전으로 더욱 개인화되고 효율적인 서비스를 받을 수 있게 되었다.

건강 관리 분야에서 AI 기술은 중요한 역할을 한다. AI 기반의 스마트 헬스케어 시스템은 시니어들의 건강 상태를 실시간으로 모니터링하고 관리하는 데 활용된다. 예를 들어 AI가 내장된 스마트워치는 심박수, 혈압, 혈당 등을 지속적으로 체크하고 이상 징후가 감지되면 자동으로 의료진에게 알림을 보낸다.

경기도에서 시행 중인 '늘 편한 AI 케어' 서비스는 이런 AI 기반 건강 관리의 좋은 예다. 이 서비스는 스마트폰 앱을 통해 시니어들의 건강 상태를 확인하고 관리한다. 휴대폰 카메라에 15초간 손가락을 대면 혈류를 체크해 심혈관 건강 상태를 알려 주며, AI 알고리즘이 건강 리포트를 작성하고 치매 위험군 자가검사 결과를 돌봄 매니저에게 전송해 필요한 복지 서비스에 연결해 준다. 이런 서비스는 시니어들이 자신의 건강 상태를 쉽게 확인하고 관리할 수 있도록 도와준다.

또한 'AI 로봇 활용 어르신 건강관리사업'은 건강 관리에 취약한 독거노인에게 AI 건강 관리 로봇을 제공해 비대면 건강 관리 서비스를 제공한다. 이 로봇은 챗GPT가 탑재되어 양방향 대화를 통해 건강 상태를 점검하고 식사와 복약 관리도 가능하다. 위급 상황 시에는 보호자나 119에 연계되는 기능도 있어 시니어들의 안전을 보장한다. 이제는 독거노인들의 건강 관리와 안전에 AI 로봇이 다방면에서 활용될 것으로 예상된다.

일상생활 지원 측면에서도 AI 기술은 큰 역할을 한다. 음성 인식 기술을 활용한 AI 스피커는 시니어들이 가장 편안하게 사용할 수 있는 디지털 기기 중 하나다. 복잡한 조작 없이 음성 명령만으로 날씨 확인, 전화 걸기, 음악 재생 등 다양한 기능을 이용할 수 있어 쉽고 편리하게 일상생활을 영위할 수 있다. 이는 시니어들이 디지털 기술을 더 쉽게 받아들이고 활용할 수 있게 해주는 중요한 요소가 되고 있다.

KT에서 개발한 'AI 케어 서비스'는 이런 음성 인식 기술을 활용한 대표적인 서비스다. 독거노인이 응급 상황에서 "지니야, 도와줘."라고 말하면 KT텔레캅-119 연계 시스템의 24시간 구조가 작동한다. 또한 복약 알람, 인지장애 예방용 게임, AI 말벗 대화 등의 기능으로 시니어들의 일상생활을 종합적으로 지원한다. 이런 서비스는 시니어들의 안전을 보장하는 동시에 생활의 편의성을 크게 높일 것으로 기대된다.

정서적 케어 측면에서는 AI 반려봇이 주목받고 있다. 이 로봇들은 시니어들과 대화를 나누며 외로움을 달래 주고 일상 속에서 친구 같은 존재로 기능한다. AI 반려봇은 시니어들의 기분을 이해하고 적절한 반응을 통해 긍정적인 상호작용을 제공하며, 시니어들이 좋아하는 음악을 재생하거나 일상생활을 모니터링하며 정서적 안정감을 제공한다. 이는 특히 독거노인들의 외로움과 고립감을 해소하는 데 큰 도움이 되고 있다.

경기도의 'AI 어르신 든든지키미' 서비스는 이런 정서적 케어와 안전 관리를 결합한 서비스다. AI 스피커가 노인과의 대화를 통해 우울감이나 고독감과 관련된 키워드를 감지하면 관제센터에 알리는 역할을 한다. 또한 학대 위험이 있는 노인들을 위해 위기 상황 발생 시 AI 스피커가 음성으로 상황을 감지해 112나 노인보호전문기관을 긴급 호출하기도 한다. 이런 서비스는 시니어들의 정서적 안정과 안전을 동시에 보장하는 데 큰 역할을 한다.

디지털 교육 분야에서도 AI 기술이 활용되고 있다. 서초구에서는 AI 로봇을 활용한 스마트 교육을 시행하는데, 이 로봇에는 치매 예방, 코딩, 인지기능 개선, 디지털 기기 사용법 등 다양한 프로그램이 탑재되어 시니어들이 디지털 기술을 쉽게 학습할 수 있도록 돕고 있다. 이는 시니어들의 디지털 리터러시를 향상시켜 세대 간 디지털 격차를 줄이는 데 기여한다.

이런 AI 서비스들은 시니어들의 디지털 격차를 해소하고 삶의 질을 높이는 데 큰 역할을 하고 있다. 그러나 여전히 디지털 기기 사용에 어려움을 겪는 시니어들이 존재하며 이들이 디지털화되는 사회에서 소외되지 않도록 하는 게 중요한 과제로 남아 있다. 이에 정부와 기업들은 시니어들의 디지털 역량 강화를 위한 다양한 교육 프로그램을 운영하고 있으며 보다 직관적이고 사용하기 쉬운 인터페이스 개발에 노력을 기울이고 있다.

요약하면 AI 기술의 발전은 시니어들의 삶에 크고 다양한 변화를 가져오고 있다. 건강 관리 측면에서는 개인화된 모니터링과 관리가 가능해져 질병 예방과 조기 발견에 도움을 주고 있다. 일상생활 지원 측면에서는 음성 인식 기술을 통해 시니어들이 더 쉽게 디지털 기기를 활용할 수 있게 되었고 이는 그들의 독립성과 자율성을 높이는 데 기여한다. 정서적 케어 측면에서는 AI 반려봇이 시니어들의 외로움을 달래고 정서적 안정을 제공하고 있다.

또한 AI 기술은 시니어들의 안전을 보장하는 데도 큰 역할을 한다. 응급 상황 감지 및 대응 시스템, 위치 추적 서비스 등을 통해 시니어들이 더 안전한 환경에서 생활할 수 있게 되었다. 이는 특히 독거노인들의 안전을 보장하는 데 큰 도움이 되고 있다.

AI 기술의 활용은 시니어들의 사회 참여와 활동을 증진하는 데도 기여한다. 온라인 커뮤니티 참여, 원격 교육 프로그램 등을 통해 시니어들은 더 많은 사회적 상호작용의 기회를 가질 수 있게 되었다. 이는 그들의 정신 건강과 삶의 질 향상에 긍정적인 영향을 미치고 있다.

그러나 이런 AI 기술의 활용에는 몇 가지 과제가 존재한다. 첫째, 개인정보 보호와 데이터 보안의 문제다. AI 서비스가 수집하는 개인 건강 정보와 일상생활 데이터의 보안을 강화하고 이를 안전하게 관리하는 것이 중요하다. 둘째, 기술에 대한 접근성과 사용성의 문제다. 모든 시니어가 동등하게 이런 기술을 활용할 수 있도록 하는 것이 중요하며 이를 위해 지속적인 교육과 지원이 필요하다.

AI 기술은 디지털 시니어들의 삶에 깊이 관여하며 그들의 건강, 안전, 일상생활, 정서적 웰빙을 지원한다. 이런 기술의 발전은 시니어들이 더 독립적이고 풍요로운 삶을 영위할 수 있게 해주며 동시에 그들의 가족과 사회에도 긍정적인 영향을 미치고 있다. 앞으로도 AI 기술은 계속해서 발전하고 시니어들의 삶을 더욱 풍요롭게 만들어 갈 것이다.

'돌봄'에서 '관리'로,
새로운 건강 트렌드

디지털 시니어들은 건강과 여가 활동에 적극적으로 투자한다. 이는 과거의 시니어들과 달리 삶의 질을 높이고 자아실현을 추구하는 새로운 문화를 반영하는 것이다. 이들은 건강에 관심이 크고 관련 상품을 소비하며 여행과 문화생활 등 여가 활동에도 적극적으로 참여하는 경향이 있다.

디지털 시니어들에게 건강과 운동은 최대의 관심사로 꼽힌다. 통계에 따르면 68.1퍼센트의 시니어가 건강과 운동을 가장 중요하게 여기는 것으로 나타났다. 이런 관심은 실제 소비 행태로 이어져 건강기능식품과 영양제 구매가 66.9퍼센트로 높은 비중을 차지한다. 이는 시니어들이 단순히 수명 연장을 넘어 건강한 삶을 추구하고 있음을 보여 준다.

건강에 대한 높은 관심은 디지털 헬스케어 산업의 성장 가능성을 시사한다. 디지털 시니어들은 스마트 기기를 활용한 건강 관리에도 적극적인 모습을 보인다. 예를 들면 핏비트Fitbit 같은 웨어러블 디바이스를 통한 건강 모니터링, 모바일 앱을 이용한 운동 관리 등 디지털 기술을 활용한 헬스케어 서비스에 대한 수요가 증가하는 추세다.

이런 기기와 프로그램은 일상적인 활동량, 심박수, 수면 패턴 등을 실시간으로 모니터링해 사용자에게 건강 상태에 대한 정보와 통찰을 제공한다. 시니어들은 이를 통해 자신의 건강 상태를 객관적으로 파악하고, 필요한 경우 생활 습관을 개선하는 데 활용할 수 있다.

또한 코로나19 팬데믹 이후 비대면 의료 서비스에 대한 관심도 높아졌다. 모바일을 통한 진료 예약, 비대면 상담 등 디지털 기술을 활용한 의료 서비스가 시니어들 사이에서도 점차 보편화되는 추세이며 이는 시니어들의 의료 서비스 접근성을 높이고 불필요한 병원 방문을 줄이는 데 기여하고 있다.

디지털 시니어들의 건강에 대한 관심은 정신 건강 분야로도 확장되어, 캄Calm 이나 헤드스페이스Headspace 같은 명상 및 마음챙김 앱의 사용이 시니어들 사이에서 크게 증가하고 있다. 요즘은 많은 시니어가 이런 앱을 통해 스트레스를 관리하고 정신 건강 증진을 도모한다. 이는 사람들이 신체적 건강뿐만 아니라 정신적 웰빙에도 관심을 기울이고 있음을 보여 주는 것이다.

한편 요즘 시니어들은 여가 활동에도 적극적인 모습을 보인다. 선호하는 여가 활동으로는 국내외 여행(77.9퍼센트)과 영화 관람(60.4퍼센트)이 높은 비중을 차지하고 있으며 여행과 레저 관련 상품 구매도 57.7퍼센트로 높은 수준을 보인다. 여행에 대한 관심이 커진 것은 은퇴 후 시간적 여유가 생긴 시니어들이 새로운 경험과 자아실현의 기회로 여행을 선택하고 있기 때문으로 보인다. 단순한 관광지 방문을 넘어 체험형, 학습형 여행 상품에 대한 수요도 증가하고 있다.

여행 분야에서도 디지털 기술의 활용이 두드러진다. 디지털 시니어들은 온라인 여행 예약 플랫폼을 통해 자유롭게 여행 일정을 계획하고 모바일 앱을 통해 현지 정보를 실시간으로 확인하는 등 디지털 기술을 적극적으로 활용한다. 또한 가상 현실 기술을 활용한 온라인 여행 체험도 새로운 트렌드로 부상했는데, 온라인 여행은 물리적 제약 없이 다양한 여행지를 경험할 기회를 제공한다.

문화생활에 대한 관심도 커지고 있다. 영화 관람뿐만 아니라 공연, 전시회 등 다양한 문화 활동에 참여하는 시니어들이 늘어나고 있는데, 이는 단순히 여가 시간을 보내는 것을 넘어 문화적 소양을 쌓고 삶의 질을 높이고자 하는 욕구의 표현으로 볼 수 있다. 온라인 스트리밍 서비스를 통해 다양한 영화와 드라마를 즐기는 시니어들도 증가했는데 이는 문화 콘텐츠 소비 방식이 변화하고 있음을 보여 준다.

디지털 시니어들의 여가 활동은 온라인 게임, 가상 현실 체험, 온라인 여행 등 디지털 기술을 활용한 새로운 형태로 확장되고 있다. 특히 코로나19 팬데믹 이후 비대면 여가 활동의 중요성이 커지면서 이런 경향이 더욱 강화되었는데 온라인 문화 체험, 가상 박물관 투어, 실시간 스트리밍 공연 관람 등 다양한 디지털 콘텐츠를 즐기는 시니어들이 늘어나고 있다.

교육과 자기계발에 대한 관심도 높아져 K-무크K-MOOC, 유데미Udemy 등의 온라인 교육 플랫폼을 통해 다양한 분야의 강의를 수강하는 시니어들이 증가하고 있다. 이는 평생학습에 대한 욕구와 함께 디지털 시대에 적응하고자 하는 시니어들의 노력을 보여 준다. 특히 디지털 리터러시 향상을 위한 교육 프로그램에 대한 수요가 높아지고 있으며 이는 시니어들의 디지털 격차 해소에 기여하고 있다.

언어 학습에서는 듀오링고Duolingo나 바벨Babbel 같은 언어 학습 앱을 통해 새로운 언어를 배우는 시니어들이 늘어나고 있다. 글로벌 시대에 발맞춰 새로운 문화를 이해하고 소통하고자 하는 욕구가 반영된 현상이다. 언어 학습은 시니어들의 인지기능 향상에도 도움이 되어 치매 예방에도 효과가 있는 것으로 알려져 있다.

DIY와 취미 활동에서도 유튜브나 온라인 커뮤니티를 통해 다양한 DIY 기술을 배우고 실천하는 시니어들이 늘어나고 있다. 이는 단순히 시간을 보내는 것을 넘어 창의성을 발휘하고 성취감을 얻는 기회가 된다. 더불어 온라인 플랫폼을 통해 자신의 작품을 공유하고 판매할 수 있어 새로운 경제활동의 가능성을 보여 준다.

TED 강연과 같은 지식 공유 플랫폼도 시니어들 사이에서 인기다. 많은 시니어가 다양한 분야의 전문가 강연을 통해 새로운 지식과 통찰을 얻고 세계의 트렌드를 파악하는 데 활용하고 있다. 이는 시니어들이 지속적으로 학습하고 성장하고자 하는 욕구를 반영한다.

이처럼 건강과 여가에 대한 투자 증가는 관련 산업의 성장을 촉진한다. 시니어 특화 헬스케어 서비스, 시니어 맞춤형 여행 상품, 문화 프로그램 등 다양한 제품과 서비스가 개발되고 있으며 이는 새로운 시장 기회를 창출한다.

특히 AI 같은 디지털 기술을 활용한 서비스들이 주목받고 있으며 이는 시니어 산업의 디지털 전환을 가속화하고 있다. AI 기술을 활용한 개인화된 건강 관리 서비스, VR 기술을 활용한 가상 여행 서비스, 시니어 친화적인 UI/UX를 적용한 모바일 앱 등은 디지털 시니어들의 니즈를 충족시키는 동시에 기술 기업들에 새로운 비즈니스 기회를 제공한다.

시니어들의 디지털 활용 능력 향상은 온라인 쇼핑 시장의 성장으로도 이어지고 있다. 건강기능식품, 여행 상품, 문화 콘텐츠 등을 온라인으로 구매하는 시니어들이 늘어나면서 e커머스 기업들도 시니어 시장을 주요 타깃으로 삼고 있다.

이런 변화는 시니어들의 삶의 질 향상뿐만 아니라 사회경제적으로도 긍정적인 영향을 미치고 있다. 시니어들의 활발한 경제활동은 새로운 소비 시장을 창출하며 이는 경제 성장의 새로운 동력이 된다. 그리고 건강한 시니어들이 늘어나면 의료비와 돌봄 비용 등 사회적 비용도 감소한다.

그러나 한편으로는 여전히 디지털 기술 활용에 어려움을 겪고 있는 시니어들의 디지털 리터러시 향상을 위한 지속적인 교육과 지원이 필요하다. 개인정보 보호와 디지털 보안 문제도 중요한 과제다. 시니어들이 디지털 서비스를 안전하게 이용할 수 있도록 하는 보안 시스템 구축과 교육이 필요하다. 특히 건강 정보와 같은 민감한 개인정보를 다루는 서비스의 경우 더욱 철저한 보안 대책이 요구된다.

디지털 시니어들의 건강과 여가 활동에 대한 적극적인 투자는 새로운 시니어 문화를 형성하고 있다. 이는 단순히 노후를 보내는 것이 아니라 적극적으로 삶을 즐기고 자아실현을 추구하는 새로운 라이프스타일이 등장했음을 반영하는 것이다.

젊어 보이기보다
나답고 싶다

오늘날 디지털 시니어들의 패션과 뷰티에 대한 관심은 단순한 소비를 넘어 자아실현과 삶의 질 향상을 위한 적극적인 표현의 수단으로 자리 잡았다. 이들의 의류와 패션잡화 구매율은 68.4퍼센트에 이르고 화장품 구매율도 42.6퍼센트로 높은 수준을 보인다. 이는 필요에 의한 소비가 아닌 자신의 개성과 스타일을 표현하고자 하는 욕구의 반영이라고 볼 수 있다.

과거의 노년층이 나이에 맞춰 획일화된 스타일을 고수했다면 현대의 디지털 시니어들은 자신만의 개성을 드러내는 데 주저함이 없다. 이들은 나이를 의식하지 않고 자신이 원하는 스타일을 추구하며 이를 통해 자아실현과 삶의 질 향상을 도모한다. 이런 경향은 나이가 들어도 '나다운' 삶을 살고자 하는 디지털 시니어들의 라이프스타일과 밀접하게 연결되어 있다.

디지털 시니어들의 패션과 뷰티에 대한 관심은 단순히 외모를 가꾸는 것을 넘어 자신감과 사회적 활동성을 높이는 수단으로 작용한다. 이들은 패션과 뷰티를 통해 자신을 표현하고 이를 바탕으로 적극적인 사회 활동과 인간관계를 유지하고자 한다. 이는 보다 건강하고 활기찬 노후 생활을 영위하고자 하는 욕구와도 맞닿아 있다.

디지털 기술의 발달로 패션과 뷰티 정보에 대한 접근성이 향상된 것도 이런 소비 패턴에 영향을 미친다. 이제는 온라인 쇼핑몰, 소셜 미디어, 유튜브 등을 통해 다양한 스타일과 제품 정보를 쉽게 접할 수 있게 되면서 디지털 시니어들의 패션과 뷰티에 대한 관심과 소비는 더욱 증가하고 있다.

이런 변화는 패션과 뷰티 산업에도 큰 영향을 미치고 있다. 많은 브랜드가 디지털 시니어를 주요 타깃으로 한 제품과 서비스를 개발하고 마케팅 전략도 이에 맞춰 변화하고 있다.

디지털 시니어들의 패션과 뷰티 소비는 단순히 제품 구매에 그치지 않고 관련 콘텐츠 소비로도 이어지고 있다. 이들은 유튜브나 인스타그램 등의 소셜 미디어를 통해 패션과 뷰티 관련 정보를 적극적으로 찾아보고 이를 자신의 스타일에 적용한다. 이제 시니어들은 단순히 수동적인 소비자가 아닌 적극적으로 정보를 탐색하고 활용하는 능동적인 소비자로 변모한 것이다.

디지털 시니어들은 패션과 뷰티를 통해 자신의 정체성을 재정립하고자 한다. 은퇴 후 사회적 역할의 변화를 겪는 시니어들에게 패션과 뷰티는 새로운 자아를 표현하는 수단이 되고 있다. 이들은 자신만의 스타일을 통해 나이를 초월한 개성을 표현하며 이를 통해 자아존중감과 삶의 만족도를 높인다.

패션과 뷰티에 대한 이들의 관심은 건강과도 밀접한 관련이 있다. 디지털 시니어들은 외모 관리를 통해 건강한 이미지를 유지하고자 하는 욕구가 강하다. 그래서 피부 관리를 위해 건강식을 챙긴다거나 패션을 위해 체형 관리에 신경 쓰는 이들이 많다. 이는 패션과 뷰티가 단순히 외적인 아름다움을 넘어 전반적인 웰빙과 연결되어 있음을 보여 준다.

디지털 시니어들의 패션과 뷰티에 대한 관심은 새로운 비즈니스 모델의 등장으로도 이어지고 있다. 시니어 전문 패션 브랜드, 시니어 맞춤형 뷰티 서비스, 시니어 모델 에이전시 등 다양한 형태의 비즈니스가 생겨나고 있다. 이는 시니어 시장의 다양성과 잠재력을 보여 주는 동시에 이들의 니즈를 충족시키기 위한 산업계의 노력을 반영한다.

무엇보다 디지털 시니어들은 상대적으로 높은 구매력을 가지고 있으며 자신을 위한 투자에 인색하지 않다. 특히 고품질의 제품이나 프리미엄 서비스에 대한 수요가 높아 관련 산업의 성장을 이끌고 있다. 이는 시니어 시장이 더 이상 저가 제품 중심의 시장이 아니라 고부가가치 시장으로 변모하고 있음을 시사한다.

또한 디지털 시니어들의 패션과 뷰티 소비는 세대 간 소통의 창구가 되기도 한다. 이들은 젊은 세대의 트렌드를 받아들이면서도 자신만의 스타일로 재해석하는 모습을 보이는데, 이는 패션과 뷰티를 통한 세대 간 문화 교류의 한 형태로 볼 수 있다.

그러나 시니어들의 신체적 특성을 고려한 제품 개발이나 디지털 환경에 익숙하지 않은 시니어들을 위한 서비스 개선 등 해결해야 할 과제들이 존재한다. 또한 시니어들의 다양성을 인정하고 개개인의 니즈를 충족시키는 맞춤형 서비스의 개발도 필요할 것이다.

디지털 시니어들의 패션과 뷰티에 대한 높은 관심과 적극적인 소비 행태는 단순히 외모를 가꾸는 것을 넘어 자아실현과 삶의 질 향상을 위한 수단으로 작용하고 있다. 이는 '나다운' 삶을 추구하는 현대 시니어들의 라이프스타일을 반영하며 동시에 패션과 뷰티 산업에 새로운 기회와 도전을 제시한다. 앞으로 이런 소비 및 문화 트렌드가 어떻게 발전하고 변화할지 그리고 이것이 우리 사회에 어떤 영향을 미칠지 주목할 필요가 있다.

시니어들의
슬기로운 덕질 생활

　　디지털 시니어들의 또 다른 특징적인 소비 행태로 팬덤 활동 참여를 들 수 있다. 이들은 좋아하는 가수나 음악가의 음악을 듣고 관련 영상을 보는 등 다양한 형태의 팬덤 활동에 적극적으로 참여한다. 과거 '아이돌 덕질'이라고 하면 10대들의 전유물로 여겨졌던 시대는 지났다. 이제는 50대, 60대 디지털 시니어들이 '영웅시대'를 외치며 임영웅 콘서트장을 가득 메우는 시대가 왔다.

　주목할 만한 점은 일부 시니어들이 콘서트 참여나 시상식 투표 등 더욱 적극적인 팬덤 활동을 한다는 것이다. 과거 젊은 세대의 전유물로 여겨졌던 팬덤 문화가 이제는 연령대를 초월한 모습이다. 요즘 시니어들은 자신이 좋아하는 아티스트를 응원하고 지지하는 데 있어 젊은 세대 못지않은 열정을 보인다. 오히려 시간적·경제적 여유가 있어 더 적극적인 팬 활동을 펼치는 경우도 많다.

　"내 나이가 어때서!"라고 외치며 콘서트장을 들썩이는 시니어들의 모습은 이제 더 이상 낯선 광경이 아니다. 이들은 기존 팬덤 문화를 어렵지 않게 습득할 뿐 아니라 오히려 젊은 층보다 더 큰 지속성과 실행력으로 '시니어의 힘'을 여실히 보여 주고 있다.

　디지털 시니어들의 팬덤 활동은 다양한 형태로 나타난다. 가장 기본적인 활동으로는 좋아하는 가수의 음악을 듣거나 관련 영상을 보는 것이다. 조사 결과에 따르면 시니어 팬들의 80퍼센트가 좋아하는 가수의 음악을 듣고 73퍼센트가 관련 영상을 본다고 한다. 이는 단순히 음악을 듣는 것을 넘어 아티스트의 일상이나 무대 뒤 모습 등을 담은 영상 콘텐츠까지 적극적으로 소비하고 있음을 보여 준다.

나아가 음반이나 앨범을 구매하는 시니어 팬들도 33.3퍼센트에 이른다. 디지털 시대에 실물 앨범을 구매한다는 것은 단순한 음악 감상을 넘어선 팬심의 표현이다. 앨범 속 포토카드를 모으거나 앨범 자체를 소장하는 즐거움을 누리는 것이다. 이는 과거 CD나 LP를 모으던 시절의 향수와 현대의 팬덤 문화가 절묘하게 조화를 이룬 결과라고 볼 수 있다.

보다 적극적인 팬덤 활동도 눈에 띄는데, 시니어 팬 열 명 중 한두 명 정도는 음악 방송이나 콘서트에 직접 가고 시상식 투표에도 참여한다고 한다. 단순한 공연 관람객을 넘어 아티스트의 성공에 직접 기여하고 싶은 능동적인 팬의 모습이다. 최근 가수 임영웅의 콘서트에서 예매 전용 상담 전화를 개설한 것도 이런 시니어 팬들의 적극적인 참여를 반영한 결과다.

디지털 시니어들에게 팬덤 활동은 여러 가지 의미를 지닌다.

첫째, 문화적 욕구를 충족시키는 수단이다. 디지털 시니어들은 음악이나 영상 콘텐츠를 통해 즐거움을 얻을 뿐만 아니라 문화적 트렌드를 따라가며 젊음을 유지하고자 한다. '나이는 숫자에 불과하다'라는 말처럼 이들 시니어는 팬덤 활동을 통해 나이를 잊고 젊은 감성을 유지한다. 트로트 가수 팬클럽에 가입한 60대 주부가 "노래를 듣고 있노라면 20대로 돌아간 것 같아요."라고 말하는 것처럼 팬덤 활동은 시니어들에게 일종의 시간 여행이 되기도 한다.

둘째, 사회적 연결 도구다. 디지털 시니어들은 같은 아티스트를 좋아하는 사람들과의 교류를 통해 새로운 인간관계를 형성하고 세대 간 소통의 기회를 얻는다. 특히 팬카페 같은 온라인 커뮤니티에서는 서로의 일상을 공유하고 오프라인 모임을 갖는 등 활발한 교류가 이뤄지는데, 이는 은퇴 후 사회적 관계가 줄어들 수 있는 시니어들에게 새로운 사회적 네트워크를 제공한다. "팬클럽 활동을 하면서 제2의 인생을 살고 있어요."라는 한 시니어 팬의 말처럼 팬덤 활동은 이들에게 새로운 삶의 활력소가 되고 있다.

셋째, 자아실현의 기회다. 디지털 시니어들은 팬덤 활동을 통해 자신의 취향과 개성을 표현하고 삶의 활력을 얻는다. 좋아하는 아티스트를 응원하면서 자신의 열정을 표출하고 새로운 목표와 성취감을 얻는 것이다. 한 60대 팬은 "좋아하는 가수의 음원 순위가 올라가면 내가 1등한 것처럼 기뻐요."라고 말한다.

디지털 기술의 발전은 이런 팬덤 활동을 더욱 용이하게 만들었다. 소셜 미디어, 스트리밍 서비스, 온라인 커뮤니티 등을 통해 이제는 언제 어디서나 자신이 좋아하는 아티스트의 소식을 접하고 다른 팬들과 소통할 수 있게 되었다. 또한 팬덤 활동의 진입 장벽이 낮아지면서 더 많은 시니어가 활동에 참여할 수 있게 되었다.

특히 스마트폰의 보급은 디지털 시니어들의 팬덤 활동을 크게 촉진시켰다. 언제 어디서나 좋아하는 아티스트의 음악을 듣고 실시간으로 소식을 접하게 된 것이다. 스트리밍 서비스의 발달로 음원 차트에서 '스밍'(스트리밍)을 하는 시니어 팬들도 늘어났다. 스밍이란 음원 사이트에서 좋아하는 가수의 순위를 올리기 위해 계속해서 음원을 듣는 것을 말한다. 이제는 시니어들도 "우리 오빠 1위 만들자."라며 밤새 스밍을 하는 풍경이 늘어나고 있다.

온라인 팬 커뮤니티의 발달도 디지털 시니어들의 팬덤 활동을 촉진시켰다. 예를 들어 임영웅의 팬카페 '영웅시대' 회원 수는 이미 12만 명을 돌파했다. 온라인 커뮤니티를 통해 시니어 팬들은 정보를 공유하고 서로의 팬심을 확인하며 때로는 집단행동을 조직하기도 한다. "팬카페에서 매일 아침 인사를 하는 게 일과가 됐어요."라는 한 시니어 팬의 말처럼, 온라인 커뮤니티는 시니어들의 일상에 깊숙이 자리 잡았다.

시니어 팬들은 팬덤 활동을 위해 새로운 디지털 기술을 학습하는 데도 적극적이다. 온라인 투표 방법을 배우거나 스트리밍 서비스 사용법을 익히는 등 원활한 팬 활동을 위해 디지털 리터러시를 계속 향상시키고 있다. 이는 팬덤 활동이 시니어들의 디지털 역량 강화에도 긍정적인 영향을 미치고 있음을 보여 준다.

디지털 시니어들의 팬덤 활동은 엔터테인먼트 산업에도 큰 영향을 미친다. 구매력 있는 시니어 팬들의 등장으로 관련 산업의 타깃층이 확대되었고 이에 따라 마케팅 전략도 변화하고 있다. 예를 들어 일부 엔터테인먼트 기업들은 콘서트 예매 시 시니어 전용 상담 창구를 마련하거나 시니어 팬들을 위한 특별 이벤트를 개최하는 등 시니어 팬들을 위한 특별 서비스를 제공하기 시작했다.

또한 시니어 팬들의 적극적인 소비는 음원 시장과 공연 시장에도 큰 영향을 미치고 있다. 지니뮤직에 따르면 2020년 50~60대 유료 가입자는 전년 대비 14퍼센트 증가했고 2021년 가입자 비중은 5년 전보다 두 배 늘어 8.8퍼센트로 나타났다. 이는 시니어들이 음원 시장의 새로운 주요 소비자로 부상하고 있음을 보여 준다. 이런 변화는 아티스트들의 활동 방식에도 영향을 미쳐, 시니어 팬들을 고려한 콘텐츠 제작이 늘어났고 소통 방식도 많이 변화했다. 일부 아티스트들은 시니어 팬들을 위한 특별 메시지를 SNS에 올리거나 팬 미팅에서 시니어 팬들을 위한 특별 코너를 마련하기도 한다.

한편 디지털 시니어들의 팬덤 활동은 세대 간 소통의 새로운 창구가 되기도 한다. 요즘은 부모와 자녀가 같은 아티스트의 팬이 되어 함께 활동하기도 하고 할머니가 손주에게 좋아하는 아이돌의 춤을 배우기도 한다. "손주와 함께 BTS 노래를 들으며 대화할 수 있어 좋아요."라는 한 시니어 팬의 말처럼 오늘날 팬덤 활동은 세대 간 소통의 벽을 허무는 역할을 톡톡히 하고 있다.

그러나 이런 변화가 모든 시니어에게 해당되는 것은 아니다. 여전히 많은 시니어가 디지털 기기 사용에 어려움을 겪고 있으며 팬덤 문화에 거부감을 느끼기도 한다. 그렇기 때문에 이들을 위한 지원과 배려가 필요하다. 서울디지털재단의 자료에 따르면 노인의 50퍼센트 이상이 디지털 기기의 새로운 기능을 스스로 파악하기 어렵다고 느끼며, 정보 노출에 대한 두려움을 디지털 이용의 장애 요인으로 꼽았다.

그중에서도 특히 키오스크 사용에 어려움을 겪는 시니어들이 많다. 한국소비자원의 설문 조사에 따르면 고령자의 51.4퍼센트가 키오스크 이용 시 단계의 복잡함을 가장 큰 어려움으로 꼽았다. 이는 디지털 기기의 빠른 변화와 다양성이 오히려 시니어들의 혼란을 가중하고 있음을 시사한다.

이런 디지털 격차를 해소하기 위해서는 시니어들을 위한 맞춤형 교육과 지원이 필요하다. 우선적으로는 가족과 주변 사람들의 도움을 받아 디지털 기기에 대한 심리적 진입 장벽을 낮추고 정책적으로 디지털 기기 역량을 꾸준히 익힐 기회와 환경을 제공해야 한다. 또한 디지털 기기와 서비스의 설계 단계에서부터 시니어들의 특성을 고려해야 한다. 예를 들면 키오스크의 인터페이스를 표준화하고 단순화해 사용의 혼란을 줄이는 노력이 필요하다.

팬덤 문화에 대해서도 모든 시니어가 긍정적인 건 아니다. 일부 시니어들은 이런 문화에 거부감을 느끼거나 관심이 없을 수 있다. 따라서 시니어들의 다양성을 인정하고 개개인의 취향과 선호도를 존중하는 접근이 필요하다. 디지털 시대의 변화 속에서 소외되지 않도록 하는 것도 중요하지만 동시에 전통적인 방식을 선호하는 시니어들의 선택권을 보장해야 한다. 디지털과 아날로그 서비스를 병행해 제공하는 등의 유연한 접근이 필요할 것이다.

더 건강하고 부유해지는 시니어들

개인 소득의 증가

건강 상태가 '좋다'는 응답

(단위: %)

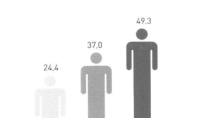

스마트폰이 '있다'는 응답

학력 수준의 변화

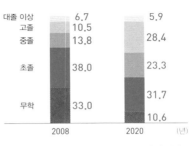

출처: 복지부.

시니어는 평균 73.3세까지 일하고 싶다

(단위: %)

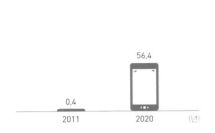

평균	73.3세
55~59세	69.6세
60~64세	71.9세
65~69세	75세
70~74세	78.7세
75~79세	82.3세

출처: 2024년 통계청 '경제활동 인구조사'.

삶의 질에 투자하는
시니어들

디지털 시니어들의 소비 패턴 중 가장 두드러지는 점은 경제적 여유를 바탕으로 한 적극적인 소비 활동이다. 이들은 오랜 기간 경제활동을 통해 축적한 자산과 안정적인 소득을 바탕으로 삶의 질을 높이는 데 주저 없이 투자한다.

특히 주목할 만한 점은 디지털 시니어들의 92.6퍼센트가 은퇴 후에도 경제활동을 지속하고 싶어 한다는 것이다. 이는 단순히 생계를 위한 것이 아니라 자아실현과 사회 참여의 수단으로 경제활동을 바라보는 시각을 반영한다. 이런 태도는 지속적인 소득 창출로 이어져 적극적인 소비의 원동력이 된다.

디지털 시니어들의 소비는 다양한 분야에 걸쳐 있다. 그중에서도 건강과 여가 활동에 대한 투자가 두드러지며 여행, 문화생활, 자기계발 등에도 적극적으로 지출한다. 이는 단순히 물질적인 풍요를 누리는 것을 넘어 삶의 질을 높이고 자아를 실현하고자 하는 욕구의 표현이라고 볼 수 있다.

또한 이들은 경제적 여유를 바탕으로 새로운 기술과 서비스를 적극적으로 수용한다. 새로운 경험과 편의성을 추구하는 동시에 시대의 변화에 뒤처지지 않으려는 의지가 강한 탓이다. 그래서 스마트폰, 태블릿 등 디지털 기기를 구매하고 활용하는 데 주저함이 없으며 온라인 쇼핑, 모바일 뱅킹 등 디지털 서비스의 주요 이용자로 부상했다.

그러나 경제적 여유를 바탕으로 한 소비가 무분별한 지출을 의미하는 것은 아니다. 디지털 시니어들은 합리적인 소비를 추구하며 가격 대비 가치를 중요하게 여긴다. 이는 오랜 경험을 통해 형성된 소비 습관과 지혜의 발현이라고 볼 수 있다.

한국의 시니어들이
디지털 사용에 특히 능숙한 이유

디지털 시니어의 부상은 우리 사회의 인구 구조와 기술 발전이 맞물려 나타난 독특한 결과물이다. 한국의 시니어들이 디지털 사용에 특히 능숙해진 이유는 무엇일까? 이는 단순히 개인의 노력이나 의지만으로 설명할 수 없는 인구학적 특성, 사회문화적 배경, 그리고 기술 환경의 변화 등 다양한 요인들이 복합적으로 작용한 결과라고 볼 수 있다.

먼저 인구학적 측면에서 살펴보면, 현재 60대 인구를 형성하고 있는 베이비붐 세대는 한국전쟁 이후인 1955년부터 1963년 사이에 태어난 세대를 말한다. 제2차 세계대전 직후인 1947년부터 1949년 사이에 태어나 일본 사회의 고령화를 주도하는 단카이 세대보다 더 긴 기간에 걸쳐 형성되었으며, 전체 인구의 약

14퍼센트를 차지한다. 한국의 베이비붐 세대는 산업화와 민주화를 겪으며 성장했고, 급격한 사회 변화를 경험했다. 이 과정에서 이들은 새로운 것을 받아들이고 적응하는 능력을 키웠다. 이러한 경험이 디지털 시대에 적응하는 데 도움이 되었을 것이다. 또, 한국의 시니어들은 비교적 오랜 기간 노동 시장에 머물러 있다. 한국의 노인 고용률은 주요 경제국 중에서도 가장 높은 편으로, 65세 이상 근로자가 전체 노동력의 13퍼센트를 차지할 정도다. 이는 시니어들이 계속해서 새로운 기술을 배우고 적용해야 하는 환경에 노출되어 있음을 의미한다.

둘째, 사회문화적 측면에서 한국의 시니어들은 액티브 시니어로 불리는 새로운 노년 문화를 만들어가고 있다. 이들은 단순히 은퇴 후 여가를 즐기는 것이 아니라, 적극적으로 사회 활동에 참여하고 자기계발을 하는 특징을 보인다. 한국 고령인구의 58퍼센트가 액티브 시니어로 분류되는데, 이들은 높은 문화적 개방도와 소비성향을 지니고 있어 새로운 기술을 받아들이는 데 적극적이다. 이는 한국 사회의 빠른 변화 속도와도 관련이 있다. 한국은 불과 몇십 년 만에 농업 사회에서 첨단 IT 강국으로 탈바꿈했다. 이 과정에서 현재의 시니어 세대는 끊임없이 새로운 기술을 받아들이고 적응해야 했다. 이러한 경험이 축적되어 디지털 시대에도 빠르게 적응할 수 있는 능력을 갖추게 된 것이다.

셋째, 기술 환경의 변화도 한국 시니어들의 디지털 역량 증대에 큰 영향을 미쳤다. 한국은 세계적으로 손꼽히는 IT 강국으로, 초고속 인터넷과 스마트폰 보급률이 매우 높다. 이러한 환경에서 시니어들도 자연스럽게 디지털 기기와 서비스를 접하게 되었고, 이를 통해 디지털 역량을 키울 수 있었다. 기업이나 지역사회에서 시니어를 위한 맞춤형 디지털 교육 프로그램을 적극 운영하는 것도 시니어들이 디지털 기술을 쉽게 배우고 활용할 수 있게 된 데에 한몫했다.

진 트웬지 교수가 그의 저서 《제너레이션》에서 언급한 '기술세대모형'은 한국 시니어들의 디지털 역량 증대를 설명하는 데 유용한 개념이다. 이 모형에 따르면, 같은 시기에 태어난 사람들은 비슷한 기술 경험을 공유하며 이는 그들의 기술 사용 패턴에 영향을 미친다. 한국의 현재 시니어 세대는 컴퓨터와 인터넷이 보급되기 시작한 시기에 중년기를 보냈다. 이 시기에 형성된 기술 경험이 현재의 디지털 역량으로 이어진 것으로 볼 수 있다.

이러한 현상은 전통적인 노령 담론과는 다소 거리가 있다. 일반적으로 노인은 새로운 기술을 받아들이는 데 어려움을 겪는다고 여겨졌기 때문이다. 그러나 한국의 시니어들은 이러한 고

정관념을 깨고 있다. 이는 한국 사회의 급격한 변화와 기술 발전, 그리고 시니어들의 적응력이 만들어낸 독특한 현상이라고 할 수 있다.

전문가들은 이러한 현상이 한국 사회에 긍정적인 영향을 미칠 것으로 전망하고 있다. 서울대학교 노년학과 김호영 교수는 "디지털 시니어의 등장은 노인 복지와 경제 활성화 측면에서 매우 중요한 의미를 갖는다"고 말한다. 디지털 기술을 활용할 수 있는 노인들은 더 오랫동안 사회 활동에 참여할 수 있고, 이는 개인의 삶의 질 향상뿐만 아니라 사회 전체의 생산성 향상으로 이어질 수 있다는 설명이다. 한국정보화진흥원의 이영주 박사는 "한국의 시니어들이 디지털 기술을 잘 활용하게 된 것은 우리 사회의 큰 자산"이라고 평가하며 "이는 세대 간 소통을 원활하게 하고, 노인 문제 해결에 새로운 접근법을 제시할 수 있으며, 실버산업의 발전에도 큰 기여를 할 것"이라고 전망한다.

한국의 디지털 시니어는 우리 사회의 독특한 인구학적, 사회문화적, 기술적 특성이 만들어낸 결과물이다. 이는 단순히 노인들이 디지털 기기를 잘 다룬다는 의미를 넘어, 우리 사회의 고령화에 대한 새로운 시각과 접근법 그리고 많은 기회와 도전을 제시할 것이다.

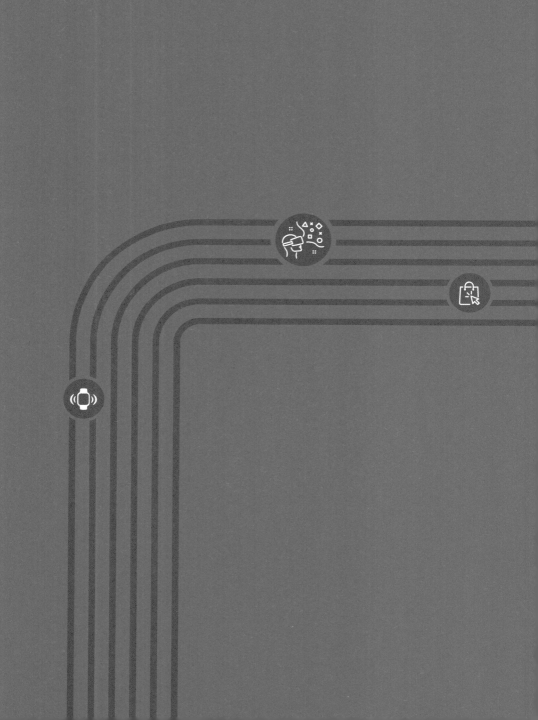

제2장

요즘 시니어들의
디지털 라이프

오늘날 디지털 시니어들의 라이프스타일 변화는 다양한 분야에서 뚜렷하게 나타나고 있다. 스마트폰과 인터넷 활용, 소셜 미디어 참여, 디지털 금융서비스 이용, 온라인 쇼핑 그리고 디지털 학습과 여가 활동 등 여러 영역에서 시니어들의 적극적인 참여가 두드러진다.

이에 카카오톡과 네이버 같은 국내 기업들은 스마트폰 설정부터 키오스크 사용법까지 다양한 디지털 기기 활용법을 안내해 시니어 친화적 서비스를 개발하고 있다. 이제는 80대 어르신들도 손주와 카카오톡으로 소통하는 경우가 늘어나고 있다. 또한 온라인 쇼핑 분야에서 시니어들의 유튜브 활용도 두드러진다. 많은 디지털 시니어가 유튜브를 통해 정보를 얻으며 이는 동영상 콘텐츠가 시니어들에게 매력적인 정보 전달 매체로 인식되고 있음을 보여 준다.

디지털 학습과 여가 활동에서도 시니어들의 참여가 활발하다. 스마트폰 활용, 영상 편집, SNS 채널 운영 등 다양한 디지털 관련 교육 프로그램을 제공하는 기관과 단체가 늘어났으며, 이를 통해 시니어들은 디지털 기술을 습득하고 새로운 취미 활동을 즐기며 삶의 질을 높이고 있다.

이런 변화는 시니어들의 삶에 긍정적인 영향을 미치며 이전에는 보지 못했던 새로운 시장 기회를 창출하고 있다. 앞으로도 이런 트렌드는 더욱 다양한 분야에서 활약할 디지털 시니어들을 북돋울 것으로 예상된다.

배움에는
끝이 없다

디지털 시니어들의 일상은 스마트폰과 인터넷을 중심으로 빠르게 변화하고 있다. 과거 디지털 기술에 서툴거나 무관심했던 시니어 세대는 이제 스마트폰과 인터넷을 자유자재로 활용하며 디지털 세상에 적극적으로 참여한다. 이런 변화는 단순히 기술 사용의 확대를 넘어 시니어들의 생활 방식, 소비 패턴, 사회적 관계 등 삶의 전반적인 영역에 걸쳐 큰 영향을 미치고 있다.

최근 조사 결과에 따르면 디지털 시니어들의 스마트폰 보급률은 매우 높은 수준에 도달했다. 65세 이상 노인 505명을 대상으로 한 어떤 설문 조사에서는 응답자 전원이 스마트폰을 사용하는 것으로 나타났다. 이제 스마트폰은 시니어들의 일상생활에 없어서는 안 될 필수적인 도구가 되었다.

이들은 스마트폰을 통해 다양한 활동을 수행한다. 가장 기본적인 기능인 문자메시지, 전화, 사진 확인은 80퍼센트 이상의 시니어들이 능숙하게 사용할 수 있다고 한다. 그러나 문자메시지 작성, 전송, 사진 전송과 같은 좀 더 적극적인 사용에 대해서는 약 50퍼센트 정도만 가능하다고 응답했다. 이는 시니어들의 디지털 역량이 향상되고 있지만 여전히 개선의 여지가 있음을 시사한다.

인터넷 사용도 시니어들 사이에서 점점 보편화되고 있다. 같은 연구에 따르면 65세 이상 시니어의 85.7퍼센트가 모바일로 인터넷에 접속한다고 응답했다. 인터넷의 주된 사용 목적은 정보 습득과 소통이며 검색, 뉴스 읽기, 메신저 사용 등이 주요 활동으로 나타났다. 이는 시니어들이 디지털 기술을 통해 정보에 더 쉽게 접근하고 사회적 관계를 유지하고 있음을 보여 준다.

그러나 이런 변화 속에서 디지털 격차 문제도 제기되고 있다. 여전히 디지털 기기 사용에 어려움을 겪는 시니어들이 존재하며 이들은 점차 디지털화되는 사회에서 소외될 위험이 있다. 설문조사에서 앱 사용 여부를 묻는 질문에 전체 응답자 중 87.1퍼센트가 앱을 사용하고 있으나 63.2퍼센트는 스스로 설치하거나 삭제할 수 없다고 응답했다. 이들은 배우자나 동거인, 자녀가 앱 설치를 도와주고 사용을 추천하는 것으로 나타났다.

이에 정부와 기업들은 시니어들의 디지털 역량 강화를 위한 다양한 교육 프로그램을 운영하고 있다. 예를 들어 앞서도 언급했던 '디지털 배움터' 사업은 전국의 주민센터, 도서관, 복지관 등에서 시니어들을 위한 디지털 교육을 제공하며 대한노인회 서울시연합회는 '찾아가는 디지털 교육' 프로그램을 통해 경로당을 직접 방문해 맞춤형 디지털 교육을 제공한다.

카카오톡은 '시니어 스마트 기기 활용서'를 통해 시니어들의 디지털 기기 활용을 돕고 있다. 이 서비스는 스마트폰 설정부터 키오스크 사용법까지 다양한 디지털 기기의 활용 방법을 상세히 안내한다. 특히 키오스크 사용법은 시니어들이 일상생활에서 자주 마주치는 디지털 장벽을 낮추는 데 큰 도움이 되고 있다.

카카오의 '찾아가는 시니어 디지털 스쿨'은 복지관에 직접 찾아가 맞춤형 교육을 제공하고 있다. 이 프로그램은 맞춤 교재 제작 및 배포, 교육을 지원해 시니어들의 디지털 활용 능력을 높이는 데 큰 역할을 하고 있으며 참가자들의 호응도 매우 높다.

네이버 역시 시니어들을 위한 특화 서비스를 개발해 제공하고 있다. 검색, 뉴스, 쇼핑 등의 기능을 시니어들이 더욱 쉽게 이용할 수 있도록 인터페이스를 개선하고 '클로바 케어콜'CLOVA CareCall 서비스를 통해 시니어들의 안전과 정서적 케어를 지원한다.

클로바 케어콜 서비스는 AI가 정해진 시간에 돌봄이 필요한 대상자에게 전화를 걸어 식사, 수면, 건강 등의 주제로 안부를 확인한다. 마치 친구와 대화하는 것 같은 자연스러운 상호작용을 통해 단순 건강 체크를 넘어 정서적인 케어까지 지원하는 서비스다. 현재 전국 80여 시군구에서 사용되고 있는 클로바 케어콜 서비스는 혼자 사는 노인들의 외로움을 달래고 건강상의 문제를 조기에 발견하는 데 큰 도움이 되고 있다.

금융 산업에서도 디지털 시니어를 위한 서비스가 확대되고 있다. 신한은행은 시니어 고객을 위한 디지털 맞춤 영업점을 운영한다. 이 영업점에서는 시니어 고객이 어려워하는 디지털 기기 사용법을 직원이 직접 안내하는 서비스를 제공한다.

BNP파리바 카디프생명은 시니어금융교육협의회와 함께 '시니어 신용케어 아카데미'를 운영하고 있다. 이 프로그램은 시니어들이 디지털 금융 환경에 적응하고 안전하게 금융서비스를 이용할 수 있도록 모바일 뱅킹 활용법, 계좌정보 통합관리 활용법, 금융 사기 예방법, 신용관리 등을 교육한다.

이런 기업들의 노력은 시니어들의 디지털 접근성을 높이는 데 크게 기여하고 있다. 그러나 여전히 많은 시니어가 디지털 기기 사용에 어려움을 겪고 있으며 디지털 소외 문제는 지속되고 있다. 따라서 앞으로도 기업들의 지속적인 노력과 함께 정부의 지원, 사회 전반의 관심이 필요하다. 시니어들의 디지털 역량 강화는 단순히 기술 습득의 문제를 넘어 사회 참여와 세대 간 소통, 삶의 질 향상과 직결되는 중요한 문제이기 때문이다.

따라서 앞으로 더 많은 기업이 시니어 친화적인 서비스와 제품을 개발하고 교육 프로그램을 제공하는 등의 노력을 기울여야 한다. 또한 이런 서비스와 프로그램들이 실제로 시니어들의 필요를 충족시키고 있는지에 대한 지속적인 모니터링과 피드백도 중요하다. 더불어 시니어들을 단순한 서비스의 수혜자로 보는 게 아니라 그들의 경험과 지혜를 활용할 수 있는 방안도 모색해야 한다. 시니어들이 디지털 시대에 새로운 역할을 찾을 수 있도록 지원하는 것도 중요하다.

기업들의 시니어 친화적 서비스 개발은 단순히 새로운 시장 개척의 차원을 넘어 우리 사회의 디지털 포용성을 높이고 세대 간 격차를 줄이는 중요한 역할을 하고 있다. 앞으로도 이런 노력이 지속되고 확대되어 소외되는 이들 없이 모든 세대가 디지털 시대의 혜택을 누릴 수 있는 사회가 되어야 할 것이다.

소셜 미디어를 통한
새로운 관계 형성

디지털 시니어들은 소셜 미디어와 온라인 커뮤니티를 적극적으로 활용하면서 새로운 소통의 장을 열어 가고 있다. 과거에는 주로 젊은 세대의 전유물로 여겨졌던 이런 플랫폼들이 이제는 시니어들의 일상적인 소통 수단으로 자리 잡았다. 이는 시니어들의 사회적 관계를 확장하고 정보 교류를 활성화하며 세대 간 소통의 새로운 창구를 제공한다.

주목할 만한 점은 노쇠 전 단계와 노쇠 단계에 있는 시니어들이 건강한 시니어들에 비해 SNS 사용이 더 활발하다는 것이다. 신체적 제약이 있는 시니어들에게 SNS는 사회적 연결을 유지하는 중요한 수단이 되었다.

소셜 미디어 플랫폼 중에서도 특히 카카오톡은 한국의 시니어들 사이에서 가장 보편적으로 사용되는 앱이다. 카카오톡의 직관적인 인터페이스와 다양한 기능은 시니어들이 디지털 세계에 쉽게 적응할 수 있도록 돕고 있다. 카카오톡을 통해 시니어들은 가족, 친구들과 실시간으로 소통할 수 있다. 특히 자녀나 손주들과 떨어져 사는 시니어들에게 카카오톡은 가족과의 연결 고리 역할을 한다. 간단한 텍스트 메시지부터 사진, 동영상 공유까지 다양한 방식으로 소통할 수 있어 시니어들의 일상에 활력을 불어넣고 있다.

카카오는 시니어 사용자들의 편의를 위해 지속적으로 기능을 개선하고 있다. 글자 크기 조절 기능으로 시력이 약해진 시니어들도 메시지를 손쉽게 읽을 수 있고, 긴 텍스트를 입력하기 어려운 시니어들에게 음성 메시지 기능은 유용한 대안이 되고 있다. 이런 기능들은 시니어들의 디지털 소통 능력을 향상하는 데 크게 기여하고 있다.

특히 카카오톡의 그룹 채팅 기능은 시니어들이 공통의 관심사를 가진 사람들과 소통할 수 있는 장을 제공한다. 시니어들은 동창회, 취미 모임, 종교 모임 등 다양한 그룹 채팅을 통해 활발히 소통하며 사회적 관계를 유지한다. 이는 은퇴 후 사회적 고립감을 느낄 수 있는 이들에게 중요한 사회적 지지망이 되고 있다.

카카오톡 외에도 페이스북과 인스타그램 같은 글로벌 SNS 플랫폼들도 시니어들 사이에서 인기를 얻고 있다. 이들 플랫폼은 카카오톡과는 다른 방식으로 시니어들의 소통과 자기표현 욕구를 충족시키는데, 그중 페이스북은 시니어들에게 과거의 인연을 되살리고 새로운 관계를 만들 기회를 제공한다. 많은 시니어가 페이스북을 통해 오랜 친구들과 재회하고 있다.

그 외에도 페이스북의 '추억' 기능은 과거에 올린 사진과 게시글을 소환해 시니어들이 추억을 되새기고 공유할 수 있게 해서 정서적 만족감을 제공한다. '시니어를 위한 페이스북 가이드'는 계정 생성부터 프라이버시 설정, 게시물 작성 등 기본적인 사용법을 구체적으로 설명해 디지털에 익숙하지 않은 시니어들도 페이스북을 쉽게 시작할 수 있게 한다.

　　인스타그램은 시각적 콘텐츠를 중심으로 한 플랫폼으로서 시니어들에게 새로운 형태의 자기표현 기회를 제공한다. 많은 시니어가 인스타그램을 통해 자신의 일상, 취미 활동, 여행 경험 등을 공유한다. 이는 시니어들의 활동적인 라이프스타일을 보여 주는 동시에 젊은 세대와의 소통 창구 역할도 하고 있다.

　　특히 주목할 만한 점은 '시니어 인플루언서'의 등장이다. 인스타그램은 시니어 인플루언서들의 활동을 지원하는 프로그램을 운영하는데 패션, 뷰티, 여행, 요리 등 다양한 분야에서 시니어 인플루언서들이 활약하고 있다. 적극적이고 활력이 넘치는 이들의 활동을 보며 시니어들은 자신도 젊은 세대 못지않게 대중의 인기와 관심을 끌 수 있다는 자극을 얻는다.

시니어들의 소셜 미디어 플랫폼들 활용은 이들의 디지털 리터러시 향상에도 기여한다. 플랫폼 사용법을 익히는 과정에서 시니어들은 자연스럽게 디지털 기기와 인터넷 활용 능력을 키우게 된다.

그러나 이런 긍정적인 변화 속에서도 해결해야 할 과제들이 있다. 우선 개인정보 보호와 온라인 사기 예방에 대한 교육이 필요하다. 많은 시니어가 온라인상에서 개인정보를 과도하게 노출해 범죄의 표적이 될 위험이 있다. 또한 디지털 에티켓과 온라인 커뮤니케이션 스킬에 대한 교육도 필요하다. 일부 시니어들은 온라인상에서 적절한 소통 방식에 익숙하지 않아 어려움을 겪고 있기 때문이다.

한편 유튜브는 디지털 시니어들에게 정보와 엔터테인먼트를 제공하는 중요한 플랫폼이 되었다. 그중에서도 건강 정보는 시니어들이 유튜브에서 가장 많이 찾는 콘텐츠 중 하나다. 예를 들어 한의사 김오곤이 운영하는 '김오곤의 동의비책 생활건강' 채널은 한방 건강 정보를 제공하며 많은 시니어 구독자를 보유하고 있다. 또한 내과의사 박용우의 '박용우의 스위치온' 채널은 고혈압, 당뇨 등 시니어들이 관심 있는 질병에 대해 쉽게 설명하는 콘텐츠로 인기를 얻고 있다.

취미 활동과 관련된 콘텐츠도 시니어들 사이에서 인기가 높다. 간단하고 건강한 요리법을 소개하거나 시니어들을 위한 맞춤형 운동 프로그램을 제공하는 채널들은 시니어들이 집에서도 쉽게 새로운 취미를 배우고 건강을 관리할 수 있도록 돕고 있다. 여행 정보 역시 시니어들이 자주 찾는 콘텐츠다. 이들 콘텐츠는 국내외 여행지 정보와 함께 여행 팁을 제공해 시니어들이 새로운 여행지를 발견하고 여행 계획을 세우는 데 도움을 주고 있다.

한편 일부 시니어들은 직접 콘텐츠를 제작해 '시니어 유튜버'로 활동하기도 한다. 대표적인 예로 '밀라논나', '박막례 할머니' 등의 채널을 들 수 있다. 이들은 일상 브이로그, 패션, 인생 조언, 먹방, 여행 등 다양한 콘텐츠를 제작하며 100만 명 이상의 구독자를 보유하고 있다. 이런 시니어 유튜버들의 활동은 다른 시니어들에게 새로운 롤 모델이 되고 있으며 적극적인 노년 생활에 대한 영감을 주고 있다.

유튜브는 '실버 크리에이터 지원 프로그램'을 통해 시니어들의 콘텐츠 제작을 돕고 있다. 이 프로그램은 시니어들에게 영상 제작 기술, 채널 운영 노하우 등을 교육하고 제작 장비를 지원하는 등 다양한 혜택을 제공한다. 예를 들어 '할머니 한글학교' 채널은 이 프로그램의 지원을 받아 시작된 것으로, 현재 한글을 배우고자 하는 전 세계 사람들에게 인기 있는 채널로 성장했다.

이와 같은 유튜브를 통한 시니어들의 활동은 단순히 정보 습득이나 엔터테인먼트를 넘어 새로운 사회적 관계 형성과 자아실현의 기회가 되고 있다. 많은 시니어 유튜버가 댓글이나 실시간 채팅을 통해 시청자들과 소통하고 사회적 연결감을 느낀다. 또한 자신의 경험과 지식을 공유함으로써 사회에 기여하고 있다는 자부심을 느끼고 삶의 만족도가 올라가는 효과도 있다.

온라인 커뮤니티 활동도 매우 활발해졌는데, 네이버 카페와 다음 카페에서는 시니어들을 위한 다양한 주제의 커뮤니티가 운영되고 있다. 이들 커뮤니티에서 시니어들은 건강, 취미, 여행, 재테크 등 다양한 주제에 대해 정보를 교환하고 경험을 공유한다. 일부 커뮤니티는 종종 오프라인 모임으로 이어져 시니어들의 실제 사회적 관계 형성에도 기여하고 있다.

소셜 미디어와 온라인 커뮤니티 활동은 시니어들의 사회적 고립감을 줄이고 삶의 질을 높여 준다. 연구 결과에 따르면 소셜 미디어를 활발히 이용하는 시니어들은 그렇지 않은 시니어들에 비해 우울감이 낮고 삶의 만족도가 높은 것으로 나타났다.

앞으로 소셜 미디어와 온라인 커뮤니티는 디지털 시니어들의 삶에서 더욱 중요한 역할을 할 것으로 예상된다. 이는 단순한 소통의 도구를 넘어 시니어들의 사회 참여, 평생학습 그리고 새로운 경제활동의 장으로 발전할 것이다. 또한 디지털 활용도가 높아짐에 따라 소셜 미디어와 온라인 커뮤니티를 통한 시니어들의 사회 참여가 더욱 활발해질 것이다. 이들 플랫폼을 통해 시니어들은 자신의 경험과 지식을 공유하고 사회적 이슈에 대한 의견을 표현할 수 있다. 또한 온라인 커뮤니티를 통해 비슷한 관심사를 가진 사람들과 교류하며 오프라인 모임에도 참여하는 등 새로운 인간관계 형성의 기회를 얻을 수 있다.

평생학습의 측면에서도 소셜 미디어와 온라인 커뮤니티의 역할은 더욱 커질 것이다. 시니어들은 유튜브나 온라인 교육 플랫폼을 통해 다양한 분야의 지식을 습득하고 새로운 기술을 배울 것이다. 특히 디지털 리터러시 향상을 위한 교육 프로그램에 대한 수요가 높아질 것으로 예상된다.

더불어 이런 플랫폼들은 시니어들의 새로운 경제활동의 장이 될 수 있다. 즉 그간 쌓아온 전문성과 경험을 바탕으로 온라인 강의를 제공하거나 유튜브 채널을 운영하는 등 시니어 크리에이터로 활동할 수 있다. 또한 온라인 플랫폼을 통해 중고 거래나 소규모 창업 등 다양한 경제활동에도 참여할 수 있다.

이런 변화는 시니어들의 삶의 질 향상에 크게 기여할 것이다. 사회적 고립감을 줄이고 지속적인 학습과 성장의 기회를 제공할 뿐 아니라 경제적 자립을 도모하도록 지원할 것이다. 또한 세대 간 소통을 늘려 시니어들의 경험과 지혜가 사회에 더 많이 공유되도록 할 것이다. 그러나 이런 기회가 모든 시니어에게 균등하게 적용되기 위해서는 디지털 기술에 관한 지속적인 교육과 지원, 개인정보 보호와 온라인 보안에 대한 인식 제고, 시니어 친화적인 인터페이스 개발 등 디지털 격차 해소를 위한 노력이 필요하다.

앞으로 소셜 미디어와 온라인 커뮤니티는 디지털 시니어들의 삶에서 더욱 중요한 역할을 하고 그들의 사회 참여, 평생학습, 경제활동을 촉진하는 핵심적인 플랫폼으로 자리 잡을 것이다. 그리고 시니어들은 더욱 활기차고 풍요로운 노후 생활을 영위할 수 있을 것이다.

시니어의 자산 관리 혁명, 디지털 금융서비스

디지털 금융서비스의 발전은 시니어들의 자산 관리 방식에 혁명적인 변화를 가져왔다. 과거에는 복잡하고 접근성이 떨어졌던 금융서비스들이 이제는 스마트폰 하나로 손쉽게 이용할 수 있게 되었다. 이런 변화는 시니어들에게 새로운 기회를 제공하는 동시에 도전 과제도 안겨 주었다.

최근 금융권에서는 시니어들의 디지털 금융서비스 이용을 돕기 위한 다양한 노력을 기울이고 있다. 신한은행은 시니어 고객의 디지털 금융 접근성을 높이기 위해 금융권 최초로 '시니어 고객 맞춤형 ATM 서비스'를 출시했다. 이 서비스는 시니어들의 특성과 니즈를 고려해 설계되었으며 큰 글씨와 간단한 메뉴 구성이 특징이다.

ATM 화면에는 큰 글씨와 쉬운 금융 용어를 사용하고 색상 대비를 활용해 시인성을 강화했다. 이를 통해 시니어 고객들은 ATM을 더욱 편리하게 이용할 수 있게 되었다. 또한 ATM의 대고객 안내 음성을 기존 대비 70퍼센트 수준인 초당 4음절가량의 속도로 조정한 '느린 말 안내 서비스'도 준비 중이다.

신한은행은 이 서비스를 60대 이상 고객 내점 빈도가 높고 창구 업무의 75퍼센트 이상이 ATM에서도 가능한 입출금 등 단순 업무인 영업점에 우선 적용하고 점차 확대할 예정이다. 또한 번호표 발행기, 번호 표

시기, 디지털 키오스크 등 다양한 디지털 기기에도 시니어 고객이 주로 이용하는 업무를 중심으로 알기 쉽게 화면을 구성한 시니어 고객 맞춤 화면을 단계별로 적용할 계획이다.

신한은행의 모바일 뱅킹 앱 '뉴 쏠'New SOL에도 시니어 친화 기능이 적용되었다. 앱 왼쪽 상단에서 '쉬운'을 선택하면 큰 글씨 모드로 바로 변경되며 메뉴로는 시니어 고객이 주로 사용하는 계좌조회, 현금 이체(돈 보내기), 공과금 내기 등을 화면에 자동으로 제시한다. 시니어 고객이 뱅킹 앱 이용 시 쉬운 화면, 쉬운 단어로 은행 업무를 볼 수 있도록 한 것이다. 신한은행은 '더 쉽고 편안한 더 새로운 금융'이라는 비전에 맞게 앞으로도 고객 중심의 금융서비스를 제공하기 위해 노력할 것이라고 밝혔다.

우리은행은 시니어 고객을 위한 특별한 서비스로 '시니어W클래스'를 제공한다. 이는 우리WON뱅킹 전문 강좌 콘텐츠로, 시니어들의 다양한 관심사와 필요를 반영해 구성되었다. 우리은행 자산관리컨설팅센터 전문가들이 진행하는 이 동영상 강좌는 세무, 부동산, 투자상품 포트폴리오 구성 등 재테크 관련 정보뿐만 아니라 인문, 여행, 레저 생활 등 다양한 주제를 다룬다. 이 서비스는 '우리WON뱅킹 생활혜택'을 통해 언제 어디서든 편안하게 무료로 이용할 수 있다.

우리은행은 시니어W클래스 출시를 기념해 이벤트도 진행했는데 1970년 이전에 출생한 수강 등록 고객 1,000명을 대상으로 추첨을 통해 상품권을 증정했다. 또한 4대 연금(국민연금, 공무원연금, 사학연금, 군

인연금) 신규고객을 대상으로 캐시백 이벤트도 함께 진행했다. 이로써 시니어 고객들의 참여를 유도하고 디지털 금융서비스 이용을 장려하고 자 했다.

카카오페이는 시니어들의 디지털 금융서비스 이용을 돕기 위해 '당 연하지 않은 미션'이라는 예능 콘텐츠를 제작했다. 이 콘텐츠는 60대부 터 70대까지 일반인 시니어 출연자들이 카카오페이 서비스를 활용해 다양한 금융 미션을 해결하는 과정을 보여 준다. 예를 들면 송금하기, 예탁금 이자 받기, 오프라인 결제하기, 주식 가격 확인하기 등 기본적 이면서도 시니어들에게 꼭 필요한 미션이다. 이 콘텐츠는 다양하고 흥 미로운 주제와 구성으로 시니어들에게 디지털 금융서비스 이용 방법을 쉽고 재미있게 알려 주고 있다.

'당연하지 않은 미션' 콘텐츠에서 소개한 카카오페이의 '큰 글씨 홈' 기능은 모바일 애플리케이션의 작은 글씨와 메뉴 구성이 낯선 사용자를 위해 카카오페이가 도입한 것으로, 시니어들의 디지털 금융 접근성을 높이는 데 큰 도움이 되고 있다. 카카오페이는 이런 노력을 통해 시니어를 비롯한 디지털 금융 사각지대에 있는 사용자들의 경험을 개선하고 '누구에게나 이로운 금융'을 실현하고자 한다. 이는 단순히 새로운 서비스 개발을 넘어 디지털 소외 계층의 금융 접근성을 높이고 사회적 포용성을 넓히는 의미 있는 시도로 평가받고 있다.

기업들의 이런 노력들은 시니어들의 디지털 금융서비스 이용률을 높이는 데 기여하고 있다. 한국은행의 조사에 따르면 60대 이상 시니어의 모바일 뱅킹 이용률이 2018년 34.5퍼센트에서 2022년 54.4퍼센트로 증가했다. 특히 노인 세대에 진입하고 있는 1차 베이비붐 세대는 은퇴 후 자산 관리에 관심이 커지면서 모바일 뱅킹 기반의 디지털 금융서비스를 통해 예·적금, 펀드, 주식 등과 관련된 다양한 금융거래를 하고 있는 것으로 나타났다.

디지털 금융서비스의 발전은 오늘날 시니어들의 자산 관리에 다음과 같은 여러 가지 혜택을 제공한다.

첫째, 접근성이 크게 향상되었다. 과거에는 은행 지점을 직접 방문해야 했던 많은 금융서비스를 이제는 스마트폰을 통해 언제 어디서나 이용할 수 있다. 특히 거동이 불편하거나 은행과 거리가 먼 시니어들에게 이는 큰 도움이 되고 있다.

둘째, 비용 절감 효과가 있다. 디지털 금융서비스는 대면 서비스보다 수수료가 저렴한 경우가 많다. 또한 일부 은행에서는 디지털 채널 이용 시 우대금리를 제공하는 등의 혜택을 주고 있어 시니어들의 자산 증식에 도움이 되고 있다.

셋째, 정보 접근성이 향상되었다. 과거에는 전문가의 도움 없이는 얻기 힘들었던 다양한 금융 정보들을 이제는 스마트폰 앱을 통해 쉽게 얻을 수 있다. 시니어들은 실시간 주식 정보, 펀드 수익률, 금융상품 비교 정보 등을 손쉽게 확인하고 더 나은 투자 결정을 내릴 수 있다.

넷째, 맞춤형 자산 관리 서비스의 이용이 가능해졌다. 로보어드바이저 같은 AI 기반의 자산 관리 서비스를 통해 개인의 투자 성향과 목표에 맞는 맞춤형 포트폴리오를 저렴한 비용으로 제공받을 수 있게 되었다. 이는 전문적인 자산 관리 서비스를 받기 어려웠던 많은 시니어에게 새로운 기회가 되고 있다.

그러나 이런 혜택에도 불구하고 디지털 금융서비스의 확산은 시니어들에게 여러 가지 도전 과제를 안겨 준다. 가장 큰 문제는 앞서도 강조했던 디지털 격차로 인한 금융 소외 현상이다. 디지털 기기 사용에 익숙하지 않은 시니어들은 점차 줄어드는 은행 지점으로 인해 금융서비스 이용에 어려움을 겪고 있다. 또한 디지털 금융서비스 이용에 따른 우대금리나 수수료 면제 등의 혜택을 받지 못해 상대적으로 불이익을 받고 있다.

또 다른 문제는 금융 사기의 위험이다. 디지털 환경에 익숙하지 않은 시니어들은 피싱, 스미싱 등의 금융 사기에 더 취약할 수 있다. 실제로 한국소비자원의 조사에 따르면 시니어들의 금융 사기 피해가 증가하고 있는 것으로 나타났다.

이런 문제들을 해결하기 위해 금융권에서는 시니어를 대상으로 한 디지털 금융 교육 프로그램을 운영하고 시니어 친화적인 인터페이스를 개발하며, 금융 사기 예방을 위한 안내를 강화하는 등 다양한 노력을 기울이고 있다. 우리금융그룹은 'WOORI 어르신 IT 행복 배움 교실'을 통해 시니어들에게 디지털 금융 교육을 제공하고 있다. 삼성 시니어 디지털 아카데미는 시니어들에게 키오스크, 스마트폰 등 디지털 기기 활용법을 교육한다.

정부 차원에서도 시니어들의 디지털 금융 역량 강화를 위한 정책을 추진하고 있다. 금융위원회는 '디지털 포용 금융 추진 방안'을 통해 시니어들의 디지털 금융 접근성을 높이는 다양한 정책을 시행하고 있다. 또한 한국은행은 '디지털 금융 포용성 제고 방안'을 마련해 시니어들의 디지털 금융 이용을 지원한다.

이런 노력들은 시니어들의 디지털 금융서비스 이용을 돕고 있지만 시니어들의 다양한 니즈와 특성을 고려한 맞춤형 서비스 개발, 지속적인 교육 및 지원 체계 구축, 디지털 소외 계층에 대한 배려 등 여전히 개선해야 할 점들이 많다. 또한 시니어들을 단순한 서비스의 수혜자로 보는 것이 아니라 역으로 그들의 경험과 지혜를 활용할 수 있는 방안도 모색해야 한다.

앞으로 디지털 금융서비스는 시니어들의 자산 관리에 더욱 중요한 역할을 할 것으로 예상된다. 시니어들의 디지털 리터러시 향상 및 스마트폰 사용률의 지속적인 증가와 더불어 금융서비스의 편의성과 안전성에 대한 요구가 증가함에 따라 시니어들의 디지털 금융서비스 이용은 더욱 확대될 것이다. 이는 시니어들에게 더 나은 자산 관리 기회를 제공하고 궁극적으로는 그들의 경제적 안정과 삶의 질 향상에 기여할 것으로 기대된다.

그러나 이런 변화가 모든 시니어에게 균등하게 적용되기 위해서는 디지털 격차 해소를 위한 지속적인 교육과 지원, 개인정보 보호와 온라인 보안에 대한 인식 제고, 시니어 친화적인 인터페이스 개발 등이 필요하다. 또한 디지털 금융서비스의 발전이 기존의 대면 서비스를 완전히 대체하는 게 아니라 두 금융서비스가 상호 보완적으로 발전해 나가야 한다.

디지털 금융서비스는 시니어들의 자산 관리에 혁명적인 변화를 가져오고 있다. 이런 변화 속에서 시니어들이 소외되지 않고 디지털 금융의 혜택을 충분히 누릴 수 있도록 하는 것이 금융권과 정부, 사회 전체의 과제일 것이다. 시니어들의 디지털 금융 역량 강화는 단순히 금융서비스 이용의 문제를 넘어 그들의 경제적 자립과 삶의 질 향상, 사회 참여의 확대로 이어질 수 있는 중요한 과제다.

디지털 시니어,
기업의 마케팅을 바꾸다

디지털 시대의 도래와 함께 시니어들의 소비 패턴과 정보 획득 방식이 크게 변화하고 있다. 특히 온라인 쇼핑과 정보 검색 분야에서 시니어들은 점차 능동적인 소비자로 변모했는데, 이런 변화는 시니어들의 삶의 질 향상과 사회 참여 증진에 큰 영향을 미치고 있다.

최근 몇 년 사이 디지털 시니어들의 온라인 쇼핑 이용은 급격히 증가했다. 한국인터넷진흥원의 조사에 따르면 60대 이상 시니어의 온라인 쇼핑 이용률이 2015년 30.1퍼센트에서 2020년 65.2퍼센트로 크게 늘었다. 이런 증가의 주요 요인으로는 스마트폰 보급 확대와 코로나19 팬데믹으로 인한 비대면 소비 증가를 들 수 있다.

시니어들은 온라인에서 주로 식료품, 건강기능식품, 의류, 생활용품 등을 구매하는 것으로 나타났다. 특히 건강에 관심이 커지면서 건강기능식품의 구매가 늘어났다. 여행 상품과 문화 티켓 등의 구매도 늘어나 시니어들이 취미와 관심사에 더 많이 투자하고 있음을 알 수 있다.

이런 변화는 시니어들의 디지털 역량 향상과 밀접한 관련이 있다. 2023년 기준으로 65세 이상 시니어의 인터넷 이용률이 74.0퍼센트에 이르며 스마트폰 보유율도 93.9퍼센트에 이르는 등 디지털 기기 활용도가 크게 올랐다. 이는 시니어들이 온라인 쇼핑을 더욱 편리하게 이용할 수 있는 환경이 조성되었음을 의미한다.

온라인 쇼핑의 증가는 시니어들의 소비 패턴과 라이프스타일 변화를 반영한다. 시니어들은 더 이상 수동적인 소비자가 아니라 적극적으로 정보를 탐색하고 다양한 상품을 비교해 구매하는 능동적인 소비자로 변모했다. 이런 변화는 시니어 시장의 성장 가능성을 보여 주며 기업들에 새로운 비즈니스 기회를 제공한다.

시간과 장소의 제약 없이 쇼핑이 가능하다는 점은 시니어들의 온라인 쇼핑이 증가한 주요 원인이다. 특히 거동이 불편하거나 교통이 불편한 지역에 거주하는 시니어들이 다양한 상품 정보를 한눈에 비교하고 리뷰를 통해 다른 소비자들의 경험을 참고할 수 있다는 점은 시니어들의 합리적인 소비에 큰 도움이 되고 있다.

그러나 온라인 쇼핑의 증가로 개인정보 유출, 온라인 사기 등에 노출될 위험도 따라 늘어났다. 특히 디지털 기기 사용에 익숙하지 않은 시니어들은 더욱 어려움을 겪고 있다. 이에 많은 기업이 시니어 친화적인 인터페이스를 개발하고 있으며 정부와 관련 기관에서는 시니어들을 위한 디지털 교육 프로그램을 운영하고 있다.

정보 검색 분야에서도 시니어들의 능동적인 참여가 두드러진다. 과거에 시니어들은 TV, 신문 등 전통적인 미디어를 통해 수동적으로 정보를 받아들였다면 이제는 인터넷 검색을 통해 필요한 정보를 직접 찾는다. 한국정보화진흥원의 조사에 따르면 60대 이상 시니어의 인터넷 이용률은 2020년 기준 77.2퍼센트에 이르렀으며 이 중 대부분이 정보 검색을 주요 목적으로 인터넷을 사용한다고 응답했다.

시니어들이 주로 검색하는 정보는 건강, 여행, 취미, 시사 등 다양한 분야에 걸쳐 있다. 특히 건강 정보에 관심이 커서 질병 정보, 운동 방법, 건강식 레시피 등을 자주 검색하는 것으로 나타났다. 또한 은퇴하고 나서 제2의 인생을 준비하는 시니어들을 중심으로 창업, 재취업 관련 정보 검색도 증가했다.

정보 검색 능력의 향상은 시니어들의 삶에 여러 가지 긍정적인 영향을 미치고 있다.

첫째, 자기 주도적 학습이 가능해졌다. 관심 있는 주제에 대해 시니어들은 스스로 학습하고 지식을 확장할 수 있게 되었다. 둘째, 건강 관리에 도움이 되고 있다. 질병 예방, 건강한 생활 습관 등에 대한 정보를 쉽게 얻을 수 있게 되었다. 셋째, 사회 참여가 활발해졌다. 시사 정보를 실시간으로 접하고 온라인 커뮤니티를 통해 의견을 교환하면서 사회 이슈에 대한 참여도가 높아졌다.

그러나 정보의 신뢰성 문제는 여전히 과제로 남아 있다. 인터넷상에는 검증되지 않은 정보들이 많이 올라와 있어 자칫 잘못된 정보에 현혹될 위험이 있다. 이에 정부와 관련 기관에서는 시니어들을 대상으로 미디어 리터러시 교육을 시행하고 신뢰할 수 있는 정보원을 제공하는 등의 노력을 기울이고 있다.

온라인 쇼핑과 정보 검색 분야에서 시니어들의 능동적인 참여는 기업들의 마케팅 전략에도 변화를 가져왔다. 과거에는 젊은 층을 주요 타깃으로 삼았던 기업들이 이제는 시니어 소비자들을 주목하고 있다. 시

│ 시니어들의 온라인 쇼핑 멤버십 구독 트렌드

설치 후 이용량이 많은 쇼핑 앱

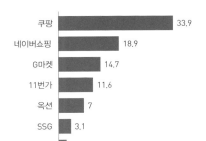

쿠팡	33.9
네이버쇼핑	18.9
G마켓	14.7
11번가	11.6
옥션	7
SSG	3.1
GS SHOP	2.8

향후 지속 이용 및 신규 가입 희망 유료 멤버십

(단위: %)

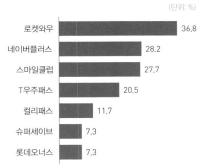

로켓와우	36.8
네이버플러스	28.2
스마일클럽	27.7
T우주패스	20.5
컬리패스	11.7
슈퍼세이브	7.3
롯데오너스	7.3

출처: (주)임팩트피플스.

니어들의 구매력과 온라인 활동이 증가하면서 시니어 맞춤형 상품과 서비스 개발이 활발해진 것이다.

예를 들어 건강기능식품 업계에서는 시니어들의 건강 관심사를 반영한 제품들을 출시하고 있으며 이를 온라인 채널을 통해 적극적으로 홍보하고 있다. 여행업계에서도 시니어들을 위한 맞춤형 여행 상품을 개발하고 온라인 예약 시스템을 시니어 친화적으로 개선하고 있다. 또한 시니어들의 정보 검색 행태를 반영한 콘텐츠 마케팅도 활발해지고 있다. 건강, 취미, 라이프스타일 등 시니어들이 관심을 가질 만한 주제의 콘텐츠를 제작해 제공함으로써 자연스럽게 브랜드 인지도를 높이고 제품 구매로 연결하는 전략이다.

한편 시니어들의 온라인 활동 증가는 새로운 비즈니스 모델의 등장으로도 이어지고 있다. 최근 증가한 시니어 전문 온라인 쇼핑몰, 시니어 대상 정보 제공 플랫폼 등은 시니어들의 특성과 니즈를 반영한 맞춤형 서비스를 제공한다. 정부와 공공기관에서도 시니어들의 온라인 활동을 지원하기 위한 다양한 정책을 시행하고 있다. 디지털 교육 프로그램 운영, 공공 와이파이 확대, 디지털 기기 보급 지원 등을 통해 시니어들의 디지털 접근성을 높이고 있다. 또한 온라인 사기 예방, 개인정보보호 등에 대한 교육도 강화하고 있다.

시니어들의 온라인 쇼핑과 정보 검색 활동 증가는 세대 간 소통에도 긍정적인 영향을 미치고 있다. 시니어들이 디지털 기기와 온라인 서비스 사용법을 자녀나 손주에게 배우는 과정에서 세대 간 대화가 늘어나고 온라인 공간에서 다양한 세대와 소통하게 되면서 세대 간 이해도 높아지고 있다.

그러나 경제적, 교육적 여건에 따라 디지털 기기 사용 능력과 온라인 서비스 이용률에 큰 차이가 나타나는 문제, 온라인 활동이 증가함에 따라 개인정보 유출, 해킹 등의 위험에 노출될 가능성 등의 과제들을 해결하려면 정부, 기업, 시민사회의 협력이 필요하다. 정부는 디지털 교육 프로그램을 확대하고 디지털 기기 보급을 지원하는 등 정책적 노력을 기울여야 한다. 기업은 시니어 친화적인 서비스와 제품을 개발하고 보안 시스템을 강화해야 한다. 시민사회에서는 세대 간 디지털 격차를 줄이기 위한 자원봉사 활동 등을 확대해야 한다.

온라인 쇼핑과 정보 검색 분야에서 시니어들의 능동적인 참여는 삶의 질 향상과 사회 참여 증진에 크게 기여하고 있다. 이는 단순히 소비 패턴의 변화를 넘어 시니어들의 사회적 역할과 위상의 변화를 의미한다. 앞으로도 시니어들이 디지털 시대의 주체로서 더욱 활발하게 활동할 수 있도록 사회 전반의 지속적인 관심과 지원이 필요할 것이다.

평생학습의 새로운 장,
온라인 강좌

　　　　디지털 기술의 발전은 시니어들의 평생교육과 문화생활에 혁명적인 변화를 가져왔다. 과거에는 접근성이 제한적이었던 다양한 학습 기회와 여가 활동이 이제는 디지털 플랫폼을 통해 언제 어디서나 가능해졌다. 이런 변화는 시니어들의 삶의 질을 크게 향상하고 새로운 형태의 사회 참여와 자아실현의 기회를 제공하고 있다.

특히 평생교육의 측면에서 온라인 교육 플랫폼의 발달은 시니어들에게 새로운 학습의 지평을 열어 주고 있다. 특히 무크Massive Open Online Course, MOOC 플랫폼의 등장으로 시니어들의 학습 기회가 크게 확대되었다. 코세라Coursera, 이디엑스edX, 유데미 등의 플랫폼들도 시니어들을 위한 특화된 프로그램을 제공한다. 이를 통해 시니어들은 시간과 장소의 제약 없이 다양한 주제의 강좌를 수강할 수 있다.

코세라는 60세 이상의 학습자를 위한 특별 과정을 운영하는데, 시니어들의 관심사와 학습 속도를 고려해 건강, 기술, 예술, 인문학 등 다양한 분야의 강좌를 제공한다. 시니어들은 자신의 페이스에 맞춰 강의를 수강할 수 있으며 필요에 따라 반복 학습도 가능하다.

이디엑스와 유데미 또한 시니어 학습자를 위한 프로그램을 제공한다. 이들 플랫폼은 시니어들이 관심을 가질 만한 주제, 예를 들면 디지털 리터러시, 재무 관리, 건강한 노후 생활 등에 대한 강좌를 개설한다. 무엇보다 이 플랫폼들은 시니어들이 쉽게 강좌를 탐색하고 수강할 수 있도록 사용자 친화적인 인터페이스를 제공한다는 점이 큰 장점이다.

국내에서도 시니어들을 위한 온라인 학습 환경이 빠르게 발전하고 있다. K-무크(한국형 온라인 공개강좌)는 이런 변화의 중심에 있는 대표적인 플랫폼이다. 이들 플랫폼은 시니어들에게 시간과 장소의 제약 없이 다양한 주제의 강좌를 제공하고 있다.

특히 K-무크는 국내 유수의 대학들이 제공하는 양질의 강좌를 무료로 수강할 수 있는 플랫폼으로, 시니어들은 이를 통해 인문학, 사회과학, 자연과학, 공학 등 다양한 분야의 지식을 습득할 수 있다. K-무크는 시니어들의 학습 속도와 스타일을 고려한 인터페이스를 제공해 디지털 기기 사용에 익숙하지 않은 시니어들도 쉽게 강좌를 수강할 수 있도록 돕고 있다.

이런 온라인 학습 플랫폼들은 시니어들에게 새로운 지식과 기술을 습득할 기회를 제공할 뿐만 아니라 인지기능 유지와 정신 건강 증진에도 긍정적인 영향을 미친다. 지속적인 학습 활동은 뇌를 자극하고 활성화해 인지기능 저하를 예방하는 데 도움이 되기 때문이다. 또한 새로운 것을 배우는 과정에서 얻는 성취감과 자신감은 시니어들의 정신 건강에 긍정적인 영향을 미친다.

더불어 이런 온라인 학습 플랫폼들은 시니어들에게 새로운 사회적 연결의 기회를 제공한다. 많은 플랫폼에서 운영하는 온라인 토론 포럼이나 스터디 그룹을 통해 시니어들은 같은 관심사를 가진 사람들과 교류할 수 있으며 이는 사회적 고립감을 줄이는 데 도움이 된다.

앞으로 이런 온라인 학습 플랫폼들은 시니어들의 평생학습을 촉진하고 그들의 삶의 질을 높이는 데 중요한 역할을 할 것으로 기대된다. 시니어들의 디지털 리터러시가 향상되고 온라인 학습에 대한 인식이 개선되다 보면 더 많은 시니어가 이런 플랫폼을 통해 지속적인 성장과 발전을 이어 갈 것이다.

언어 학습 분야에서도 디지털 기술의 활용이 두드러진다. 듀오링고나 바벨 같은 언어 학습 앱을 통해 시니어들은 새로운 언어를 쉽게 부담 없이 배우고 있다. 이는 단순히 언어 능력 향상을 넘어 글로벌 문화에 대한 이해를 넓히고 인지기능을 자극하는 효과적인 방법이 되고 있다.

한편 디지털 기술의 발전은 시니어들의 여가 활동에 혁명적인 변화를 가져왔다. 특히 가상 현실VR과 증강 현실AR 기술은 시니어들에게 새로운 차원의 경험을 제공하고 있다. 최근 VR 기술을 활용한 여행 체험이 시니어들에게 큰 인기를 얻고 있는데, 물리적 제약이나 건강상의 이유로 실제 여행이 어려운 시니어들도 VR을 통해 세계 각지의 명소를 생생하게 체험할 수 있게 되었다. 360도 파노라마 영상과 입체 음향을 통해 파리의 에펠탑이나 이집트의 피라미드를 마치 실제로 방문한 것처럼 경험할 수 있게 된 것이다.

온라인 박물관 투어도 시니어들에게 새로운 문화 체험의 기회를 제공한다. 세계 유명 박물관들이 제공하는 가상 투어는 시니어들이 집에서도 세계적인 예술 작품들을 감상할 수 있게 해준다. 일부 박물관은 AI 기술을 활용해 2D 이미지를 3D로 변환하는 서비스를 제공해 더욱 실감 나는 관람 경험을 할 수 있다.

디지털 아트 창작 역시 시니어들의 새로운 취미로 자리 잡았다. 태블릿 PC나 스마트폰을 이용한 디지털 드로잉, VR을 활용한 3D 조각 등 다양한 형태의 디지털 아트 활동이 가능해졌다. 이는 시니어들의 창의성을 자극하고 새로운 자기표현의 수단이 되고 있다.

이처럼 디지털 기술을 활용한 여가 활동은 시니어들의 삶의 질을 크게 향상시키고 있다. 시니어들은 기존의 물리적 제약에서 벗어나 더 넓은 세계를 경험하게 되면서 지적 호기심과 문화적 욕구를 충족시킬 수 있게 되었다. 그리고 이런 활동들은 인지기능 유지와 정신 건강 증진에도 긍정적인 영향을 미치고 있다. 앞으로 VR과 AR 기술이 더욱 발전하고 보편화되면서 시니어들의 디지털 여가 활동은 더욱 다양해지고 풍부해질 것으로 예상된다. 이는 시니어들의 삶에 새로운 활력을 불어넣고 더욱 풍요로운 노년 생활을 영위할 수 있게 해줄 것이다.

엔터테인먼트 분야에서도 유튜브나 넷플릭스 같은 스트리밍 서비스의 보급으로 시니어들의 소비 패턴이 변화하고 있다. 이들 플랫폼을 통해 시니어들은 자신의 취향에 맞는 다양한 콘텐츠를 언제 어디서나 즐길 수 있게 되었다. 특히 DIY, 요리, 여행 등 다양한 주제의 콘텐츠를 담은 유튜브를 통해 새로운 취미를 발견하고 기술을 배우는 시니어들이 늘어나고 있다. TED 강연 같은 지식 공유 플랫폼도 시니어들 사이에서 인기를 얻고 있다. 시니어들은 이를 통해 다양한 분야의 최신 지식과 통찰을 얻고 지속적인 학습과 성장의 기회가 생겼다.

게임 분야에서도 시니어를 위한 다양한 옵션이 제공되고 있다. 인지 기능 향상을 위한 두뇌 훈련 게임부터 운동 효과를 얻을 수 있는 엑서게임Exergame까지, 시니어들의 흥미와 필요에 맞는 게임들이 개발되고 있다. 이런 게임들은 재미와 함께 건강 증진의 효과까지 제공한다.

또한 AI 기술의 발전은 시니어들의 디지털 학습과 여가 활동에 새로운 가능성을 열어 주었다. AI 기반의 개인화된 학습 시스템은 시니어 개개인의 학습 속도와 스타일에 맞춘 최적의 학습 경험을 제공한다. 그리고 AI 비서 서비스는 일상생활에서의 디지털 기기 사용을 더욱 쉽고 편리하게 만들어 준다.

디지털 기술의 발전은 시니어들의 평생교육과 문화생활을 획기적으로 변화시키고 있다. 이는 단순히 새로운 기술을 배우는 것을 넘어 시니어들의 삶의 질을 높이고 사회 참여를 증진하는 중요한 수단이 되고 있다. 앞으로도 시니어들의 니즈와 특성을 고려한 다양한 디지털 학습 및 여가 프로그램이 개발되고 이를 통해 모든 시니어가 디지털 시대의 혜택을 누리기를 바란다.

시니어 친화적 디자인과 기업의 사회적 책임

　　　　디지털 시대의 급속한 발전으로 시니어들의 디지털 활용이 증가하면서, 기업들은 이들을 위한 새로운 접근 방식을 모색해야 하는 상황에 직면해 있다. 특히 UX(사용자 경험) 차원과 시장 조사 차원에서 기업들의 노력이 필요한데, 이는 디지털 시니어들의 특성과 요구 사항을 정확히 파악하고 이에 맞는 제품과 서비스를 개발하기 위함이다.

먼저 UX 차원에서 기업들이 해야 할 일을 살펴보자. 디지털 시니어들은 젊은 세대와는 다른 사용 패턴과 니즈가 있다. 따라서 기업들은 시니어 친화적인 UX 디자인을 개발하고 적용해야 한다.

첫째, 직관적이고 단순한 인터페이스 설계가 필요하다. 복잡한 메뉴 구조나 작은 버튼들은 시니어들이 조작하기 어려울 수 있다. 대신 큰 버튼, 명확한 아이콘, 간단한 내비게이션 시스템으로 시니어들이 쉽게 이해하고 사용할 수 있는 인터페이스를 제공해야 한다.

둘째, 가독성을 높이는 디자인이 중요하다. 시력 저하를 겪는 시니어들을 위해 글자 크기를 조절할 수 있는 기능, 높은 대비의 색상 사용, 명확한 폰트 선택 등이 필요하다.

셋째, 오류 방지와 복구가 용이한 시스템 설계가 필요하다. 시니어들은 실수하거나 원하지 않는 작업을 수행할 수 있기 때문에 이를 방지하거나 쉽게 복구하는 기능이 필요하다. 예를 들면 중요한 작업 전 확인

메시지를 표시하거나 '실행 취소' 기능에 쉽게 접근할 수 있도록 하는 것이 좋다.

넷째, 개인화된 경험을 제공하는 것이 중요하다. 시니어들의 다양한 니즈와 선호도를 반영해 개인별로 맞춤화된 인터페이스와 콘텐츠를 제공해야 한다. 우리은행의 '시니어W클래스'는 시니어 고객을 위한 맞춤형 콘텐츠를 제공해 재테크, 인문, 여행 등 다양한 주제의 정보를 제공한다.

다섯째, 멀티모달* 인터랙션multimodal interaction을 지원해야 한다. 터치 인터페이스뿐만 아니라 음성 인식, 제스처 인식 등 다양한 입력 방식을 지원해 시니어들이 자신에게 가장 편한 방식으로 기기를 조작할 수 있도록 해야 한다. 예를 들어 음성 명령을 통해 기본적인 기능을 수행할 수 있게 하는 것도 시니어들에게 큰 도움이 될 수 있다.

여섯째, 지속적인 사용성 테스트와 피드백 수집이 필요하다. 실제 시니어 사용자들을 대상으로 사용성 테스트를 시행해 문제점을 파악하고 개선해 나가는 과정이 필요하다. 이를 통해 실제 사용 환경에서 발생할 수 있는 문제점들을 사전에 파악하고 해결할 수 있다.

다음으로 시장 조사 차원에서 기업들이 해야 할 일을 살펴보자. 여기서 주목해야 할 점은 세스 스티븐스 다비도위츠가 그의 저서《모두 거짓말을 한다》에서 지적한 것처럼, 사람들은 종종 설문 조사나 인터뷰

---

* 멀티모달은 텍스트, 이미지, 음성, 영상 등 다양한 데이터 양식modality의 입력을 동시에 함께 처리하는 것을 의미한다.

에서 거짓말을 한다는 것이다. 따라서 기업들은 전통적인 시장 조사 방법을 넘어 더 정확하고 실질적인 데이터를 수집하고 분석하기 위해 다음과 같은 방법들을 활용해야 한다.

첫째, 빅데이터 분석을 활용해야 한다. 시니어들의 실제 온라인 행동 패턴, 검색 기록, 구매 이력 등을 분석해 그들의 진짜 관심사와 니즈를 파악해야 한다. 예를 들어 구글 트렌드나 소셜 미디어 데이터 분석에서 시니어들이 실제로 관심을 가지는 주제나 제품을 파악할 수 있다.

둘째, 암묵적 연관 테스트Implicit Association Test, IAT 같은 심리학적 기법을 활용할 수 있다. 이는 응답자의 무의식적인 태도나 선호도를 측정하는 방법으로, 명시적으로 표현되지 않는 시니어들의 진짜 생각을 파악하는 데 도움이 될 수 있다.

셋째, 관찰 연구를 강화해야 한다. 시니어들의 일상생활을 직접 관찰하고 그들의 행동 패턴을 분석함으로써 설문 조사나 인터뷰에서는 드러나지 않는 실제 니즈와 문제점을 파악할 수 있다. 예를 들어 시니어들의 집에 카메라를 설치해 그들의 일상적인 디지털 기기 사용 행태를 관찰하는 방법이 있다.

넷째, 온라인 커뮤니티 분석을 활용해야 한다. 시니어들이 자주 이용하는 온라인 커뮤니티나 포럼을 모니터링하고 분석해 그들의 실제 관심사, 불만 사항, 요구 사항 등을 파악할 수 있다. 이는 시니어들이 자연스럽게 표현하는 의견을 수집하는 좋은 방법이다.

다섯째, 실험적 접근을 시도해야 한다. A/B 테스트 같은 실험적 방법을 통해 시니어들의 실제 행동을 관찰하고 분석하는 것이다. 예를 들어 다양한 버전의 웹사이트나 앱을 제공하고 어떤 버전이 시니어들에게 더 효과적인지를 실제 사용 데이터를 통해 파악하는 방법이 있다.

여섯째, 장기적인 패널 연구를 수행해야 한다. 같은 시니어 그룹을 장기간 추적 관찰해 그들의 디지털 사용 패턴, 선호도, 니즈의 변화를 시간의 흐름에 따라 파악한다. 이는 시니어 시장의 트렌드를 예측하고 미래 전략을 수립하는 데 중요한 자료가 될 수 있다.

일곱째, 다학제적 접근이 필요하다. 마케팅, 심리학, 사회학, 인류학 등 다양한 분야의 전문가들이 협력해 시니어 시장을 다각도로 분석해야 한다. 이를 통해 시니어들의 행동과 선호도에 대한 더 깊이 있는 이해를 얻을 수 있다.

여덟째, 신기술을 활용한 데이터 수집 방법을 모색해야 한다. 예를 들면 웨어러블 디바이스에서 시니어들의 일상 활동 데이터를 수집하거나 IoT(사물인터넷) 기기를 통해 가정 내 디지털 기기 사용 패턴을 분석할 수 있다. 이는 시니어들의 실제 생활 패턴과 디지털 기기 사용 행태를 더 정확히 파악할 수 있게 해준다.

아홉째, 문화인류학적 접근을 시도해야 한다. 시니어들의 일상에 직접 참여해 그들의 문화와 생활 방식을 깊이 있게 이해하는 것이 필요하다. 이를 통해 설문 조사나 인터뷰에서는 드러나지 않는 잠재적 니즈와 문화적 맥락을 파악할 수 있다.

마지막으로, 윤리적 고려가 필요하다. 시니어들의 프라이버시를 존

출처: Senior Meetme.

중하고 데이터 수집과 분석 과정에서 윤리적 기준을 엄격히 준수해야 한다. 이는 기업의 사회적 책임을 다하는 동시에 시니어 소비자들의 신뢰를 얻는 데 중요한 요소가 될 것이다.

이런 UX 차원의 노력과 시장 조사 방법의 혁신을 통해 기업들은 디지털 시니어들의 니즈를 파악하고 그에 맞는 제품과 서비스를 개발할 수 있다. 이는 단순히 시니어 시장을 공략하는 것을 넘어, 디지털 시대에 모든 세대가 편리하게 사용할 수 있는 포용적인 디지털 환경을 만드는 데 기여한다. 더불어 이런 접근은 기업의 사회적 책임을 다하는 동시에 새로운 비즈니스 기회를 창출하는 윈-윈 전략이 될 수 있다.

장수 혁명과 건강수명

인류는 현재 장수 혁명Longevity Revolution이라는 과학적 패러다임의 전환점에 서 있다. 인간의 평균 수명이 80~90세라는 통념은 이제 시대에 뒤처진 개념이 되었다. 과학 기술의 급속한 발전으로 인간의 기대수명은 지속적으로 증가하고 있으며, 특히 최근 연구에 따르면 기대수명은 매년 1년 이상씩 늘어날 것으로 전망된다고 한다. 이는 150세, 200세 혹은 그 이상까지 인간의 수명이 연장될 수 있음을 시사한다. 장수 분야의 과학자들 대다수가 이런 급격한 수명 연장이 가능하다고 보는 '장수 탈출 속도' 이론에 주목하고 있다. 이는 사업가 데이비드 고벨David Gobel이 제시한 개념으로, 그는 '2030년까지 90대가 50대로 거듭나게 하자'라는 목표로 므두셀라 재단을 설립했다. 의학과 기술의 진보 속도가 노화 속도를 앞지르면 인간이 무한히 살 수 있다는 논리다. 실리콘밸리의 선지자로 불리는 레이 커즈와일Ray Kurzweil은 10~12년 안에 장수 탈출 속도에 도달할 수 있다고 주장하며, 피터 디아만디스Peter Diamandis는 20년 안에 인체의 개념이 달라지고 인간의 수명이 최소 150세까지 연장될 것으로 예측했다.

그러나 이런 장수 혁명에 대한 사회적 인식은 아직 양가적이라고 볼 수 있다. 퓨리서치센터가 진행한 조사 결과에 따르면 미국인의 56퍼센트가 '120세까지 사는 건 원치 않는다'고 응답했다. 이는 현대 사회에서 장수에 대한 인식이 변화하고 있음을 보여 준다. 과거에는 오래 사는 것 자체가 축복으로 여겨졌지만 이제는 건강하고 의미 있는 삶을 살아가는 것이 더 중요하다. 의료 기술의 발달로 수명은 연장되었지만 그에 따른 삶의 질 향상이 동반되지 않을 수 있기 때문이다.

최근의 연구들은 노화에 대한 긍정적인 자기 인식self-perception of aging이 실제로 건강과 수명에 긍정적인 영향을 미친다는 것을 보여 준다. 예일대학교 베카 레비Becca Levy 등의 연구에 따르면 노화에 대해 긍정적인 자아상을 지닌 사람들이 그렇지 않은 사람들보다 평균 7.5년 더 오래 살았다는 결과가 나왔다. 이는 장수에 대한 인식이 개인의 실제 건강과 수명에도 영향을 미칠 수 있음을 의미하며, 향후 노인 복지 정책과 의료 서비스 방향에도 중요한 시사점을 제공한다. 단순히 수명을 연장하는 것을 넘어 노년기의 삶의 질을 향상하기 위한 다각적인 접근이 필요할 것이다. 신체적 건강뿐만 아니라 정신적 웰빙, 사회적 관계, 경제적 안정 등을 종합적으로 고려한 정책과 서비스 개발이 요구된다.

한편 노화에 대한 인식 자체가 실제 노화 속도에 영향을 미친다는 연구 결과도 주목할 만하다. 미국 오리건 주립대학교 연구팀의 조사에 따르면 늙었다고 자주 생각하는 사람일수록 노화가 촉진되는 것으로 나타났다. 52~88세 105명을 대상으로 한 이 연구에서 노화에 대해 부정적으로 생각하는 사람일수록 스트레스와 통증을 더 심하게 느꼈다. 이는 노화에 대한 긍정적인 인식이 실제 신체 건강에도 긍정적인 영향을 미칠 수 있음을 보여 준다.

백신의 개발, 항생제의 발견, 공중위생의 개선 등으로 많은 질병이 정복되었고, 이런 의학적 발전으로 20세기 동안 평균 수명은 급격히 증가했다. 미국에서 65세 이상 인구의 비율은 1900년 4.1퍼센트에서 2000년 12.4퍼센트로 증가했다. 이제 장수는 더이상 소수의 운 좋은 사람들만의 특권이 아니라 의학적 개입과 생활 방식의 개선을 통해 달성할 수 있는 현실적인 목표가 되었다. 사람들은 단순히 오래 사는 것을 넘어 어떻게 하면 건강하고 활기차게 오래 살 수 있을지에 대해 고민하기 시작했다. 1960년 대부터는 '성공적 노화'successful aging라는 개념이 등장했는데, 이는 건강하고 활동적으로 노년을 보내는 것의 중요성을 강조하는 것이었다.

20세기 후반부터는 삶의 질에 관한 관심이 크게 늘었다. 단순히 오래 사는 것보다 건강한 상태로 오래 사는 것의 중요성이 강조되기 시작했다. 이는 '건강수명'이라는 새로운 개념의 등장으로 이어졌다. 건강수명은 단순한 생존 기간이 아니라 건강하게 활동적으로 살 수 있는 기간을 의미한다. 세계보건기구WHO는 2000년부터 건강수명을 국가 간 건강 수준을 비교하는 지표로 사용하기 시작했다. 이제 사람들은 단순히 수명 연장이 아니라 건강하고 의미 있는 삶을 추구하게 되었다.

이런 변화는 최근의 연구 결과들에서도 확인할 수 있다. 메드트로닉Medtronic과 모닝 컨설트Morning Consult가 2024년에 실시한 조사에 따르면 미국 성인의 66퍼센트가 건강 문제를 안고 오래 사는 것보다 짧더라도 건강한 삶을 선호한다고 응답했다. 이는 현대인들이 단순한 수명 연장보다는 삶의 질을 더 중요하게 여기고 있음을 보여 준다.

그러나 노인 인구의 급격한 증가는 연금 체계, 의료 시스템,

노인 복지 등에 큰 부담을 주었다. 20세기 후반부터는 장수가 개인의 문제를 넘어 사회경제적 문제로 인식되기 시작했다. 노인 인구의 증가에 따른 사회적 부담과 의료비 증가 등이 새로운 과제로 대두되었고, 개인의 축복이었던 장수는 사회가 함께 고민해야 할 과제가 되었다.

일부 미래학자들은 2100년경에는 기본소득과 수명 연장에 대한 균등한 접근성이 보장될 것으로 전망한다. 레이 커즈와일은 저서 《특이점이 온다》에서 기술의 발전이 궁극적으로 모든 인류에게 혜택을 줄 것이라고 주장한다. 하지만 이런 전망이 현실이 되기까지는 많은 사회적·정치적 노력이 필요할 것이다. 수명 연장 기술에 대한 접근성이 경제력에 따라 차별화된다면 현재의 불평등이 더욱 고착될 수 있다. 세계불평등연구소의 보고서에 따르면 전 세계적으로 부의 불평등이 심화되고 있으며, 이런 추세가 지속된다면 수명 연장 기술의 혜택도 불균등하게 분배될 가능성이 크다. 즉 교육 시스템, 연금 제도, 노동 시장 등 사회의 모든 영역에서 근본적인 변화가 필요하다. 평생 교육의 중요성이 더욱 커질 것이며 여러 차례의 경력 전환이 일반화될 수 있다. 린다 그래튼Lynda Gratton과 앤드루 스콧Andrew Scott은 저서 《100세 인생》에서 이런 변화에 대비하기 위한 전략을 제시하고 있다. 일의 의미와 은퇴 개념에 대한 재정의도 필요하다. 수명이 연장되면서 '영원히 일할 수 있는 체력'이 생길 수도 있지만, 과연 언제까지 일해야 하는지 또는 할 수 있는지에 대한 문제가 제기된다. 이는 단순히 경제적인 문제를 넘어 삶의 의미와 목적에 대한 철학적 질문으로 이어진다.

기술의 발전은 인류의 수명과 삶의 질을 획기적으로 향상시킬 잠재력을 가지고 있지만 동시에 우리 사회의 근본적인 가치와 구조에 대한 재고를 요구한다. 따라서 기술 발전의 혜택을 최대화하면서도 그에 따른 부작용을 최소화하기 위해서는 과학기술 연구와 더불어 윤리, 철학, 사회과학 등 다양한 분야의 학제 간 연구와 사회적 합의가 필요할 것이다.

**SENIOR
TREND**

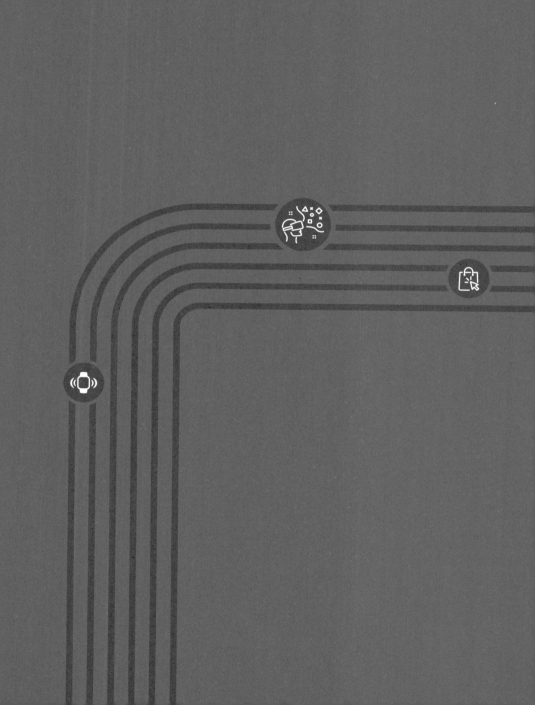

제3장

소비의 패턴이
달라지다

현재 시니어 모바일 쇼핑 시장은 급속도로 성장하고 있으며 기업들은 이에 대응하기 위해 다양한 전략을 수립하고 있다. 큰 글씨, 간단한 메뉴 구조, 음성 지원 기능 등을 제공하는 시니어 전용 버전의 앱을 출시하는 것도 그런 전략의 일환이다. 이런 기업들의 노력은 시니어들의 디지털 접근성을 높이는 데 크게 기여하고 있다.

시니어 소비자들의 니즈 변화도 주목할 만하다. 건강과 웰빙에 대한 관심이 높아지면서 건강기능식품, 운동용품 등의 구매가 증가하고 있다. 이에 AI 기술을 활용해 시니어 소비자의 선호도와 구매 패턴을 분석하고, 이를 바탕으로 개인화된 상품 추천 서비스를 제공하는 기업들이 늘어나고 있다. 또한 소셜 미디어를 통한 타깃 광고, 시니어 인플루언서를 활용한 마케팅 등이 활발히 이뤄지고 있다.

현재 5075세대가 본격적으로 은퇴하면 이들의 소비 행태가 시장에 미치는 영향은 더욱 커질 것으로 예상된다. 또한 온라인과 오프라인을 연계한 옴니채널 전략의 중요성이 더욱 부각될 것으로 보인다. 따라서 시니어 소비자들의 니즈를 더욱 세밀하게 파악하고 그에 맞는 맞춤형 서비스와 제품을 개발하는 것이 기업들의 성공 전략이 될 것이다.

액티브 시니어를 위한
스마트 쇼핑

　　모바일 쇼핑 플랫폼을 시니어 친화적으로 개선하는 것은 오늘날 디지털 시대의 급속한 발전과 함께 더욱 중요해지고 있다. 앞서도 언급했지만 액티브 시니어들은 스마트폰을 통한 온라인 쇼핑 비율이 40.2퍼센트에 이른다. 이는 오프라인 매장 방문 비율인 48.8퍼센트에 근접한 수준으로 모바일 쇼핑이 시니어들의 주요 소비 채널로 자리 잡았음을 보여 준다.

　디지털 기술의 급속한 발전과 함께 시니어들의 온라인 활동이 증가하면서 대형 전자상거래 기업들은 시니어 전용 앱 개발에 주력하고 있다. 이는 고령화 사회로 진입하면서 시니어 소비자의 중요성이 커지고

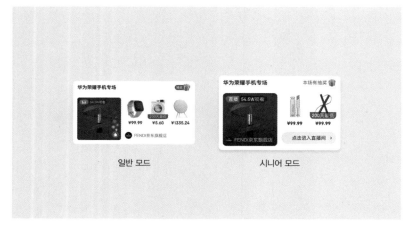

일반 모드   시니어 모드

출처: JD닷컴.

있는 현실을 반영한 것이다. 특히 중국의 대표적인 전자상거래 플랫폼
인 티몰과 JD닷컴은 시니어 전용 버전의 앱을 출시해 주목을 받고 있다.

티몰과 JD닷컴이 제공하는 시니어 전용 앱의 가장 큰 특징은 사용자
인터페이스의 간소화다. 큰 글씨를 사용해 가독성을 높이고 메뉴 구조
를 단순화해서 시니어들이 쉽게 이해하고 사용할 수 있도록 하고, 음성
지원 기능으로 텍스트 입력이 어려운 시니어들도 편리하게 앱을 사용
할 수 있게 한 것이다. 이런 노력은 시니어들의 디지털 접근성을 높이는
데 크게 기여하고 있다.

티몰의 시니어 전용 앱은 '효도' 버전이라고도 불리는데, 글자 크기
를 30퍼센트 이상 키우고 색상 대비를 강화했다. 또한 복잡한 기능을
제거하고 자주 사용하는 기능을 전면에 배치해 사용 편의성을 높였다.

JD닷컴도 그와 유사한 '부모님' 모드를 제공해 시니어들이 자주 구매하는 상품 카테고리를 전면에 배치하고 결제 과정을 간소화했다.

이런 시니어 전용 앱의 등장은 단순히 편의성 제공을 넘어 시니어들의 디지털 소외 문제를 해결하는 데도 큰 역할을 하고 있다. 디지털 기술에 익숙하지 않은 시니어들도 이제는 온라인 쇼핑의 혜택을 누릴 수 있게 되었고, 이는 그들의 삶의 질 향상으로 이어지고 있다.

또한 시니어들의 디지털 활용을 돕는 것은 단순히 기술적인 문제를 넘어 사회적 포용의 문제라는 인식이 필요하다. 디지털 기술이 우리 사회의 모든 구성원에게 혜택을 줄 수 있도록, 시니어들의 디지털 참여를 적극적으로 지원하고 격려하는 사회적 분위기가 조성되어야 한다. 이런 노력들이 지속되고 확대된다면 앞으로 더 많은 시니어가 디지털 기술의 혜택을 누리며 더 나은 삶을 누릴 것이다. 디지털 시대에 모든 세대가 함께 참여하고 혜택을 누릴 수 있는 포용적인 사회를 만들어 가는 것, 그것이 우리가 지향해야 할 미래다.

한편 직관적인 UI/UX 디자인*과 접근성 향상을 위한 노력도 이어지고 있다. 많은 기업이 시니어들의 특성을 고려한 인터페이스 개선에 힘쓰는 모습을 보인다. 예를 들면 버튼 크기를 키우고 색상 대비를 높이는 등의 방법으로 가독성을 개선하거나, 복잡한 단계를 줄이고 직관적인 아이콘을 사용하는 등이다.

---

* 　사용자의 경험을 최우선으로 고려해 제품의 인터페이스를 설계하는 과정. UI는 사용자 인터페이스User Interface를 뜻하며 UX는 사용자 경험User Experience을 뜻한다.

음성 인식 기술의 발전 역시 시니어들의 모바일 쇼핑 경험을 크게 개선하고 있다. 많은 앱이 음성 검색 기능을 도입해 시니어들이 키보드 입력 없이도 원하는 상품을 찾을 수 있게 해주고 음성 안내 기능을 통해 앱 사용 방법을 설명해 주는 서비스도 늘어나고 있다. 큰 글씨 옵션은 시니어들의 모바일 쇼핑 경험을 크게 개선하는 또 다른 중요한 기능이다. 대부분의 모바일 쇼핑 앱들이 글자 크기 조절 기능을 제공하며 일부 앱은 시니어 모드를 따로 제공해 자동으로 큰 글씨와 간단한 레이아웃으로 전환되도록 하고 있다.

이런 시니어 맞춤 기능들은 단순히 편의성을 높이는 것을 넘어 시니어들의 디지털 포용성을 높이는 데 큰 역할을 하고 있다. 시니어들이 디지털 기술을 더 쉽게 활용할 수 있게 됨으로써, 그들의 삶의 질 향상과 사회 참여 증진에도 긍정적인 영향을 미치고 있다.

앞으로 모바일 쇼핑 플랫폼의 시니어 친화적 개선은 더욱 가속화될 것으로 보인다. AI 기술의 발전으로 개인화된 쇼핑 경험을 제공하는 것이 가능해지고 있으며 VR/AR 기술을 활용한 가상 쇼핑 경험도 시니어들에게 새로운 가능성을 열어 줄 것으로 기대된다. 모바일 쇼핑 플랫폼의 시니어 친화적 개선은 단순히 새로운 시장 개척의 차원을 넘어, 디지털 시대에 모든 세대가 편리하게 사용할 수 있는 포용적인 디지털 환경을 만드는 데 기여하고 있다. 이는 기업의 사회적 책임을 다하는 동시에 새로운 비즈니스 기회를 창출하는 윈-윈 전략이 될 것이다.

'시니어 전용' 상품이
늘어나는 이유

　　　　　디지털 시니어들의 모바일 쇼핑 증가와 함께 시니어를 타
깃으로 한 상품과 서비스 시장이 크게 확대되고 있다. 특히 건강기능식
품과 여행 상품 등이 인기 카테고리로 부상하고 있으며 시니어들의 니
즈에 맞춘 맞춤형 상품 개발이 활발히 이뤄지고 있다.

　건강기능식품 시장은 시니어들이 건강에 관심이 커지면서 크게 성
장하고 있다. 한국건강기능식품협회의 '2022 시장현황 및 소비자 실태
조사'에 따르면 50대(16.5퍼센트)와 60대(10.7퍼센트)의 건강기능식품
구매 비중이 가장 높은 것으로 나타났다. 특히 면역력 강화, 관절 건강,
눈 건강 등을 위한 제품들이 인기가 높다.

　여행 상품 역시 시니어들 사이에서 큰 인기를 끌고 있다. BC카드 데
이터사업본부의 분석에 따르면 60세 이상 고객의 여행 관련 결제액이
지난해 대비 94.6퍼센트 증가했으며 2021년 코로나 시기 대비 277.7퍼
센트 급증했다. 특히 체험형, 학습형 여행 상품에 대한 수요가 증가했
는데 예를 들면 문화 유적지 탐방, 현지 요리 체험, 생태 관광 등이 있
다. 시니어들의 건강과 편의를 고려한 맞춤형 여행 상품도 늘어나고 있
다. '슬로 트래블' 상품이나 의료 서비스가 포함된 '메디컬 투어리즘' 상
품 등이 그 예다.

　좀 더 구체적으로 시니어 맞춤형 상품 개발 사례를 살펴보자. 만성질

출처: 인터파크.

환 관리 앱 닥터 다이어리에서 출시한 글루어트gluet 는 혈당 관리를 통한 체중 관리 프로그램을 제공한다. 이 서비스는 혈당 데이터 관리, 전문가 강의, 일대일 코칭 서비스 등을 제공해 시니어들의 건강 관리를 돕고 있다. '우주약방'이라는 비대면 진료 앱은 일반 이용자 및 만성질환자가 모바일상에서 진료, 처방, 약 배송까지 받을 수 있는 플랫폼을 제공한다. 이런 서비스들은 시니어들의 건강 관리와 의료 서비스 접근성을 높이는 데 기여한다.

고령친화식품 시장도 급성장해 2011년 약 5,000억 원에서 2017년

1조 원을 돌파했으며 5년이 지난 2024년에는 2조 원을 넘어섰다. 농림축산식품부와 해양수산부는 2021년 처음으로 8개 업체의 27개 제품을 '고령친화우수식품'으로 지정했으며 2024년에는 11개 업체 26개 제품이 추가됐다. 이는 시니어들의 영양 섭취와 소화 흡수를 돕는 특화된 식품에 대한 수요가 증가하고 있음을 보여 준다.

시니어 타깃 상품 및 서비스 시장의 확대는 시니어들의 디지털 활용 능력 향상과도 밀접한 관련이 있다. 많은 시니어가 스마트폰과 태블릿 PC 등 디지털 기기 사용에 익숙해지면서 온라인 쇼핑과 모바일 앱을 통한 서비스 이용이 증가했다. 이에 따라 기업들은 시니어 친화적인 UI/UX 디자인을 개발하고, 쉽고 직관적인 사용 방법을 제공하는 데 주력하고 있다.

예를 들어 50대 이상 시니어들이 함께 문화생활 및 취미 활동을 할 수 있게 해주는 서비스 '시놀'(시니어 놀이터)은 시니어를 타깃으로 다양한 여가 프로그램과 쉽고 직관적인 UI/UX를 제공해 현재 약 7만여 명의 5070 고객을 확보하고 있다.

시니어 타깃 상품 및 서비스 시장의 확대는 기업들에 새로운 기회를 제공한다. 시니어 전용 온라인 쇼핑몰, 시니어 맞춤형 건강 관리 앱, 시니어 대상 온라인 교육 플랫폼 등 다양한 분야에서 새로운 상품과 서비스가 등장하고 있다. 이는 시니어 시장의 잠재력과 다양성을 보여 주는 것으로서 앞으로 더 많은 혁신적인 서비스와 제품이 등장할 것으로 예상된다.

앞으로 시니어 타깃 상품 및 서비스 시장은 더욱 세분화되고 다양하게 확대될 것이다. 시니어들의 개별적인 니즈와 선호도를 반영한 맞춤형 서비스, 건강과 웰빙에 초점을 맞춘 제품, 디지털 기술을 활용한 혁신적인 솔루션 등이 더욱 발전할 것이다. 또한 시니어들의 사회 참여와 자아실현을 돕는 서비스, 세대 간 소통을 촉진하는 플랫폼 등도 주목받을 것으로 보인다. 기업들은 이런 트렌드를 잘 파악하고 시니어를 타깃으로 적절한 마케팅 전략을 수립해 시니어 시장에서의 경쟁력을 강화해 나가야 한다.

시니어 타깃 상품 및 서비스의 확대는 고령화 사회에서 중요한 경제적·사회적 의미를 지닌다. 이는 시니어들의 삶의 질 향상뿐만 아니라 새로운 경제 성장의 동력이 될 수 있다. 기업들은 시니어 시장의 잠재력을 인식하고 지속적인 연구와 혁신을 통해 시니어들의 니즈를 충족하는 제품과 서비스를 개발해야 할 것이다.

디지털 마케팅의
시니어 공략 전략

디지털 시니어의 모바일 쇼핑이 증가하는 현상은 기업들의 디지털 마케팅 전략에 큰 변화를 가져오고 있다. 특히 소셜 미디어를 활용한 시니어 타깃 광고, 시니어 인플루언서 마케팅, AI 기반 개인화 추천 서비스 등이 주목받고 있는데, 이런 전략들은 디지털 시니어들의 특성과 니즈를 반영해서 효과적인 마케팅 방안을 제시한다.

먼저 소셜 미디어를 활용한 시니어 타깃 광고 사례를 살펴보자. 최근 많은 기업이 페이스북, 인스타그램, 유튜브 등의 소셜 미디어 플랫폼을 통해 시니어 소비자들에게 접근하고 있다. 이는 시니어들의 소셜 미디어 사용률이 크게 증가했기 때문이다.

소셜 미디어 광고의 장점은 정교한 타깃팅이 가능하다는 것이다. 연령, 관심사, 행동 패턴 등을 기반으로 시니어 소비자들에게 맞춤형 광고를 제공할 수 있다. 예를 들어 건강기능식품 브랜드들은 50대 이상의 건강에 관심 있는 사용자들을 대상으로 페이스북 광고를 올려 큰 효과를 보고 있다.

소셜 미디어 광고는 시니어들의 라이프스타일과 가치관을 반영한 콘텐츠로 접근하는 것이 중요하다. 예를 들면 '시니어'라는 단어를 직접적으로 사용하기보다는 '액티브한 삶', '새로운 도전', '풍부한 경험' 등 긍정적이고 적극적인 키워드를 활용해 시니어들의 자존감을 높이고 공감을 얻는 전략이 효과적이다.

다음으로 시니어 인플루언서 마케팅의 효과와 사례를 살펴보자. 시니어 인플루언서들은 동년배 소비자들에게 신뢰도가 높고 영향력이 커서 많은 기업이 이들을 활용한 마케팅을 시도하고 있다. 대표적인 시니어 인플루언서로는 앞서 언급했던 '박막례 할머니'를 들 수 있다. 70대 후반의 나이에도 불구하고 118만 명의 유튜브 구독자를 보유하고 있는

박막례 할머니는 다양한 브랜드의 광고 모델로 활동하며 인기가 높다. 그녀의 솔직하고 유쾌한 콘텐츠는 시니어뿐만 아니라 젊은 세대에게도 호응을 얻어 세대를 아우르는 마케팅 효과를 보여 주고 있다.

또 다른 사례로는 '아저씨즈'를 들 수 있다. 50~60대 남성들로 구성된 이 그룹은 패션, 뷰티, 라이프스타일 등 다양한 분야에서 활동하며 시니어 남성들의 새로운 롤 모델이 되었다. 이들은 중년 남성을 타깃으로 하는 브랜드들의 광고 모델로 활약하며 시니어 남성 소비자들의 관심을 끌고 있다.

시니어 인플루언서 마케팅의 장점은 진정성 있는 메시지 전달이 가능하다는 것이다. 같은 연령대의 인플루언서가 제품을 직접 사용하고 추천하는 모습은 시니어 소비자들에게 신뢰감을 준다. 또한 시니어 인플루언서들의 콘텐츠는 대체로 유머러스하고 친근한 톤으로 제작되어 시니어 소비자들에게 거부감 없이 다가갈 수 있다는 장점이 있다.

그러나 시니어 인플루언서 마케팅을 진행할 때 주의해야 할 점도 있다. 시니어들을 단순히 '나이 든 사람'으로 접근하는 것은 피해야 한다. 그보다는 그들의 다양한 관심사와 라이프스타일을 반영한 콘텐츠를 제작하는 것이 중요하다. 또한 시니어 인플루언서들의 특성을 잘 파악해 브랜드와의 적합성을 고려해야 효과적인 마케팅이 가능하다.

마지막으로, AI 기반 개인화 추천 서비스를 활용한 마케팅 전략을 살펴보자. 최근 많은 기업이 AI 기술을 활용해 시니어 소비자들에게 맞춤형 상품과 서비스를 추천하는데, 이는 시니어들의 온라인 쇼핑 경험을 개선하고 구매 전환율을 높이는 데 큰 역할을 하고 있다. 네이버와 카카오 같은 국내 대형 IT 기업들은 인공지능 기술을 활용한 개인화 추천 서비스를 강화했다. 이는 디지털 시니어들의 온라인 쇼핑 증가 추세에 대응하고 이들의 특성을 고려한 맞춤형 서비스를 제공하기 위함이다.

네이버는 '에이아이템즈'AiTEMS 라는 자체 개발한 개인화 상품 추천 기술을 쇼핑 서비스에 적용하고 있다. 이 기술은 사용자의 검색 이력, 구매 패턴, 클릭 행동 등 다양한 데이터를 분석해 개인별로 최적화된 상품을 추천한다. 특히 시니어 사용자들의 특성을 고려해 직관적이고 이해하기 쉬운 인터페이스로 추천 결과를 제공하는 것이 장점이다.

가령 시니어 사용자가 건강식품을 자주 검색하고 구매한 이력이 있다면 관련 상품을 우선적으로 추천하되 복잡한 설명보다는 간단명료한 정보를 제공하는 것이다. 또한 글자 크기를 조절할 수 있는 옵션을 두어 가독성을 높이고, 음성 검색 기능을 강화해 키보드 입력에 어려움을 겪는 시니어들을 배려하고 있다.

카카오는 'AI 커머스 상품기획자'라는 서비스를 베타테스트 중이다. 이 서비스는 카카오톡 선물하기 기능 내에서 AI가 사용자의 선물 맥락과 받는 사람의 특성을 고려해 최적의 상품을 추천한다. 특히 시니어 사용자들을 위해 큰 글씨, 간단한 조작 방법 등을 적용해서 사용 편의성을 높였다.

좀 더 구체적으로 살펴보면 이 서비스는 사용자의 연령대, 성별, 과거 구매 이력 등을 분석해 선물을 추천한다. 가령 60대 여성 사용자가 비슷한 연령대의 친구에게 선물을 고른다고 하자. 그러면 AI가 해당 연령대에 인기 있는 건강식품, 패션 아이템, 여행 상품 등을 우선 추천한다. 또한 시니어 사용자들의 디지털 리터러시를 고려해 복잡한 단계를 거치지 않고도 쉽게 선물을 선택하고 결제할 수 있도록 구매와 결제 프로세스가 단순화되어 있다.

이런 AI 기반 개인화 추천 서비스는 시니어 소비자들에게 여러 이점을 제공한다. 첫째, 복잡한 검색 과정 없이 자신에게 맞는 상품을 쉽게 찾을 수 있다. 둘째, 새로운 상품이나 서비스를 발견할 기회가 늘어난다. 셋째, 개인의 취향과 니즈에 맞는 맞춤형 쇼핑 경험을 누릴 수 있다.

그러나 이런 서비스를 제공할 때 주의해야 할 점도 있다. 첫째, 개인정보 보호에 특별히 신경 써야 한다. 시니어들은 개인정보 유출에 대한 우려가 큰 편이기 때문에 안전한 데이터 관리와 투명한 정보 사용 정책이 필요하다. 둘째, AI의 추천 결과를 맹신하지 않도록 세심한 안내 및 교육이 필요하다. 시니어들이 AI 추천과 함께 자신의 판단을 균형 있게 활용할 수 있도록 가이드를 제공해야 한다.

향후 AI 기반 개인화 추천 서비스는 더욱 발전할 것으로 전망된다. 음성 인식 기술과 결합해 시니어들이 음성으로 쉽게 상품을 검색하고 주문할 수 있는 서비스가 등장할 수도 있다. 또한 증강현실 기술과 연계해 시니어들이 가상으로 상품을 체험해 볼 수 있는 서비스도 곧 개발될지 모른다.

이런 디지털 마케팅 전략들은 시니어 소비자들의 특성과 니즈를 정확히 파악하고 반영할 때 가장 효과적이다. 무엇보다 요즘 시니어들을 비슷비슷한 니즈를 지닌 단일한 집단으로 보는 것이 아니라 다양한 라이프스타일과 가치관을 가진 개인으로 인식하는 것이 중요하다. 또한 시니어들의 디지털 리터러시 수준이 다양하다는 점을 고려해 쉽고 직관적인 사용자 경험을 제공해야 한다.

디지털 시니어의 모바일 쇼핑 증가 패턴에 대응하는 디지털 마케팅 전략은 소셜 미디어 광고, 시니어 인플루언서 마케팅, AI 기반 개인화 추천 서비스 등 다양한 방식으로 발전하고 있다. 이런 전략들은 시니어 소비자들에게 맞춤화된 쇼핑 경험을 제공하고 기업들에는 새로운 시장 기회를 창출하고 있다. 앞으로도 기술의 발전과 시니어들의 디지털 역량 향상에 따라 더욱 혁신적인 마케팅 전략들이 등장할 것으로 예상된다. 기업들은 이런 변화에 민첩하게 대응하면서 시니어 소비자들의 니즈를 정확히 파악하고 충족시키는 노력을 지속해야 할 것이다.

온라인과 오프라인을 넘나드는
옴니채널 전략

디지털 시니어의 모바일 쇼핑이 증가하면서 기업들은 옴니채널 전략으로 시니어 쇼핑 경험을 개선하고 있다. 온라인과 오프라인을 연계한 서비스, 오프라인 매장의 디지털화 그리고 향후 옴니채널 전략의 발전 방향 등 다양한 측면에서 변화가 일어나고 있다.

먼저 온·오프라인 연계 서비스 사례를 살펴보면 온라인 주문 후 매장 픽업 서비스가 대표적이다. 정관장몰의 경우 온라인에서 주문하고 결제한 후 원하는 매장에서 픽업할 수 있는 서비스를 제공하는데, 이는 시간이 부족한 고객이나 당일 급하게 선물을 구매하는 고객에게 편리한 옵션이다. 온라인에서 할인 쿠폰이나 포인트를 사용할 수 있어 가격 혜택도 받을 수 있다는 장점이 있다.

월마트는 '커브사이드 픽업'Curbside Pickup 서비스를 확대해 매장에 입장하지 않고 야외에서 제품을 수령할 수 있게 했다. 특히 코로나19 팬데믹 상황에서 이런 서비스는 접촉을 최소화하면서도 오프라인 쇼핑의 편의성을 제공했다. 월마트의 자회사인 샘스클럽은 주차장 안에서 물건을 주문하면 직원이 제품을 차에 실어 주는 '컨시어지 서비스'concierge service 를 제공해 코로나에 취약한 시니어 계층에게 인기를 얻었다.

SK텔레콤은 아이폰 신규 모델 론칭에 맞춰 '새벽 배송' 이벤트를 진행했다. 코로나로 매장 앞 줄 서기가 사라지면서, 누구보다 빠르게 휴대폰을 받고 싶은 고객을 위해 얼리버드 이벤트를 기획한 것이다. 고객이 새벽 배송을 신청하면 대리점 등 매장에서 휴대폰을 준비하고 고객 요청에 따라 대면 또는 비대면으로 배송한다.

오프라인 매장의 디지털화와 시니어 지원 측면에서도 다양한 시도가 이뤄지고 있다. 삼성전자는 '시니어 디지털 아카데미'를 통해 65세 이상 취약 계층 노인 300명을 대상으로 맞춤형 교육을 진행한다. 이것은 지역 노인기관 소속 생활지원사 150명을 디지털 전문 강사로 양성해 스마트폰 사용법, 모바일 쇼핑, 모바일 금융 거래 등 실생활에 필요한 디지털 기술을 전수하는 프로그램이다. 또한 삼성전자는 서울, 인천, 경기 지역에 디지털 체험센터를 운영하면서 약 3,400명의 노인에게 병원 키오스크 사용, 음식 주문 앱, 모바일 예약 등 디지털 기기를 실질적으로 체험할 기회를 제공한다.

중국의 허마셴성은 처음부터 온·오프라인이 융합된 슈퍼마켓 모델을 선보였는데 온라인 주문이 전체 주문의 60퍼센트를 차지할 정도로 디지털화에 성공했다. 코로나19 이후 1인 평균 주문액이 감소했지만 화요일 주문 시 14퍼센트 할인 혜택, 온라인 가격 오프라인에 즉시 반영 등의 전략으로 매출을 회복했다.

베트남의 사이공 코퍼레이션은 코로나19로 온라인 쇼핑 수요가 증가하자 이에 대응해 배달 인원을 확충하고 전화 주문은 한두 시간 내, 온라인 주문은 24~48시간 배송을 보장하는 서비스를 제공했다. 또한 온라인 주문에 익숙하지 않은 고객을 위해 슈퍼마켓 직원이 고객에게 주문 가능한 제품 목록과 함께 주문서를 보내면 고객이 주문서를 작성 후 직접 전화하거나 메시지 앱 등을 통해 주문서 사진을 전송하는 방식을 도입했다.

인도의 타타 자동차는 2020년 4월 온·오프라인을 결합한 '클릭 투 드라이브'Click to Drive 플랫폼을 론칭했다. 이 플랫폼은 인도 내 모든 딜러 숍과 750개가 넘는 별도 판매점을 연결해 고객이 비디오 브로슈어로 차량을 검색하고 다양한 옵션을 선택한 후 온라인으로 결제할 수 있다. 근처 매장 딜러가 고객에게 메신저, 이메일, 영상통화 등으로 상담을 제공하며 구매가 결정되면 집으로 배송하는 서비스를 제공한다.

미국의 신발 편집숍 DSW는 2015년부터 각 매장이 소매점인 동시에 온라인 주문을 처리하는 물류센터 역할을 하는 풀필먼트*fulfillment 시스템을 도입했다. 이를 통해 오프라인 매장의 역할을 확장하고 온라인 주문의 효율성을 높일 수 있었다.

향후 옴니채널 전략의 발전 방향은 더욱 개인화되고 통합된 쇼핑 경험을 제공하는 것에 초점을 맞출 것으로 보인다. AI와 빅데이터 기술을 활용해 고객의 쇼핑 패턴과 선호도를 분석하고 이를 바탕으로 맞춤형 상품 추천과 서비스를 제공하는 방향으로 발전할 것이다. 또한 증강현실과 가상현실 기술을 활용해 온라인에서도 오프라인 매장과 유사한 쇼핑 경험을 제공하는 서비스가 늘어날 것으로 예상된다. 예를 들면 가상 피팅 룸을 통해 옷을 실제로 입어 보지 않고도 자신에게 어울리는지 확인하는 서비스가 있다.

음성 인식 기술의 발전으로 음성 쇼핑이 보편화될 가능성도 있다. 시니어들의 경우 텍스트 입력보다 음성 명령이 더 편리할 수 있으므로, 이런 기술의 발전은 시니어들의 온라인 쇼핑 접근성을 크게 높일 것으로 기대된다. 또한 옴니채널 전략은 단순히 판매 채널의 통합을 넘어 고

---

* 물류 전문업체가 물건을 판매하려는 업체들의 위탁을 받아 배송과 보관, 포장, 배송, 재고 관리, 교환·환불 서비스 등의 모든 과정을 담당하는 '물류 일괄 대행 서비스'를 말한다.

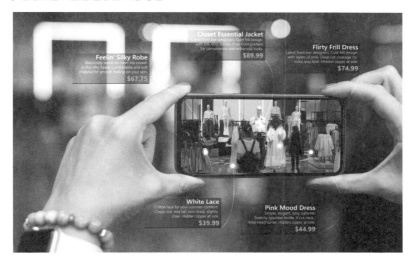

객 서비스, 마케팅, 물류 등 기업 활동 전반에 걸쳐 통합적인 접근을 요구할 것이다. 예를 들면 고객이 온라인에서 문의한 내용을 오프라인 매장 직원이 즉시 확인하고 대응할 수 있는 통합 고객 관리 시스템의 구축 등이 필요하다.

한편 옴니채널 전략의 성공적인 구현을 위해서는 몇 가지 과제도 해결해야 한다. 첫째, 개인정보 보호와 데이터 보안 문제에 대한 철저한 대비가 필요하다. 옴니채널 전략은 고객의 다양한 데이터를 수집하고 활용하는 것을 전제로 하기 때문에 개인정보 보호와 데이터 보안에 대한 고객의 신뢰를 얻는 것이 중요하다.

둘째, 오프라인 매장 직원들의 디지털 역량 강화가 필요하다. 옴니채널 환경에서는 오프라인 매장 직원들도 디지털 기기와 시스템을 능숙하게 다룰 수 있어야 하므로 이에 대한 교육과 훈련이 필요하다.

셋째, 물류 시스템의 고도화가 요구된다. 온라인 주문 후 매장 픽업, 오프라인 매장의 온라인 주문 처리 등 다양한 형태의 주문과 배송을 효율적으로 처리할 수 있는 물류 시스템의 구축이 필요하다.

넷째, 시니어들의 디지털 리터러시 향상을 위한 지속적인 노력이 필요하다. 기업들은 시니어 고객들이 새로운 디지털 서비스를 쉽게 이용할 수 있도록 교육 프로그램을 제공하거나 직관적이고 사용하기 쉬운 인터페이스를 개발하는 등의 노력을 기울여야 한다.

마지막으로, 옴니채널 전략은 단순히 기술적인 측면의 변화만을 의미하는 것이 아니라 기업 문화와 조직 구조의 변화도 수반해야 한다. 온라인과 오프라인 채널 간 경쟁이 아닌 협력을 촉진하고, 고객 중심의 사고방식을 전사적으로 확산시키려는 노력이 필요하다.

디지털 시니어의 모바일 쇼핑 증가 패턴에 대응하는 옴니채널 전략은 온라인과 오프라인의 장점을 결합해 시니어 고객들에게 더 나은 쇼핑 경험을 제공하는 것을 목표로 한다. 이를 통해 기업은 시니어 시장에서의 경쟁력을 강화하고, 시니어 고객들은 더욱 편리하고 만족스러운 쇼핑을 경험하게 될 것이다. 앞으로 기술이 더욱 발전하고 시니어들의 디지털 기술 역량이 향상되면서 옴니채널 전략은 더욱 진화하고 발전할 것으로 전망된다.

모든 시니어가
'디지털 시니어'가 되도록

　　　　디지털 시니어의 모바일 쇼핑이 증가하면서 정부와 기업들은 시니어들의 디지털 역량 강화를 위해 다양한 노력을 기울이고 있다. 이는 시니어들의 디지털 소외를 막고 삶의 질을 높이는 데 중요한 역할을 한다.

먼저 정부부터 살펴보면 시니어들의 디지털 격차 해소를 위한 '디지털 역량 교육 사업'이 있다. 2022년에는 총 5,191명의 디지털 전문 강사를 채용했으며 약 79만 3,000명이 디지털 역량 교육을 수료했다. 또한 전국의 복지관, 주민센터, 도서관 등 총 911개소에 '디지털 배움터'를 운영하고 지역별 디지털 격차를 완화하기 위한 '찾아가는 버스'를 전국 시·도로 확대했다.

정부는 2023년에 디지털 배움터를 전국 1,000개소로 확대하고 디지털 조력자 양성 등을 통해 디지털 사각지대를 적극적으로 발굴하고 해소할 계획이다. 또한 〈디지털 포용법〉의 입법을 지원해 모든 국민이 소외되지 않고 디지털의 혜택을 누릴 수 있는 기반을 조성하고자 한다.

지방자치단체들도 시니어 디지털 교육에 적극적으로 나서고 있다. 서울시는 고령층을 대상으로 디지털 교육 콘텐츠를 제작해 유튜브 채널에 공개한다. 고령층 디지털 전문 강사 '어디나 지원단'이 5분 내외의 '어디나 5분 클래스'라는 콘텐츠를 제작하는데, 교통, 금융, 행정 등 실생활 전반에 걸친 내용을 다룬다.

부산시는 고령층과 장애인의 디지털 역량을 높이기 위해 사회서비스원에 디지털 문제 해결 센터를 구축하고 사회복지 종사자를 대상으로 디지털 조력자 양성 교육을 하고 있다. 광주시는 행정복지센터, 문화센터 등에서 디지털 배움터 교육을 운영한다. 이 교육은 스마트폰, 키오스크 등 디지털 기기의 활용법부터 콘텐츠 제작까지 다양한 과정을 제공한다.

기업들도 시니어 고객을 위한 다양한 디지털 교육 프로그램과 지원 서비스를 제공하고 있다. SK텔레콤은 전국 공식인증 대리점에서 노년층 눈높이에 맞춘 디지털 격차 해소 교육을 진행한다. 시니어 고객들이 스스로 스마트폰을 활용하는 방법을 터득할 수 있도록 돕는 교육 콘텐츠를 제작해 공식인증대리점의 고객용 태블릿 PC에 지속적으로 노출하는 것이다. 이 교육 콘텐츠는 초반에는 T크루가 고객의 이해 속도에 맞춰 순차적으로 안내하고, 이후 고객이 스스로 태블릿에 노출되는 튜토리얼을 따라 내재화할 수 있도록 구성된다.

금융권에서도 시니어 고객을 위한 특화 서비스를 제공하고 있다. 신한은행은 시니어 고객을 위한 디지털 맞춤 영업점을 운영하는데, 이 영업점에서는 시니어 고객이 어려워하는 디지털 기기 사용법을 직원이 안내해 주며 대면 창구와 더불어 디지털 기기에서도 금융 업무를 원활히 처리할 수 있도록 돕는다.

또한 시니어에게 디지털 금융 교육 및 기기 체험 기회를 제공하는 '신

한 학이재'가 있다. 이 프로그램을 통해 시니어들은 모바일 뱅킹, 인터넷 뱅킹 등 디지털 금융서비스의 사용법을 배우고 직접 체험해 볼 수 있다. 이는 시니어들의 디지털 금융 리터러시를 높이고 금융서비스 이용에 대한 자신감을 키우는 데 도움을 주고 있다.

하나은행은 '시니어 특화 점포'를 운영한다. 이 점포에는 큰 글씨 안내, 난청 어르신 글 상담 서비스, 쉬운 말 ATM 등 시니어 맞춤 디지털 기기와 단순 업무 처리를 위한 스마트 키오스크가 있으며 사용 지원 전담 매니저가 있다.

이와 비슷하게 KB국민은행도 고령층 특화 점포인 'KB 시니어 라운지'를 운영 중이다. 이는 대형 밴으로 복지관 등을 방문해 금융서비스를 제공하는 이동 점포로 전담 직원이 오전 10시부터 오후 3시까지 현금 및 수표 입출금, 통장 재발행, 연금수령 등의 서비스를 제공한다.

디지털 격차 해소를 위한
과제들

2022년 디지털 정보 격차 실태조사 결과에 따르면 취약 계층의 디지털 정보화 수준은 76.2퍼센트로 전년 대비 0.8퍼센트 상승했지만 여전히 격차가 존재한다. 특히 16~24세의 디지털 고숙련군 비중은 63.4퍼센트로 OECD 국가 중에서 가장 높지만, 55~65세의 경우는 3.9퍼센트를 기록해 세대 간 디지털 숙련도 격차가 OECD 국가 중 가장 큰 것으로 나타났다. 향후 디지털 격차 해소를 위해서는 다음과 같은 과제들이 해결되어야 한다.

- **맞춤형 교육 프로그램 개발**: 시니어들의 다양한 디지털 역량 수준과 관심사를 고려한 맞춤형 교육 프로그램을 개발해야 한다. 기초부터 고급까지 단계별 교육과정을 제공하고 실생활에 즉시 적용할 수 있는 실용적인 내용을 중심으로 구성해야 한다.
- **접근성 향상**: 시니어들이 쉽게 접근할 수 있는 교육 환경을 조성해야 한다. 지역 커뮤니티 센터, 노인복지관 등 시니어들이 자주 방문하는 장소에서 교육을 제공하고 온라인 교육 플랫폼도 시니어

친화적으로 설계해야 한다.

- **지속적인 지원 체계 구축**: 일회성 교육으로 끝나는 것이 아니라 시니어들이 지속적으로 디지털 역량을 강화할 수 있도록 지원 체계를 구축해야 한다. 정기적인 팔로업follow-up 교육, 헬프데스크 운영 등을 통해 시니어들이 언제든 도움을 받을 수 있는 환경을 조성해야 한다.

- **세대 간 디지털 멘토링 프로그램**: 젊은 세대와 시니어가 함께 참여하는 디지털 멘토링 프로그램을 활성화해야 한다. 이를 통해 세대 간 이해와 소통을 증진하고 시니어들이 더 친근하게 디지털 기술을 배울 기회를 제공할 수 있다.

- **시니어 친화적 디지털 서비스 개발**: 기업들은 시니어들의 특성을 고려한 사용자 인터페이스와 서비스를 개발해야 한다. 큰 글씨, 간단한 조작법, 직관적인 디자인 등을 적용해 시니어들이 쉽게 사용할 수 있는 디지털 서비스를 제공해야 한다.

- **디지털 보안 교육 강화**: 시니어들이 안전하게 디지털 서비스를 이용할 수 있도록 디지털 보안에 대한 교육을 강화해야 한다. 또한 개인정보 보호, 온라인 사기 예방 등에 대한 실질적인 교육을 제공해야 한다.

- **정책적 지원 확대**: 정부는 시니어 디지털 역량 강화를 위한 정책적 지원을 확대해야 한다. 예산 확대, 관련 법규 정비, 민간 기업과의 협력 강화 등을 통해 더 많은 시니어가 디지털 교육의 혜택을 받을

수 있도록 해야 한다.

- **디지털 포용성 증진**: 디지털 기술이 시니어들을 소외시키는 것이 아니라 포용하는 방향으로 발전해야 한다. 이를 위해 기업들은 제품과 서비스 개발 단계에서부터 시니어들의 니즈를 고려해야 하며 사회 전반적으로 디지털 포용성에 대한 인식을 높여야 한다.

정부와 기업 그리고 사회 전반의 지속적인 노력을 통해 시니어들이 디지털 시대의 혜택을 충분히 누리며 삶의 질을 높이길 기대한다. 디지털 격차 해소는 단순히 기술적인 문제가 아니라 사회적 포용과 세대 간 이해의 문제이기도 하다. 따라서 모든 세대가 함께 참여하고 협력하는 가운데 디지털 포용적인 사회를 만들어 가야 할 것이다.

숨겨진 행동 패턴을 공략하라

디지털 시니어의 모바일 쇼핑이 증가하는 추세에 맞춰 기업들은 플랫폼 연구, 디지털 시니어 상품 개발, 세대 간 차이와 공통점 연구 등 다양한 측면에서 대응 전략을 마련해야 한다.

먼저, 플랫폼 연구가 필요하다. 디지털 시니어들이 주로 사용하는 모바일 쇼핑 플랫폼의 특성과 사용 패턴을 면밀히 분석해야 한다. 예를 들어 시니어들이 선호하는 UI/UX 디자인, 주로 이용하는 기능, 쇼핑 과정에서 겪는 어려움 등을 파악해야 한다. 이를 위해 빅데이터 분석과 함께 실제 시니어 사용자들을 대상으로 한 심층 인터뷰나 사용성 테스트 등을 병행할 필요가 있다.

플랫폼 연구에서 중요한 점은 시니어들의 실제 행동 데이터를 활용하는 것이다. 설문 조사나 인터뷰만으로는 사람들의 진실된 행동을 파악하기 어렵다. 따라서 실제 검색 데이터, 클릭 로그, 구매 이력 등을 분석해 시니어들의 숨겨진 니즈와 행동 패턴을 발견해야 한다. 예를 들어 시니어들이 자주 검색하는 키워드, 주로 구매하는 상품 카테고리, 쇼핑 시간대 등을 분석하면 그들의 실제 관심사와 구매 패턴을 파악할 수 있다. 또한 플랫폼 내에서의 이동 경로, 체류 시간, 이탈률 등을 분석하면 시니어들이 어떤 부분에서 어려움을 겪는지, 어떤 요소가 구매 결정에 영향을 미치는지 등을 파악할 수 있다.

그런 다음 데이터 분석을 바탕으로 시니어 친화적인 플랫폼을 개발해야 한다. 큰 글씨, 간단한 메뉴 구조, 직관적인 아이콘 등 시니어들이 쉽게 이용할 수 있는 디자인을 적용하고 음성 검색, AI 챗봇 등 새로운 기술을 활용해 시니어들의 쇼핑 경험을 개선해야 한다.

두 번째로, 디지털 시니어를 위한 맞춤형 상품 개발이 필요하다. 시니어들의 니즈와 선호도를 반영한 상품을 기획하고 개발해야 한다. 이를 위해서는 시니어 시장에 대한 깊이 있는 이해가 필요하다.

시니어 상품 개발에서도 실제 데이터 분석이 중요하다. 예를 들어 시니어들이 자주 검색하는 건강 관련 키워드를 분석하면 그들이 관심 있어 하는 건강 문제나 영양 성분을 파악할 수 있다. 그리고 이를 바탕으로 시니어들의 니즈에 맞는 건강기능식품을 개발하는 것이다. 또한 시니어들의 구매 이력과 리뷰 데이터를 분석하면 그들이 중요하게 생각하는 상품의 특성을 파악할 수 있다. 의류 상품의 경우 시니어들이 편안함, 기능성, 세탁 용이성 등을 중요하게 여긴다면 이런 특성을 강화한 상품을 개발할 수 있다.

더불어 시니어 상품 개발에서는 욜로와 요노 소비 트렌드를 고려해야 한다. 욜로 트렌드를 반영해 고품질의 프리미엄 제품이나 특별한 경험을 제공하는 상품을 개발하거나 요노 트렌드를 반영해 실용성과 내구성이 뛰어난 제품을 개발할 수 있다.

세 번째로, 세대 간 차이점과 공통점 연구가 필요하다. 디지털 시니어들은 기존의 시니어와는 다른 특징을 지니며, 동시에 젊은 세대와도 일부 공통점이 있다. 이런 세대 간 차이점과 공통점을 이해하는 것은 효과적인 마케팅 전략 수립에 중요하다.

세대 간 연구에서도 실제 데이터 분석이 중요하다. 예를 들어 세대별로 자주 검색하는 키워드, 주로 구매하는 상품 카테고리, 선호하는 브랜드 등을 비교·분석할 수 있다. 이를 통해 디지털 시니어들이 어떤 면에서 기존 시니어와 다르고, 어떤 면에서 젊은 세대와 유사한지 파악하는 것이다.

또한 소셜 미디어 데이터를 활용해 각 세대의 관심사, 가치관, 라이프스타일 등을 분석해야 한다. 각 세대가 자주 사용하는 해시태그, 공유하는 콘텐츠의 특성 등을 비교 분석하면 세대 간 문화적 차이와 공통점을 파악할 수 있다. 그리고 이런 연구 결과를 바탕으로 세대 통합형 마케팅 전략을 수립할 수 있다. 예를 들면 디지털 시니어들이 젊은 세대와 공유하는 관심사나 가치관을 활용해 세대를 아우르는 브랜드 이미지를 구축하는 것이다. 아니면 반대로 세대 간 차이를 고려해 각 세대의 특성에 맞는 맞춤형 커뮤니케이션 전략을 수립할 수도 있다.

이런 노력들은 단순히 시니어 시장을 공략하는 것을 넘어 모든 세대가 편리하게 이용할 수 있는 포용적인 디지털 쇼핑 환경을 만드는 데 기여한다. 이는 기업의 사회적 책임을 다하는 동시에 새로운 비즈니스 기회를 창출하는 윈-윈 전략이 될 수 있다.

그러나 이런 전략을 수립하고 실행하는 과정에서 주의해야 할 점도 있다. 첫째, 개인정보 보호와 데이터 윤리에 각별히 신경 써야 한다. 시니어들의 데이터를 수집하고 활용하는 과정에서 투명성을 유지하고 데이터 보안을 철저히 해야 한다.

둘째, 시니어들을 하나의 동질적인 집단으로 보는 오류를 범하지 말아야 한다. 시니어들 내에서도 다양한 하위 집단이 존재하며 각 집단의 특성과 니즈가 다를 수 있다. 따라서 시니어 시장을 세분화하고 각 세분 시장에 맞는 전략을 수립해야 한다.

셋째, 디지털 기술에 익숙하지 않은 시니어들을 배제하지 않도록 주의해야 한다. 디지털 시니어를 위한 서비스를 개발하는 동시에 오프라인 채널과의 연계를 통해 모든 시니어가 쇼핑의 혜택을 누릴 수 있도록 해야 한다.

넷째, 시니어들의 디지털 역량 강화를 위한 지원도 병행해야 한다. 단순히 시니어 친화적인 서비스를 제공하는 것을 넘어 시니어들이 디지털 기술을 더 잘 활용할 수 있도록 교육 프로그램을 제공하는 등의 노력이 필요하다.

마지막으로, 지속적인 연구와 혁신이 필요하다. 디지털 기술과 소비자 행동은 빠르게 변화하고 있으므로 기업들은 이런 변화를 주시하고 적시에 대응할 수 있는 체계를 갖춰야 한다.

디지털 시니어의 모바일 쇼핑 증가는 기업들에 새로운 도전과 기회를 제공한다. 플랫폼 연구, 맞춤형 상품 개발, 세대 간 연구 등을 통해 시니어 시장의 특성을 정확히 파악하고 이를 바탕으로 혁신적인 서비스와 제품을 개발한다면 기업들은 시니어 시장에서 큰 성공을 거둘 것이다. 동시에 이는 시니어들의 삶의 질 향상과 사회적 포용성 증진에도 기여할 것이다.

소니의 시니어 돌봄 기술은 글로벌화가 가능할까?

고령화 사회의 도전에 맞서 혁신적인 기술 솔루션을 개발하는 선두주자로 자리매김한 대표적인 기업이 바로 일본의 전자기기 거인인 소니다. 소니는 시니어를 위한 가전제품과 서비스 개발에 적극적으로 나서서 기술을 통해 노인들의 삶의 질을 높이는 데 주력한다.

소니의 대표적인 시니어 케어 기술 중 하나는 'AI 돌봄로봇 아이보'다. 아이보는 집 안을 돌아다니며 카메라와 AI 시스템을 활용해 돌봄 대상을 찾고, 어르신이 쓰러지거나 특이 사항이 발생할 경우 가족에게 사진을 찍어 전송한다. 이 기술은 독거노인의 안전을 모니터링하고 응급 상황에 신속하게 대응할 수 있게 해준다.

또한 소니는 시니어들의 신체 활동과 인지 건강을 지원하기 위해 혁신적인 게임 기술을 개발하고 있다. 소니 인터랙티브 엔터테인먼트Sony Interactive Entertainment, SIE 는 소니 라이프 케어 그룹Sony Life Care Group 과 협력해 장기 요양 시설에 거주하는 노인들을 위한 새로운 물리치료 방법을 제공했다. 이들이 개발한 '버섯 난쟁이'Mushroom Dwarf 게임은 컨트롤러나 버튼 조작 없이 직관적인 신체 움직임만으로 즐길 수 있어 거동이 불편한 노인들도 쉽게 참여할 수 있다.

이 게임은 시작과 동시에 자연스럽게 등을 펴고 팔과 상체를 움직이게 되어 점진적으로 운동 범위를 확장할 수 있다. 일부 노인들은 게임을 통해 조금씩 힘을 기르면서 일상적인 위생 관리 같은 일상 업무를 수행하는 데 개선을 보였다고 한다.

소니의 혁신은 제품 개발 과정에서도 나타난다. 소니는 '포용적 디자인'inclusive design 을 사내 규칙으로 삼아 장애인과 노인들을 제품 기획 및 개발 단계에 참여시키고 있다. 이는 최종 제품에 그들의 의견을 반영함으로써 모든 사용자가 쉽게 이용할 수 있는 제품을 만들어 내기 위함이다. 이런 접근 방식은 단순히 시니어 시장을 겨냥한 것이 아니라 전 세계 약 10억 명에 이르는 장애인 인구를 포함한 모든 사용자를 위한 것이다. 소니는 2024년

3월까지 모든 제품과 서비스에 이 원칙을 적용할 계획이다.

또한 소니는 전 세계 35개국에서 운영 중인 고객기술센터CTC 를 활용해 글로벌한 시각에서 시니어 케어 기술을 발전시키고 자 한다. 각 지역의 CTC에서 촬영한 영상을 소니의 마이크로 LEDMicroLED 기술로 재현함으로써 전 세계의 다양한 시니어 케 어 사례를 공유하고 학습한다는 계획이다.

소니는 기술 혁신을 통해 고령화 사회의 문제에 적극적으로 대응하는 동시에, 인간의 손길과 정서적 교감의 중요성을 인식 하고 기술과 인간 케어의 조화로운 발전을 추구하고자 한다. 이 런 소니의 노력은 앞으로 더욱 심화될 고령화 사회에서 중요한 역할을 할 것으로 기대된다.

소니의 제품과 서비스가 전 세계적으로 규정을 준수하고 다양 한 국가의 요구 사항을 충족시키려면 국제 표준화 활동에 적극 적으로 참여하며 접근성과 사용성 향상을 위해 노력해야 한다. 소니는 이미 글로벌 기업의 입지를 다져 왔기 때문에 시니어 돌 봄 기술을 해외 시장에 선보이는 데 유리한 위치에 있다.

예컨대 소니의 게임 부문인 플레이스테이션PlayStation은 전 세 계적으로 인지도가 높아서 게임을 활용한 재활 프로그램을 다른 국가에 소개하기가 용이하다. 또한 소니는 의료기기 분야에서도 활발한 활동을 펼치고 있다. 소니의 의료용 모니터와 이미징 솔루션은 이미 전 세계 병원에서 사용되고 있으며 이런 네트워크를 활용해 시니어 돌봄 기술을 확산시킬 수 있을 것이다.

소니가 개발 중인 원격 의료, 실시간 데이터 처리, AI 기반 건강 모니터링 등의 기술은 고령화 문제를 겪는 다른 국가에서도 충분히 활용할 수 있다. 특히 코로나19 팬데믹 이후 원격 의료에 대한 수요가 전 세계적으로 증가하고 있어 소니의 기술이 더욱 주목받을 것으로 예상된다.

예컨대 손목 장착형 웨어러블 기기와 클라우드 기반 백엔드 솔루션을 결합한 mSafety 플랫폼은 단순히 일본의 의료 시스템에만 국한되지 않고 다양한 국가의 의료 시스템에 맞춰 커스터마이징이 가능하다. 이는 각 국가의 의료 정책과 규제에 맞춰 유연하게 대응할 수 있음을 의미한다.

또한 이미징 기술을 활용한 원격 진단 시스템은 의료 인프라가 부족한 개발도상국에서도 큰 도움이 될 수 있다. 고해상도 카메라와 AI 분석을 통해 피부병이나 안과 질환 등을 원격으로 진단하는 기술은 의료 접근성 향상에 크게 기여할 수 있을 것이다.

그러나 소니의 시니어 돌봄 기술이 글로벌 시장에서 성공을 거두려면 몇 가지 과제를 극복해야 한다.

첫째, 일본의 의료 디지털화 속도가 다른 선진국에 비해 느린 편이라는 지적이 있다. 이는 소니와 같은 기업들의 혁신적인 기술이 실제 의료 현장에 적용되는 데 시간이 걸릴 수 있음을 의미한다.

둘째, 국가마다 의료 시스템과 규제가 다르기 때문에 소니의 기술을 글로벌 시장에 적용하려면 현지화 작업이 필수적이다. 이는 상당한 시간과 비용이 소요되는 과정이 될 수 있다.

셋째, 개인정보 보호와 데이터 보안 문제도 중요한 과제다. 의료 데이터는 매우 민감한 개인정보이기 때문에 소니는 각 국가의 데이터 보호법을 준수하면서도 효과적으로 데이터를 활용할 방안을 마련해야 한다.

넷째, 시니어 돌봄 기술에 대한 사회적 수용도를 높이는 것도 중요한 과제다. 특히 고령자들이 새로운 기술을 받아들이는 데 어려움을 겪을 수 있기 때문에 사용자 친화적인 인터페이스 개발과 교육 프로그램이 마련되어야 할 것이다.

마지막으로, 의료 전문가들과의 협력을 더욱 강화해야 한다. 기술적 혁신과 의학적 전문성이 결합될 때 진정으로 효과적인 시니어 돌봄 솔루션이 탄생할 수 있기 때문이다.

소니의 시니어 돌봄 기술은 현재 일본 중심으로 개발되고 있지만 국제 표준화 노력과 기술의 보편성을 고려할 때 향후 다른 국가로 확장될 가능성이 충분히 있다. 소니의 기술력과 글로벌 네트워크, 브랜드파워를 고려하면 앞으로 전 세계 시니어 돌봄 시장에서 중요한 역할을 할 수 있을 것으로 기대된다. 다만 각국의 규제와 문화적 차이, 데이터 보안 문제 등 여러 과제를 해결해 나가는 과정이 필요할 것이다.

소니가 이런 과제들을 성공적으로 극복하고 혁신적인 시니어 돌봄 솔루션을 제공한다면 전 세계적으로 심화되고 있는 고령화 문제 해결에 크게 기여할 것이다.

SENIOR
TREND

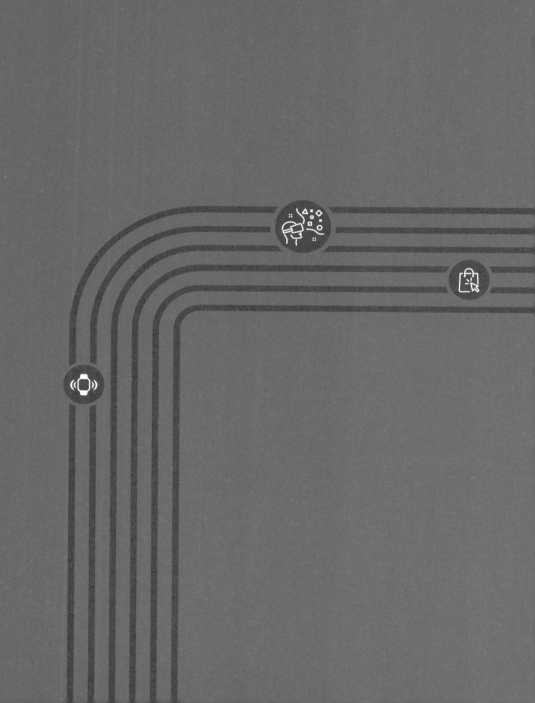

제4장

진화하는
디지털 금융과
시니어

디지털 시니어들의 모바일 쇼핑과 디지털 결제 이용이 급증하면서 기업들은 이들을 위한 맞춤형 서비스 개발에 주력하고 있다. 각 기업은 시니어 소비자들의 니즈 변화를 반영한 구체적인 사례와 서비스를 선보이면서 앞으로의 발전 가능성을 모색하고 있다.

앞으로 디지털 결제 시장은 시니어들의 니즈를 더욱 세밀하게 반영한 서비스가 확산될 것으로 전망된다. 예를 들면 결제 시스템이 음성 인식 기술과 결합해 시니어들이 음성으로 쉽게 상품을 검색하고 주문할 수 있는 서비스나 증강현실 기술을 활용한 가상 체험 서비스 등이 등장할 것이다. 이런 서비스들을 통해 시니어들의 디지털 결제 경험은 더욱 풍부하고 편리해질 것이다.

금융서비스에서의 이런 변화는 시니어들의 삶의 질 향상과 디지털 포용성 증진에 기여할 것으로 기대된다. 기업들은 시니어 시장의 잠재력을 인식하고 지속적인 연구와 혁신을 통해 시니어들의 니즈를 충족시키는 제품과 서비스를 개발해 나가야 할 것이다.

시니어를 위한
디지털 결제 서비스

디지털 기술의 발전과 함께 결제 방식도 빠르게 진화하고 있다. 특히 스마트폰의 보급 확대와 함께 모바일 결제 시장이 급성장하면서 간편 결제, 모바일 뱅킹 등 다양한 디지털 결제 서비스가 등장했다. 이런 변화는 젊은 세대뿐만 아니라 디지털 시니어들의 결제 행태에도 큰 영향을 미치고 있다.

디지털 결제 방식의 발전 과정을 살펴보면 초기에는 인터넷 뱅킹을 통한 계좌이체가 주를 이루었다. 2000년대 초반 인터넷 뱅킹이 도입되면서 온라인상에서 계좌이체가 가능해졌고 이는 디지털 결제의 시작점이 되었다. 그러나 당시에는 공인인증서 설치 등 복잡한 절차 때문에 시니어들의 이용은 제한적이었다.

2010년대에 들어 스마트폰이 대중화되자 모바일 뱅킹과 간편 결제 서비스가 급속도로 성장했다. 카카오페이, 네이버페이 등 간편 결제 서비스가 등장하면서 복잡한 공인인증서 없이도 간단한 비밀번호나 지문 인증만으로 결제가 가능해졌다. 이는 디지털 기기 사용에 익숙하지 않은 시니어들에게도 디지털 결제의 진입장벽을 낮추는 계기가 되었다.

최근에는 생체인식 기술의 발전으로 지문, 얼굴 인식 등을 통한 결제도 보편화되고 있다. 애플페이, 삼성페이 등 스마트폰 제조사들의 결제 서비스도 시장에 진출하면서 경쟁이 더욱 치열해졌다. 이런 기술의 발전은 보안성을 높이는 동시에 사용자 편의성도 크게 개선해서 시니어들의 디지털 결제 수용을 촉진하고 있다.

시니어들의 디지털 결제 수용 추이를 살펴보면 초기에는 상대적으로 낮은 수용도를 보였지만 최근 들어 급격히 증가하는 추세다. 특히 코로나19 팬데믹 이후 비대면 거래가 일상화되면서 시니어들은 디지털 결제를 더욱 적극적으로 이용하게 되었다.

시니어들의 디지털 결제 수용에 영향을 미치는 요인을 좀 더 구체적으로 살펴보면 첫째, 사용 편의성을 들 수 있다. 복잡한 절차 없이 간단한 인증만으로 결제가 가능한 간편 결제 서비스의 등장이 시니어들의 진입장벽을 크게 낮췄다. 둘째, 보안에 대한 신뢰도 향상이다. 초기에는 개인정보 유출 등에 대한 우려가 컸지만 생체인증 등 보안 기술의 발전으로 신뢰도가 높아졌다. 셋째, 경제적 혜택이다. 많은 간편 결제 서비스가 캐시백, 할인 쿠폰 등을 제공하며 이는 가격에 민감한 시니어 소비자들에게 큰 유인으로 작용하고 있다.

기업들은 이런 시니어들의 특성을 고려한 맞춤형 금융서비스를 선보이고 있다. 카카오페이는 시니어 사용자를 위해 '시니어 모드'를 도입했다. 글자 크기를 키우고 메뉴 구조를 단순화해서 시니어들이 더욱 쉽게 서비스를 이용할 수 있게 한 것이다. 그리고 앞서 언급한 '당연하지 않은 미션'이라는 예능 콘텐츠를 제작해 60, 70대 시니어 출연자들이 카카오페이 서비스로 송금, 결제 등 다양한 금융 미션을 해결하는 과정을 제공하고 있다.

네이버페이는 '네이버 플러스 멤버십'을 통해 시니어 고객 유치에 나섰다. 이 멤버십은 시니어들이 자주 이용하는 서비스에 대한 할인 혜택을 제공한다. 특히 건강검진, 병원 예약 등 의료 서비스 할인으로 시니어들의 관심을 끌고 있다. 또한 네이버 쇼핑에서는 시니어 전용 카테고리를 만들어 건강식품, 의료기기 등 시니어들이 관심 있어 하는 상품을 쉽게 찾아 구매할 수 있도록 하고 있다.

삼성페이는 시니어 사용자를 위한 '간편 모드'를 제공한다. 이 모드에서는 결제 기능을 포함한 주요 기능만을 큰 아이콘으로 배치해 시니어들이 쉽게 이용할 수 있도록 했다. 복잡한 메뉴 구조를 단순화해 시니어들의 사용 편의성을 높인 것이다. 또한 오프라인 매장에서 실물 카드 대신 스마트폰으로 결제할 수 있는 기능을 제공해 시니어들이 더욱 편리하게 결제할 수 있도록 했다.

NH농협은행은 '올원뱅크' 앱에 '시니어 뱅킹' 서비스를 도입했다. 이 서비스는 큰 글씨와 단순한 메뉴 구조, 음성 안내 기능으로 시니어들의 모바일 뱅킹 이용을 돕고 있다. NH농협은행은 또한 시니어 전용 금융 상품도 개발했는데, 디지털 채널을 통해 이 상품에 가입할 경우 우대금리를 제공한다.

신한은행은 '신한 쏠SOL' 앱에 '쉬운 모드'를 도입했다. 이 모드에서는 폰트 크기가 커 시니어들이 쉽게 읽을 수 있다. 그리고 시니어들이 자주 사용하는 기능이 첫 화면에 있어 접근성이 좋다. 신한은행은 '디지털 창구'라는 비대면 상담 서비스도 제공하는데, 이 서비스를 통해 시니어들은 집에서도 전문 상담원의 도움을 받아 금융 거래를 할 수 있다.

기업들의 이런 다양한 노력은 시니어들의 디지털 금융서비스 이용을 돕고 디지털 격차를 줄이는 데 기여하고 있다. 기업들은 시니어들의 특성과 니즈를 고려한 맞춤형 서비스를 제공함으로써 시니어들이 디지털 금융 시대에 소외되지 않고 편리하게 서비스를 이용할 수 있도록 지원하고자 노력한다.

그러나 여전히 많은 시니어가 디지털 결제에 어려움을 겪고 있다. 디지털 기기 사용에 대한 두려움, 복잡한 인증 절차, 개인정보 유출에 대한 우려 등이 주요 원인이다. 그래서 시니어들의 디지털 역량 강화를 위해 다양한 교육 프로그램을 운영하는 기업들도 많아졌다.

한국은행은 '시니어 금융교육 프로그램'을 통해 디지털 금융서비스 이용 방법, 금융 사기 예방법 등을 교육하고 있다. SK텔레콤은 전국 대리점에서 '행복한 모바일 교실'을 운영하며 시니어들에게 스마트폰 활용법을 교육한다. KT는 '시니어 스마트폰 활용 교육'을 통해 모바일 뱅킹, 간편 결제 등 금융서비스 이용 방법을 안내하고 있다.

시니어의
디지털 금융 접근성을 높여라

향후 시니어에 특화된 금융서비스는 더욱 발전할 것으로 전망된다. 시니어들의 디지털 활용도가 높아지고 금융 니즈가 다양화되면서 은행권과 핀테크 기업들은 고령화 사회를 대비해 시니어 고객을 위한 맞춤형 서비스를 속속 선보이고 있다. 이런 움직임은 시니어들의 디지털 금융 접근성을 높이고 그들의 금융 생활을 더욱 편리하게 만드는 데 기여한다.

신한카드의 조사에 따르면 2020년 6~8월 동안 5060세대의 간편 결제 이용 증가율은 51퍼센트를 기록했다. 이는 2040세대의 간편 결제 이용 증가율인 19퍼센트에 비해 상당히 높은 수치다. 5060세대 이용자 비중은 전체의 15퍼센트를 차지했으며 이는 전년도에 비해 2퍼센트포인트 증가한 것이다.

그러나 한국소비자원의 조사에 따르면 온라인 금융거래 미경험자의 50퍼센트는 여전히 창구를 통한 거래를 선호하는 것으로 나타났다. 또한 온라인 금융거래를 해본 고령자의 90퍼센트는 계좌조회, 이체와 같은 간단한 금융 업무만 하고 있었다. 이는 여전히 많은 시니어가 디지털 금융서비스 이용에 어려움을 겪고 있음을 보여 준다.

이 문제를 해결하기 위해서는 정부와 기업의 지속적인 교육과 지원이 필요하다. 일회성 교육으로는 한계가 있기에 시니어들이 지속적으로 디지털 역량을 키울 수 있는 프로그램을 제공해야 하며, 실시간 고객 지원 서비스를 강화해 시니어들이 어려움을 겪을 때 즉시 도움을 받을 수 있도록 해야 한다.

시니어를 위한 디지털 금융서비스는 단순히 기술적 진보를 넘어 시니어들의 삶의 질 향상과 사회 참여 증진이라는 측면에서 중요한 의미를 지닌다. 앞으로 시니어들의 디지털 리터러시 향상 및 스마트폰 사용률의 지속적인 증가와 더불어 금융서비스의 편의성과 안전성에 대한 요구가 증가하면서 시니어들의 디지털 금융서비스 이용은 더욱 확대될 것으로 예상된다. 이에 따라 금융 기관들은 시니어들의 니즈를 정확히 파악하고 그에 맞는 서비스를 개발하는 데 더욱 노력을 기울여야 할 것이다.

성장하는 시장, 정교한 전략이 필요

디지털 시니어의 디지털 결제 선호 현상이 두드러지면서 시니어들의 소비 행태에도 큰 변화가 나타났다. 온라인 쇼핑과 구독 경제 등 새로운 소비 트렌드에서 시니어들의 참여가 늘어나고 있으며 이는 시니어 소비 패턴 전반에 영향을 미치고 있다. 이에 따라 기업들도 시니어 소비자를 위한 마케팅 전략을 고심하게 되었다.

이제 시니어들은 온라인 쇼핑 분야의 새로운 소비 주체로 떠오르고 있다. 2024년 〈헤럴드경제〉의 보도에 따르면 주요 쇼핑 애플리케이션에서 60대 회원 비중이 코로나19 이전인 2019년보다 상당히 늘어났다. 쿠팡의 회원 중 60대 이상 비중은 3.74퍼센트에서 4.34퍼센트로, G마켓은 2.91퍼센트에서 3.55퍼센트로, 티몬은 2.17퍼센트에서 2.64퍼센트로 각각 늘었다. 이는 전체 인구에서 고령층이 차지하는 비중이 증가하면서, 은퇴 이후에도 현역이길 원하는 액티브 시니어들이 스스로 핵심 고객을 자처한 현상으로 볼 수 있다.

시니어들의 온라인 쇼핑 이용 증가는 구매력 증가로 이어져, G마켓의 경우 지난해 50~70대 고객 1인당 평균 구매객단가(한 사람이 구매하는 상품의 총금액)는 코로나 전인 2019년보다 14퍼센트 증가했다. 11번가도 고령층 고객의 소비가 늘었는데 지난해 60~70대 고객의 거래액 규모는 2019년보다 25퍼센트 늘었고 고객 수도 44퍼센트 증가했다. 티몬의 경우 60대 이상의 2024년 1~2월 매출액은 2019년 같은 기간보다 856퍼센트 폭증했다.

시니어들이 온라인에서 주로 구매하는 품목도 다양해졌다. G마켓 조사에 따르면 50~70대가 지난 3년간 가장 많이 구매한 제품군 10개 중 8개가 식품이었다. 1위를 차지한 과자, 간식 등 가공식품에 이어 건강용품과 건강식품이 뒤를 이었다. 신선식품 구매액이 2019년보다 90퍼센트 더 증가한 것도 눈에 띈다. 11번가 역시 60~70대가 구매한 품목 10개 중 8개가 식품이었다.

주목할 만한 점은 가격 부담이 컸던 여행상품과 가전도 온라인으로 접하는 비중이 커졌다는 것이다. G마켓의 경우 가전제품의 구매객단가는 2019년보다 평균 46퍼센트 증가했다. 특히 코로나 이후 해외여행이 활발해지면서 여행·항공권 구매객단가는 56퍼센트나 뛰었다.

온라인 쇼핑의 '속도'와 '편의'에 대한 시니어들의 적응 속도도 점점 빨라지고 있다. 11번가의 '슈팅배송' 서비스에서 60~70세대의 결제 거래액은 2023년 상반기 대비 하반기에 30퍼센트 늘었고, 이 기간에 회원 수는 20퍼센트 증가했다. 이는 월회비나 최소 주문 금액 없이 주문한 상품을 다음 날 무료로 받을 수 있는 서비스의 편리함이 시니어들에게 어필한 결과다.

구독 경제 트렌드에서도 시니어들의 참여가 늘어나고 있다. 특히 시니어들은 건강과 관련된 구독 서비스에 관심이 높은데, 예를 들면 정기적으로 건강식품이나 영양제를 배송받는 서비스, 홈트레이닝 장비나 운동 프로그램을 구독하는 서비스 등이 인기다. 이는 시니어들의 건강에 대한 관심 그리고 디지털 기술을 통해 편리하게 건강 관리를 하고자 하는 욕구가 반영된 결과로 볼 수 있다.

디지털 결제의 확산은 시니어들의 소비 패턴에 큰 영향을 미치고 있다. 이를 하나씩 살펴보면 첫째, 구매 의사결정 과정이 빨라졌다. 온라인에서 제품 정보를 쉽게 비교할 수 있고 결제 과정도 간편해져서 시니어들의 즉흥적인 구매가 늘어났다. 둘째, 소비의 다양성이 확대되었다. 온라인 쇼핑으로 다양한 제품을 접하면서 시니어들의 소비 영역이 크게 넓어졌다. 셋째, 가격 민감도가 높아졌다. 온라인에서 쉽게 가격을 비교할 수 있게 되면서 시니어들도 가격에 더욱 민감하게 반응하게 되었다.

이런 변화는 시니어 시장의 성장 가능성을 보여 준다. LG 경영연구원의 보고서에 따르면 55~69세 전체의 소비지출금액은 25~39세 전체가 소비하는 금액의 0.9배로, 15년 전 0.4배 수준에서 크게 성장했다.

▌연령별 소비지출 규모

25~39세 대비 55~69세 전체의
소비지출 규모

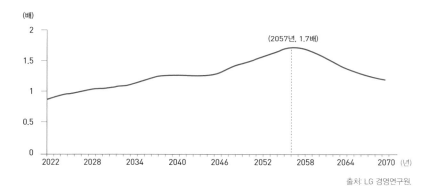

출처: LG 경영연구원.

▌시니어들의 물건 구매 방식

전체 대비 유의미하게 ■ 높음 ■ 낮음
(80% 신뢰 수준, 응답 수 30건 미만은 제외)

■ 1순위 □ 1+2순위	전체		성별		연령	
			남성	여성	50대	60대
Base	(1,000)		(498)	(502)	(553)	(467)
매장/점포에 가서 구매	48.8	73.9	71.5	76.3	68.7	80.5
스마트폰을 이용해 구매	40.2	74.9	75.3	74.5	80.7	68.3
PC/컴퓨터를 이용해 구매	8.7	11.4	31.1	14.3	26.6	18.2
전화 주문으로 구매 (홈쇼핑 등)	2.3	11.4	7.2	15.5	8.3	15.0

※ Base: 전체 응답자. N=1,000. 단위는 %.

특히 식품업계에서는 55~69세가 소비의 주류로 자리 잡았고 이들의 식료품 구입비는 젊은 세대의 거의 두 배에 이른다.

또한 운동과 관련된 소비도 늘어났다. 최근 10년 동안 50대 이상에서 운동을 위한 지출이 빠르게 증가하면서 55~69세 전체의 운동·오락 서비스 이용 금액은 25~39세 전체의 0.9배에 이른다. 이는 동일 연령대 기준 고작 0.3배에 불과했던 10년 전과 큰 차이를 보여 준다.

이런 변화는 시니어들의 라이프스타일이 바뀌고 있음을 반영한다. 오늘날의 시니어들은 '나이답게' 살아가기보다 '나다운' 삶을 추구하며 자기만의 라이프스타일을 즐기고 DIY Do It Yourself 형 소비에 능숙하다고 평가받는다. 또한 젊은이와 시니어의 속성을 동시에 지니고 있어 젊은 감각을 유지하면서도 어른으로서의 품위를 지키고자 하는 상반된 욕구가 있다.

따라서 마케팅 부문에서는 이런 시니어들의 특성을 고려한 마케팅 전략이 더욱 중요해졌다. 단순히 '노인'을 위한 제품이나 서비스가 아니라 '액티브 시니어'의 라이프스타일과 가치관을 반영한 제품과 서비스를 개발해야 하기 때문이다. 또한 디지털 기술을 활용하되 시니어들의 디지털 리터러시 수준을 고려해야 한다.

오늘날 디지털 결제의 확산은 시니어들의 소비 행태에 큰 변화를 가져오고 있다. 온라인 쇼핑과 구독 경제 등 새로운 소비 트렌드에 시니어들의 참여가 늘어나고 있으며 이는 시니어 소비 패턴 전반에 영향을 미치고 있다. 기업들은 이런 변화에 대응해 시니어 친화적인 UI/UX 개발,

시니어 맞춤형 상품 개발, 디지털 마케팅 강화, 옴니채널 전략 수립, 디지털 교육 프로그램 제공 등 다양한 전략을 펼치고 있다. 앞으로도 시니어 시장은 계속해서 성장할 것으로 예상되며 이에 따라 기업들의 시니어 마케팅 전략도 더욱 정교화될 것이다.

디지털 금융 보안과
시니어 교육 프로그램

디지털 시니어의 디지털 결제 선호도가 커지면서 디지털 금융 보안과 시니어 교육 프로그램의 중요성이 더욱 부각되고 있다. 이에 따라 디지털 결제 관련 보안 기술이 빠르게 발전하고 있으며, 금융 기관들과 정부 및 공공기관에서도 시니어를 대상으로 한 다양한 디지털 금융 교육 프로그램을 제공하는 모습을 보이고 있다.

먼저 디지털 결제 관련 보안 기술에서는 생체인증 기술의 도입이 두드러진다. 지문 인식, 얼굴 인식, 홍채 인식 등 다양한 생체 정보를 활용한 인증 기술이 발전하면서 보안성과 편의성이 크게 향상되었다. 특히 시니어들의 경우 복잡한 비밀번호를 기억하기 어려운 경우가 많아서 생체인증 기술의 도입은 디지털 결제 이용의 장벽을 낮추는 데 크게 기여할 것으로 보인다.

또한 인공지능과 빅데이터 기술을 활용한 이상거래탐지시스템Fraud

Detection System, FDS도 고도화되고 있다. 이는 시니어들의 평소 거래 패턴을 학습하고 이상한 거래가 발생했을 때 즉시 탐지해 대응하는 시스템으로, 시니어들이 금융 사기에 노출될 위험을 크게 줄여 주는 대안으로 주목받고 있다. 블록체인 기술을 활용한 보안 강화도 주목할 만하다. 분산원장 기술을 통해 거래 정보의 위변조를 방지하고, 스마트 컨트랙트smart contract*를 통해 안전한 자동화된 거래가 가능해지면서 시니어들이 더욱 안심하고 디지털 결제를 이용할 수 있게 되었다.

이런 보안 기술의 발전과 더불어 금융 기관들은 시니어를 대상으로 한 다양한 디지털 금융 교육 프로그램을 제공하고 있다. 신한은행의 '신한 시니어 플러스' 프로그램은 시니어 고객들을 위한 맞춤형 디지털 금융 교육을 제공한다. 이 프로그램은 모바일 뱅킹 이용 방법과 다양한 디지털 금융서비스 활용법을 중점적으로 다룬다. 특히 시니어들의 눈높이에 맞춘 교육 내용과 방식으로 구성되어 있어 참가자들의 이해도를 높이는 데 주력하고 있다.

실제로 이 프로그램에서는 스마트폰을 활용한 실습 위주의 교육을 통해 시니어들이 직접 체험하며 학습할 수 있도록 해서 교육 효과를 극대화하고 있다. 이런 실용적인 접근 방식은 시니어 고객들로부터 높은 호응을 얻고 있으며 디지털 금융서비스에 대한 심리적 장벽을 낮추는 데 기여하고 있다.

---

*   블록체인 상에서 실행되는 자동화된 계약으로, 스마트 계약이라고도 한다.

| 신한은행의 시니어 맞춤 디지털 금융 교육

출처: 조선일보.

KB국민은행은 'KB골든라이프 아카데미'를 통해 시니어들을 위한 종합적인 디지털 금융 교육을 진행한다. 이 프로그램은 단순히 모바일 뱅킹 사용법을 알려 주는 데 그치지 않고 디지털 금융 사기 예방법, 온라인 쇼핑 이용 방법 등 실생활에 필요한 다양한 디지털 역량을 키울 수 있도록 구성되어 있다.

금융 사기 예방 교육은 시니어들이 안전하게 디지털 금융서비스를 이용할 수 있도록 돕는 중요한 요소다. 또한 온라인 쇼핑 이용 방법에 관한 교육 역시 시니어들의 디지털 생활 영역을 확장하는 데 기여한다. 이런 포괄적인 접근은 시니어들이 디지털 시대에 적응하고 활발히 참여할 수 있도록 지원하는 역할을 한다.

우리은행의 '우리 시니어 디지털 금융 교실'은 시니어 고객들에게 스마트폰 뱅킹과 인터넷 뱅킹 등 디지털 금융서비스 이용 방법을 교육한다. 이 프로그램의 특징은 일대일 맞춤형 교육을 제공한다는 점이다. 개별 시니어들의 디지털 역량과 학습 속도가 다를 수 있음을 고려해 각자의 니즈에 맞는 맞춤형 교육을 제공하고 있다.

이런 개별화된 접근 방식은 시니어들이 자신의 페이스에 맞춰 학습할 수 있게 해주고 학습 효과를 높이는 데 도움이 된다. 또한 일대일 교육으로 시니어들이 편안한 환경에서 질문하고 배울 수 있어, 디지털 금융서비스에 대한 두려움을 줄이는 데 효과적이다.

금융 기관들의 이런 교육 프로그램은 시니어들의 디지털 금융 역량을 높이는 데 크게 기여하고 있다. 단순히 기술 사용법을 가르치는 것을 넘어 시니어들이 디지털 금융 세계에 자신감을 가지고 참여할 수 있도록 돕기 때문이다. 이는 시니어들의 금융 생활 편의성을 높이고 디지털 소외를 방지하는 데 중요한 역할을 한다. 앞으로도 이런 교육 프로그램들이 더욱 발전하고 확대되어 모든 시니어가 디지털 금융의 혜택을 누려야 할 것이다.

정부와 공공기관에서도 시니어의 디지털 금융 역량 강화를 위한 다양한 정책을 시행하고 있다. 금융위원회는 '디지털 금융 포용 정책'을 통해 시니어들의 디지털 금융 접근성을 높이기 위한 다양한 방안을 마련했다. 예를 들면 금융 기관들이 시니어 친화적인 디지털 금융서비스를 개발하도록 장려하고 시니어 대상 디지털 금융 교육을 의무화하는 등의 정책을 추진하는 것이다.

이에 한국은행은 '시니어 금융교육 프로그램'을 운영하며 시니어들에게 디지털 금융서비스 이용 방법, 금융 사기 예방법 등을 교육한다. 이 프로그램은 전국의 노인복지관, 주민센터 등과 연계해 진행되고 있어 시니어들의 접근성을 높이고 있다. 금융감독원은 '시니어 금융교육센터'를 운영해 시니어들을 위한 맞춤형 금융교육을 제공한다. 이 센터에서는 디지털 금융서비스 이용 방법뿐만 아니라 노후 재무설계, 금융사기 예방 등 시니어들에게 필요한 종합적인 금융교육을 진행한다.

정부와 공공기관의 이런 정책은 시니어들의 디지털 금융 역량을 높이는 데 크게 기여하고 있다. 특히 디지털 소외 계층인 시니어들에게 맞춤형 교육과 지원을 제공함으로써 디지털 금융 격차를 줄이는 역할을 한다.

앞으로 시니어들의 디지털 금융 역량 강화를 위해 더욱 체계적이고 지속적인 노력이 필요할 것이다. 특히 시니어들의 다양한 니즈와 특성을 고려한 맞춤형 교육 프로그램 개발, 지속적인 교육과 지원 체계 구축, 디지털 소외 계층에 대한 배려 등이 필요하다. 또한 디지털 결제 관련 보안 기술의 발전과 함께 시니어들의 이해와 신뢰를 높이는 노력도 병행되어야 한다. 복잡한 기술을 쉽게 설명하고 실제 사용 사례를 통해 보안의 중요성을 인식시키는 등의 구체적인 노력이 필요하다.

디지털 시니어의 디지털 결제 선호 현상이 증가하면서 디지털 금융 보안과 시니어 교육 프로그램의 중요성은 더욱 커지고 있다. 보안 기술의 발전, 금융 기관들의 교육 프로그램, 정부와 공공기관의 정책 등을 통해 시니어들의 디지털 금융 역량이 점차 향상되고 있지만 여전히 개선의 여지가 많다. 앞으로도 시니어들이 안전하고 편리하게 디지털 결제를 이용할 수 있도록 지속적인 노력과 혁신이 필요할 것이다.

디지털 결제 시대의 시니어 금융 포용 전략

디지털 결제 시대의 시니어 금융 포용 전략은 점차 중요한 과제로 부상하고 있다. 고령화 사회로 진입하면서 시니어 소비자의 중요성이 커지고 있지만 동시에 디지털 기술의 급속한 발전으로 시니어들의 금융 소외 문제가 대두되고 있기 때문이다. 이에 따라 디지털 소외 계층을 위한 대안적 서비스 제공, 유니버설 디자인universal design(보편적 설계, 범용적 디자인) 적용, 세대 간 디지털 격차 해소를 위한 기업과 정부의 협력이 필요한 상황이다.

먼저 디지털 소외 계층을 위한 대안적 서비스 현황을 살펴보면 많은 금융기관이 시니어 고객을 위한 특화 서비스를 제공하고 있다. 예를 들어 일본 SMBC은행은 60세 이상 고객을 위한 전용 지점을 운영하고 있으며 70세 이상 고객을 위한 특별 서비스도 제공한다. 이런 서비스는 디지털 기기 사용에 익숙하지 않은 시니어들을 위해 대면 서비스와 디지털 서비스를 적절히 결합한 형태로 제공되고 있다.

국내 은행들도 시니어를 위한 대안적 서비스를 확대하고 있다. 예를 들어 일부 은행에서는 시니어 전용 창구를 운영해 디지털 기기 사용에 어려움을 겪는 고객들을 위한 대면 서비스를 제공한다. 또한 ATM 기기에 '쉬운 말 모드'를 도입해 복잡한 용어 대신 쉬운 표현을 사용함으로써 시니어들의 이용 편의성을 높이고 있다.

유니버설 디자인 적용 사례와 향후 발전 방향을 살펴보면 이미 많은 기업이 시니어 친화적인 디자인을 적용한 제품과 서비스를 개발하고 있다. 일부 스마트폰 제조사들은 시니어 모드를 제공해 글자 크기를 키우고 메뉴 구조를 단순화하는 등의 노력을 기울이고 있다. 금융 앱에서도 시니어들을 위한 특화 버전을 출시해 큰 글씨, 간단한 메뉴 구조, 음성 지원 기능 등을 제공한다.

향후 유니버설 디자인의 발전 방향은 더욱 개인화되고 지능화된 서비스로 나아갈 것으로 예상된다. AI 기술을 활용해 사용자의 행동 패턴을 학습하고 개인별 맞춤형 인터페이스를 제공하는 등의 발전이 이뤄질 것이다. 또한 음성 인식, 제스처 인식 등 다양한 입력 방식을 지원해 시니어들이 더욱 편리하게 디지털 서비스를 이용할 수 있을 것이다.

시니어들의 디지털 금융 접근성을 높이기 위한 이런 노력들에도 불구하고 여전히 많은 과제가 남아 있다. 시니어들의 다양한 니즈와 특성을 고려한 맞춤형 서비스 개발, 지속적인 교육 및 지원 체계 구축, 디지털 소외 계층에 대한 배려 등이 필요하다. 또한 시니어들을 단순한 서비스의 수혜자로 보는 것이 아니라 그들의 경험과 지혜를 활용할 수 있는 방안도 모색해야 한다. 이미 일부 기업에서는 은퇴한 시니어 전문가들을 활용해 멘토링 프로그램을 운영하거나, 시니어들의 경험을 바탕으로 한 새로운 서비스를 개발하고 있다.

디지털 결제 시대의 시니어 금융 포용 전략은 단순히 기술적 진보를 넘어 시니어들의 삶의 질 향상과 사회 참여 증진이라는 측면에서 중요한 의미를 지닌다. 앞으로도 정부와 기업 그리고 사회 전반의 지속적인 관심과 노력을 통해 모든 세대가 디지털 혜택을 누릴 수 있는 포용적 디지털 사회를 만들어 가는 것이 중요하다.

시니어의 디지털 결제 수용도를 높이려면

디지털 시니어의 디지털 결제 선호 트렌드가 확산되면서 기업들은 이에 대응하기 위한 다양한 노력을 기울이고 있다. 특히 빅테크 기업들은 시니어 맞춤형 서비스 개발에 주력하고 있으며 이를 통해 시니어들의 디지털 결제 수용도를 높이고 있다.

그러나 여전히 많은 시니어가 디지털 결제 이용에 어려움을 겪고 있다. 향후 시니어들의 디지털 결제 수용도를 높이기 위해서는 다음과 같은 방안이 필요할 것으로 보인다.

첫째, 시니어 맞춤형 UI/UX 개발이 필요하다. 단순히 글자 크기를 키우는 것을 넘어 시니어들의 인지적, 신체적 특성을 고려한 직관적이고 사용하기 쉬운 인터페이스 설계가 필요하다. 예를 들어 음성 인식 기술을 활용해 음성으로 결제할 수 있는 기능을 도입하거나, 자주 사용하는 기능을 더욱 쉽게 접근할 수 있도록 배치하는 등의 노력이 필요하다. 시니어들은 시력 저하, 손 떨림 등의 신체적 변화를 겪을 수 있으므로 이를 고려한 디자인이 중요하다. 큰 버튼, 명확한 색상 대비, 간단한 조작 방식 등을 적용해 시니어들이 쉽게 이용할 수 있는 환경을 조성해야 한다.

둘째, 세분화된 시니어 타깃팅이 필요하다. 시니어라고 해서 모두 비슷한 특성을 보이는 것은 아니다. 연령대, 디지털 리터러시 수준, 소득 수준 등에 따라 다양한 카테고리로 나눠 각 그룹에 맞는 맞춤형 서비스와 마케팅 전략을 수립해야 한다. 예를 들어 디지털에 익숙한 젊은 시니어와 그렇지 않은 고령 시니어를 구분해 각각에 맞는 서비스를 제공하는 것이다. 또한 소득 수준에 따라 다양한 결제 옵션을 제공하거나, 관심사에 따른 맞춤형 혜택을 제공하는 등의 전략이 필요하다.

셋째, 오프라인과 온라인의 연계 서비스 강화가 필요하다. 비대면 서비스에 거부감이 있는 시니어들을 위해 오프라인 지점에서 디지털 서비스 이용을 도와주는 '디지털 도우미' 서비스 등을 제공하는 것도 효과적일 수 있다. 예를 들어 은행이나 대형 마트에서 시니어 전용 키오스크를 설치하고, 이를 통해 디지털 결제 서비스를 체험해 볼 수 있게 하는

것도 좋은 방법이다. 또한 온라인에서 주문하고 오프라인에서 픽업하는 서비스나 오프라인 매장에서 QR코드를 통해 온라인 혜택을 받을 수 있는 서비스 등도 있다.

넷째, 지속적인 교육과 지원이 필요하다. 일회성 교육으로는 한계가 있으므로 시니어들이 지속적으로 디지털 역량을 키울 수 있는 프로그램을 제공해야 한다. 또한 실시간 고객 지원 서비스를 강화해 시니어들이 어려움을 겪을 때 즉시 도움을 받을 수 있도록 해야 한다. 예를 들면 화상 상담 서비스를 통해 시니어들이 집에서도 편리하게 도움을 받을 수 있게 하거나 시니어 전용 고객센터를 운영해 친절하고 상세하게 안내하는 것 등이 있다. 또한 지역 커뮤니티 센터나 노인복지관과 연계해 정기적인 디지털 금융 교육 프로그램을 운영하는 것도 좋은 방법이다.

다섯째, 보안에 대한 신뢰도를 높이는 노력이 필요하다. 생체인증, 블록체인 기술 등 첨단 보안 기술을 도입하고 이를 시니어들이 이해하기 쉽게 설명하는 노력이 필요하다. 또한 금융 사기 예방 교육을 강화해 시니어들이 안전하게 디지털 금융서비스를 이용할 수 있도록 해야 한다. 예를 들면 간단한 애니메이션이나 영상을 통해 보안 기술의 원리와 중요성을 설명하거나 실제 금융 사기 사례를 바탕으로 한 교육 프로그램을 제공할 수 있다. 또한 이상 거래 탐지 시스템을 강화해 시니어들의 계좌를 더욱 안전하게 보호하는 것도 중요하다.

이런 노력들은 단순히 시니어들의 디지털 결제 이용률을 높이는 것을 넘어 그들의 삶의 질을 향상시키고 사회 참여를 높인다. 디지털 결제 서비스를 통해 시니어들은 더욱 편리하게 일상생활을 영위할 수 있으며 새로운 경제활동의 기회를 얻을 수도 있다. 즉 온라인 쇼핑을 통해 다양한 상품을 저렴하게 구매하고 모바일 뱅킹을 통해 자산 관리를 보다 효율적으로 할 수도 있다. 또한 디지털 결제 서비스를 활용한 소액 기부나 크라우드펀딩 참여 등을 통해 사회 참여의 폭을 넓힐 수도 있다.

디지털 시니어를 위한 디지털 결제 서비스는 단순히 기술적 진보를 넘어 시니어들의 삶의 질 향상과 사회 참여 증진이라는 측면에서 중요한 의미를 지닌다. 정부와 기업 그리고 사회 전반의 지속적인 관심과 노력을 통해 모든 세대가 디지털 혜택을 누릴 수 있는 포용적 디지털 사회를 만들어 가야 할 것이다. 이를 위해서는 기술 개발과 함께 사회적 인식 개선, 제도적 지원 등이 병행되어야 한다.

또한 시니어들의 디지털 결제 이용 증가는 새로운 비즈니스 기회를 창출한다. 시니어에 특화된 금융상품이나 서비스 개발, 시니어 대상 디지털 교육 프로그램 등 다양한 분야에서 새로운 시장이 형성될 수 있다. 기업들은 이런 변화를 주시하고 시니어 시장의 잠재력을 충분히 활용할 수 있는 전략을 수립해야 할 것이다.

마지막으로, 시니어들의 디지털 결제 이용 증가는 세대 간 소통과 이해를 높이는 계기가 된다. 젊은 세대는 시니어들의 디지털 적응을 돕고, 시니어들은 경험과 지혜를 젊은 세대와 공유하는 과정에서 세대 간 갈등을 해소하고 상호 이해를 높일 수 있다. 이는 궁극적으로 더욱 건강하고 통합된 사회를 만드는 데 기여할 것이다.

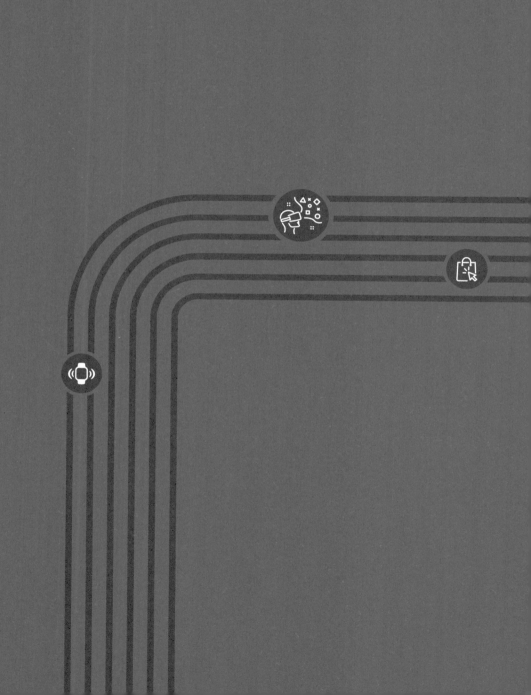

제5장

고령화의 대안,
인공지능

앞으로 시니어를 위한 AI 기술, 그중에서도 AI 기반 건강 관리 및 모니터링 서비스는 더욱 정교화되고 통합적인 방향으로 발전할 것으로 예상된다. 빅데이터와 AI 기술의 발전으로 정확하고 개인화된 건강 예측 및 관리가 가능해질 것이며, 웨어러블 기기와 IoT 기술의 발전으로 실시간 건강 모니터링이 더욱 정교해질 것이다. 또한 AI 기술은 원격 의료와 연계되어 거동이 불편한 시니어들이나 의료 시설과 거리가 먼 지역에 거주하는 시니어들에게 도움을 주고, VR/AR 기술과 융합되어 더욱 몰입감 있는 건강 교육 및 재활 훈련 서비스를 제공할 것이다.

시니어를 위한 AI 기반 건강 관리, 일상생활 지원, 여가 활동 등 다양한 서비스에 대한 수요는 지속적으로 증가할 것이다. 이에 정부와 기업은 시니어들의 개별적인 특성과 니즈를 정확히 파악하고 그에 맞는 맞춤형 서비스를 제공해야 한다. 그리고 AI 기술 발전에 따른 부작용, 즉 AI에 대한 과도한 의존으로 인간관계가 단절되거나 AI 기술에 익숙하지 않은 시니어들이 소외되는 문제 등을 최소화하기 위한 노력도 병행해야 한다.

인공지능 로봇이 당신을
24시간 지켜본다면

디지털 시니어를 위한 AI 기술, 특히 AI 기반 건강 관리 및 모니터링 서비스는 최근 급속도로 발전하고 있다. 이런 서비스들은 오늘날 사회적 돌봄과 지원이 필요한 시니어들의 건강을 효과적으로 관리하고 삶의 질을 크게 높이고 있다.

스마트 헬스케어 시스템의 대표적인 사례로는 AI가 내장된 스마트 워치를 들 수 있다. 이 스마트 워치에는 심박수, 혈압, 혈당 등을 모니터링하며 이상 징후가 감지되면 자동으로 의료진에게 알림을 보내는 기능이 있다. 그중 애플워치는 심전도Electrocardiogram, ECG 기능이 있어 부정맥을 감지할 수 있으며 낙상 감지 기능으로 시니어들의 안전을 보장한다. 삼성의 갤럭시워치도 유사한 기능을 제공하는데, 특히 혈압 측정 기능이 추가로 있어서 고혈압 관리에 도움을 준다.

경기도에서 시행 중인 '늘편한 AI케어' 서비스는 AI 기반 건강 관리의 좋은 예시다. 이 서비스는 스마트폰 앱을 통해 시니어들의 건강 상태를 확인하고 관리한다. 휴대폰 카메라에 15초 동안 손가락을 대면 혈류를 체크해 심혈관 건강 상태를 알려 준다. 또한 AI 알고리즘이 건강 리포트를 작성하고 치매 위험군 자가검사 결과를 돌봄 매니저에게 전송해서 해당 시니어에게 필요한 복지 서비스를 연결해 주는 시스템을 갖추고 있다.

또한 'AI 로봇 활용 어르신 건강관리사업'은 건강 관리에 취약한 독거노인에게 AI 건강 관리 로봇을 제공해 비대면 건강 관리 서비스를 제공한다. 이 로봇은 챗GPT가 탑재되어 양방향 대화를 통해 시니어들의 건강 상태를 점검하고 식사 및 복약 관리도 해준다. 위급 상황 시에는 보호자나 119로 연결하는 기능도 있다.

이 사업은 매우 긍정적인 효과를 보이고 있는데, 사업에 참여한 시니어들의 건강 상태가 개선되었을 뿐만 아니라 정서적 안정감을 얻고 삶의 질도 향상된 것으로 나타났다. 특히 독거노인들의 외로움 해소와 응급 상황 대응에 큰 도움이 되고 있다는 평가를 받고 있다.

기업들의 AI 헬스케어 기술 개발 동향을 살펴보면 대기업부터 스타트업까지 다양한 기업들이 이 분야에 뛰어들고 있다. 삼성전자는 '삼성 헬스'Samsung Health 앱을 통해 종합적인 건강 관리 서비스를 제공하고 있으며, LG전자는 AI를 활용한 원격 진료 솔루션을 개발하고 있다. 네이버의 자회사인 라인헬스케어는 AI 기반의 개인 맞춤형 건강 관리 플랫폼을 운영한다.

스타트업들의 활약도 눈에 띈다. 예를 들어 한인 스타트업으로 미국에서 헬스케어 시장에 진출한 '눔'은 AI를 활용한 개인 맞춤형 다이어트 코칭 서비스를 제공한다. 그리고 암 진단 인공지능 솔루션을 제공하는 '루닛'은 AI를 활용한 의료 영상 분석 기술을 개발하고 있다. 치매 헬스케어 전문 기업 '세븐포인트원'은 AI 기반의 치매 조기 진단 솔루션을 개발해 의학계와 글로벌 의료 시장의 주목을 받고 있다.

향후 개인 맞춤형 AI 건강 관리 서비스는 더욱 정교화되고 통합적인 방향으로 발전할 것으로 예상된다. 이를 구체적으로 살펴보면 다음과 같다.

첫째, 빅데이터와 AI 기술의 발전으로 더욱 정확하고 개인화된 건강 예측 및 관리가 가능해질 것이다. 개인의 유전 정보, 생활 습관, 환경 요인 등을 종합적으로 분석해 질병 위험을 예측하고 맞춤형 예방 전략을 제시하는 시대가 온다. 예를 들면 AI가 개인의 DNA 정보와 일상생활 패턴, 식습관 등을 분석해 특정 질병에 대한 위험도를 계산하고 이에 따른 맞춤형 식단과 운동 계획을 제공하는 것이다. 이는 시니어들이 자신의 건강 상태를 더 잘 이해하고 관리하는 데 도움을 줄 것이다.

둘째, 웨어러블 기기와 IoT 기술의 발전으로 실시간 건강 모니터링이 더욱 정교해질 것이다. 현재 모니터링되는 항목인 활동량, 심박수

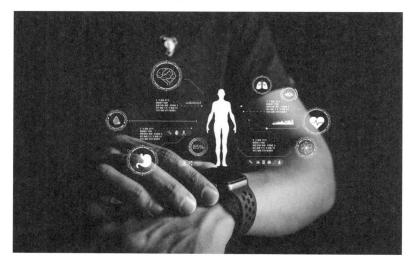

측정을 넘어 혈당, 콜레스테롤, 호르몬 수치 등 더 다양한 생체 지표를 비침습적으로 측정할 수 있는 기술이 개발될 것이다. 예를 들면 피부에 부착하는 패치 형태의 센서가 혈당이나 콜레스테롤 수치를 지속적으로 모니터링하고 이상 징후가 감지되면 즉시 알림을 보내는 시스템도 개발될 수 있다. 이는 시니어들의 만성질환 관리에 큰 도움이 될 것이다.

셋째, AI 챗봇과 가상 비서 기술의 발전으로 더욱 자연스럽고 지능적인 건강 상담 및 관리가 가능해질 것이다. 이는 특히 시니어들의 정서적 지원과 일상적인 건강 관리에 큰 도움이 될 것으로 기대된다. 여기서 AI 챗봇은 단순히 시니어의 일상을 체크하는 것을 넘어 그들의 말투와 감정을 이해하고 적절한 대화와 조언을 제공하는 역할을 한다. 가령 우울감을 호소하거나 관련 신체 증상을 보이면 AI 챗봇이 이를 감지하고 적절한 대화나 활동을 추천하거나, 필요한 경우 전문가와의 상담을 연결해 주는 것이다.

넷째, 원격 의료와의 연계가 강화될 것이다. 먼저 AI가 일차적인 건강 체크와 상담을 수행하고 필요한 경우 원격으로 의사와 연결해 주는 통합적인 서비스가 보편화될 것으로 예상된다. 이는 거동이 불편한 시니어들이나 의료 시설과 거리가 먼 지역에 거주하는 시니어들에게 특히 유용하다.

다섯째, VR/AR 기술과의 융합으로 더욱 몰입감 있는 건강 교육 및 재활 훈련 서비스가 제공될 것이다. 이는 시니어들의 인지기능 향상과 신체 기능 회복에 효과적으로 활용될 것이다. 예를 들면 VR을 활용한 인지 훈련 프로그램은 치매 예방에 도움을 줄 수 있다. 또 AR 기술을 활용한 재활 운동 프로그램은 시니어들의 신체 기능 회복을 도울 수 있다.

이런 기술의 발전은 시니어들의 건강 관리를 더 효과적이고 편리하게 만들 것이다. 그러나 동시에 개인정보 보호와 윤리적 문제 등 새로운 과제도 제기될 수 있다. 따라서 기술 발전과 함께 이런 문제들을 해결하기 위한 노력이 병행되어야 한다. 또한 디지털 격차로 이런 서비스에서 일부 시니어들이 소외되지 않도록 하는 정책적 노력도 필요하다. 더불어 AI 활용과 관련된 윤리적 문제도 있다. AI의 판단이 인간의 판단을 완전히 대체할 수 있는지, AI의 결정을 어디까지 신뢰할 수 있는지 등에 대한 논의가 필요하다.

이런 과제들을 해결하면서 AI 기반 건강 관리 서비스를 발전시켜 나간다면 시니어들의 건강과 삶의 질 향상에 크게 기여할 수 있을 것이다. 특히 고령화가 빠르게 진행되고 있는 우리나라의 경우 이런 기술의 발전과 적용은 더욱 중요한 의미를 갖는다. 정부와 기업 그리고 의료계가 협력해 이런 서비스를 개발하고 보급하려는 노력이 필요하다. 정부는 관련 법규와 제도를 정비하고 기업은 혁신적인 기술 개발에 투자하며, 의료계는 이런 기술의 안전성과 효과성을 검증하는 역할을 해야 한다. 또한 시니어들의 의견을 지속적으로 수렴해 그들의 실제 니즈를 반영한 서비스를 개발하는 것도 중요하다.

AI 기반 건강 관리 및 모니터링 서비스는 시니어들의 건강한 노후를 위한 중요한 도구가 될 것이다. 단순히 질병 예방과 관리를 넘어 시니어들의 전반적인 삶의 질 향상과 사회 참여 증진에도 기여할 것으로 기대된다. 앞으로 이 분야의 지속적인 발전과 함께 모든 시니어가 AI 기술의 혜택을 누릴 수 있는 포용적인 사회가 되기를 바란다.

시니어를 돌보는
미래의 AI 집사

AI 기술의 발전과 함께 디지털 시니어를 위한 일상생활 지원 서비스가 다양하게 개발되고 있다. 특히 음성 인식 AI 스피커와 AI

비서 서비스는 시니어들의 디지털 접근성을 높이고 일상생활의 편의성을 크게 향상시키고 있는데, 구체적으로 하나씩 살펴보자.

먼저 음성 인식 AI 스피커는 복잡한 조작 없이 음성 명령만으로 다양한 기능을 이용하도록 되어 있어 시니어들이 편리하게 활용할 수 있다. 예를 들면 날씨 확인, 음악 재생, 알람 설정, 간단한 정보 검색 등을 손쉽게 할 수 있다. 또한 AI 스피커를 통해 뉴스나 오디오북을 듣거나 라디오 채널을 청취하는 등 여가 생활에도 활용된다.

특히 독거노인들에겐 AI 스피커가 말벗이 되어 외로움을 덜어 주기도 한다. 일부 지자체에서는 독거노인 가정에 AI 스피커를 보급해 안부 확인 및 응급 상황 대처에 활용하고 있다. AI 스피커가 정해진 시간에 노인에게 말을 걸어 응답이 없으면 보호자나 담당 공무원에게 알림을 보내는 식이다.

KT의 'AI 케어 서비스'는 이런 AI 스피커의 기능을 한층 더 발전시킨 서비스다. 이 서비스는 독거노인의 안전과 건강 관리에 특화되어 있다. 주요 기능으로는 24시간 응급 상황 모니터링, 복약 알림, 치매 예방을 위한 인지 게임, AI 말벗 대화 등이 있다. 특히 응급 상황 대처 기능이 주목할 만한데, 독거노인이 "지니야, 도와줘."라고 말하면 KT텔레캅-119 연계 시스템이 즉시 작동해 신속한 구조가 가능하다. 또한 AI가 노인과의 대화를 통해 우울감이나 고독감 관련 키워드를 감지하면 보호자나 담당 기관에 알려 주는 기능도 있어 정서적 케어에도 도움이 된다.

AI 케어 서비스의 효과 분석 결과, 서비스를 이용한 노인들의 우울감이 감소하고 삶의 만족도가 향상된 것으로 나타났다. 또한 응급 상황 대처 능력이 향상되어 노인들의 안전에 실질적인 도움이 되고 있다. 보호자들 역시 24시간 모니터링 덕분에 가까이 살지 않아도 안심할 수 있다는 점에서 만족도가 높다.

주요 IT 기업들도 시니어를 위한 특화 AI 비서 서비스 개발에 나서고 있다. 네이버의 클로바 케어콜 서비스는 AI가 정기적으로 노인에게 전화를 걸어 안부를 확인하고 말벗 역할을 한다. SK 텔레콤의 '누구NUGU 케어콜' 서비스 역시 유사한 기능을 제공하는데 여기에 건강 상담과 병원 예약 등의 기능도 추가되었다. 삼성전자는 빅스비 AI 비서에 시니어 특화 기능을 추가했다. 글자 크기 조절, 음성 안내 강화 등 시니어 친화적 UI/UX를 적용하고 건강 관리 기능도 강화했다. LG 전자 역시 'LG 씽큐' 플랫폼을 통해 시니어를 위한 스마트홈 서비스를 개발 중이다.

이처럼 AI 기반 일상생활 지원 서비스는 시니어들을 케어하고 그들의 삶의 질을 높이고 있지만 여전히 몇 가지 중요한 기술적 과제가 남아있다. 이런 과제들을 해결해야만 시니어 특화 AI 서비스의 효과와 수용도를 높일 텐데, 그 과제들을 살펴보면 다음과 같다.

첫째, 음성 인식의 정확도 향상이 시급하다. 시니어들은 종종 발음이 불분명하거나 사투리를 사용하는 경향이 있어 현재의 AI 시스템이 음성을 정확히 인식하는 데 어려움을 겪고 있다. 일부 시니어들은 표준어와 다른 발음을 사용하거나 말하는 속도가 느리거나 불규칙하다. 이 때문에 AI 스피커나 음성 인식 기반 서비스가 명령을 잘못 이해하거나 아예 인식하지 못하는 경우가 있다. 이는 시니어들의 좌절감을 유발하고 서비스 사용을 포기하게 만드는 요인이 될 수 있다.

이 문제를 해결하기 위해서는 다양한 연령대와 지역의 음성 데이터를 수집해 AI 모델을 훈련시키는 것이 필요하다. 또한 개인화된 학습 기능을 통해 사용자의 특정 발음 패턴을 학습하고 적응하는 시스템을 개발하는 것도 중요하다. 일부 기업들은 이미 시니어 특화 음성 인식 엔진을 개발하고 있으며 이를 통해 인식 정확도를 크게 높이고 있다.

둘째, 개인정보 보호와 보안 강화가 필수적이다. AI 스피커 같은 기기들은 24시간 음성을 수집하고 분석하기 때문에 프라이버시 침해에 대한 우려가 크다. 시니어들은 특히 개인정보 유출에 취약하기 때문에 이로 인한 피해도 더 클 수 있다. 자칫 개인의 의료 정보나 금융 정보가 유출되면 심각한 결과를 초래할 수 있다.

이를 해결하기 위해서는 강력한 암호화 기술의 적용, 데이터 최소 수집 원칙 준수, 사용자 동의 절차 강화 등의 조치가 필요하다. 또한 시니어들에게 개인정보 보호의 중요성과 안전한 사용법에 대한 교육을 제공하는 것도 중요하다. 일부 기업들은 이미 '프라이버시 모드' 같은 기능을 도입해 사용자가 원할 때 음성 수집을 일시적으로 중지할 수 있도록 하고 있다.

셋째, 시니어 특화 콘텐츠 개발이 필요하다. 현재 대부분의 AI 서비스는 젊은 층을 주 타깃으로 개발되어, 시니어들의 관심사나 필요를 충분히 반영하지 못한다. 건강 관리, 노후 설계, 취미 활동 등 시니어들에게 특히 중요한 주제들에 대한 콘텐츠가 부족한 실정이다.

이를 해결하려면 시니어들의 니즈와 선호도를 심층적으로 조사하고 이를 바탕으로 맞춤형 콘텐츠를 개발해야 한다. 건강 정보 제공, 인지 기능 강화 게임, 추억 회상 프로그램 등이 그 예가 될 수 있다. 또한 시니어들의 경험과 지혜를 공유할 수 있는 플랫폼을 만드는 것도 좋은 아이디어다.

이런 기술적 과제들을 해결하기 위해서는 기술 개발자뿐만 아니라 노년학 전문가, 의료진 그리고 시니어 사용자들이 함께 협력하는 것이 중요하다. 또한 정부와 기업의 지속적인 투자와 지원도 필요하다. 그래야 더욱 안전하고 정확하며 유용한 AI 기반 시니어 지원 서비스 개발이 가능하다. 결과적으로 이는 시니어들이 더욱 건강하고 행복한 노후 생활을 설계하는 데 큰 도움이 될 것이다.

사실은 이미 다양한 노력이 이뤄지고 있기도 하다. 음성 인식 정확도 향상을 위해 시니어 음성 데이터가 대규모로 수집되어 현재 AI 학습에 활용되고 있다. 개인정보 보호에서는 데이터 암호화, 로컬 처리 등의 기술이 이미 적용되고 있다. 그리고 시니어에 특화된 콘텐츠 개발을 위해 기존 사용자인 시니어들의 의견을 적극적으로 수렴하고 노년학 전문가들과 협력해 서비스를 기획하고 있다.

미래의 스마트홈을 기반으로 하는 시니어 케어 서비스의 전망도 밝다. 앞으로는 IoT 기술과 AI가 결합되어 더욱 종합적인 케어가 가능해질 것으로 예상된다. 예를 들면 침대나 화장실에 설치된 센서가 사람의 활동 패턴을 분석해 이상 징후를 감지하고, AI가 이를 판단해 적절한 조치를 취하는 식이다. 또한 웨어러블 기기와 연동해 실시간으로 건강 상태를 모니터링하고 필요시 원격 진료와 연계하는 서비스도 곧 가능해질 것이다.

나아가 로봇 기술과의 융합도 기대된다. 예를 들어 AI 비서 기능이 탑재된 케어 로봇이 노인의 일상생활을 보조하고 정서적 교감까지 나누는 등 더욱 포괄적인 케어가 가능해질 것이다. 이미 일본에서는 소프트뱅크의 '페퍼' 로봇이 요양 시설에서 시니어들과 대화를 나누고 간단한 체조를 함께 하는 등 일상적인 돌봄 활동을 하고 있다.

이런 기술 발전은 시니어들이 독립적인 생활을 유지하게 해주고 삶의 질을 높여 줄 것이다. 또한 고령화가 가져올 사회적 부담을 줄이는 데도 기여할 것이다. 그러나 단순히 기술 발전이 모든 문제를 해결해 줄 것이라고 기대하기는 어렵다. 기술은 어디까지나 보조적인 수단일 뿐 인간의 돌봄과 관심을 완전히 대체할 수는 없기 때문이다. 따라서 기술의 발전과 함께 시니어에 대한 사회적 관심과 지원도 함께 강화되어야 한다.

그리고 디지털 격차 문제에도 주의를 기울여야 한다. 고가의 최신 기술을 모든 시니어가 이용할 수 있는 것은 아니기 때문이다. 따라서 정부와 기업은 저소득층 시니어들도 이런 서비스의 혜택을 받을 수 있도록 지원 정책을 마련해야 한다.

시간이 지나면 AI를 활용한 디지털 시니어 일상생활 지원 서비스는 시니어들의 삶의 질 향상과 사회적 참여 증진에 크게 기여할 것이다. 그러나 이를 위해서는 기술 개발뿐만 아니라 윤리적·사회적 측면에서의 고려도 함께 이뤄져야 한다. 시니어들의 다양한 니즈를 반영하고 개인 정보 보호와 같은 윤리적 문제에 대한 해결책을 마련하며 디지털 격차를 줄이기 위한 노력이 병행되어야 한다.

건강 관리에서
외로움 관리까지

시니어를 위한 AI 기반 기술 중에서도 특히 정서적 케어 및 소통 지원 서비스는 초고령화 사회로 접어드는 시대에 아주 중요한 역할을 할 것으로 기대된다. 1인 가구가 늘어나고 있는 요즘, 혼자 사는 시니어들의 외로움을 덜어 주고 정서적 안정을 제공하며 건강 상태를 모니터링하는 이런 서비스의 중요성은 점점 커지고 있다.

AI와 로봇이 융합된 AI 반려봇의 종류와 주요 기능을 살펴보면 크게 음성 기반 AI 스피커, 로봇형 반려봇, 모바일 앱 기반 챗봇으로 나눌 수 있다. 음성 기반 AI 스피커의 대표적인 예로는 KT의 '기가지니'가 있다. 기가지니는 시니어들과 대화를 나누며 음악 재생, 날씨 정보 제공, 알람 설정 등의 기능을 수행한다. 또한 응급 상황 시 "지니야, 도와줘."라

출처: Lovot 웹사이트.

고 말하면 KT텔레캅-119 연계 시스템을 통해 24시간 구조 서비스를
제공한다.

원더풀플랫폼의 로봇형 반려봇 '다솜이'는 시니어들을 위한 혁신적
인 AI 케어 솔루션이다. KT가 개발한 다솜이는 감성 케어, 우울증 해소,
말벗 기능 등 다양한 기능을 갖추고 있다. 특히 감성 대화 기능을 통해
시니어들과 자연스러운 대화를 나누며 정서적 교감을 형성한다. 랜덤
커뮤니티 대화 기술을 활용해 다양한 주제로 대화를 이어 갈 수 있어 시
니어들의 지적 호기심을 자극하고 인지기능 유지에도 도움을 준다.

다솜이의 주요 목표는 시니어들의 외로움과 우울증 해소다. 24시간
대화가 가능한 말벗 기능을 통해 시니어들은 언제든 대화 상대를 찾을

수 있는데, 이는 특히 독거노인에게 큰 도움이 된다. 또한 다솜이는 음성 및 영상 인식 기술로 시니어의 응급 상황이나 위기 상태를 감지하고 모니터링하는 기능도 있다. 시니어가 평소와 다른 행동 패턴을 보이거나 위험한 상황이 발생했음을 감지하면 보호자나 관련 기관에 즉시 알림을 보내 신속한 대응이 가능하다.

모바일 앱 기반 챗봇 '심심이'는 AI 기술을 활용해 시니어들과 폭넓은 대화를 나누는 서비스다. 심심이의 특징은 단순한 대화를 넘어 다양한 심리적 문제에 대한 케어를 제공한다는 것이다. 우울증 권위자인 함병주 교수와 협력해 정신 건강 모니터링과 우울증 예방 서비스를 개발 중인 심심이 앱은 가벼운 스트레스부터 심각한 고민, 우울증, 불면증, 심지어 산후우울증까지 폭넓은 증상에 따라 대화를 통한 심리적 지원을 제공한다.

심심이는 자연어 처리 기술을 바탕으로 시니어들의 대화 내용을 분석하고, 그에 맞는 적절한 반응과 조언을 제공한다. 예를 들어 시니어가 지속적으로 우울한 감정을 표현하면 따뜻한 위로의 말을 건네거나 전문가 상담을 권유하는 등의 대응을 한다. 또한 심심이는 학습 기능이 있어 사용자와의 대화가 쌓일수록 더 개인화된 대화가 가능해진다.

경기도의 'AI 어르신 든든지키미' 서비스는 AI 스피커를 활용한 혁신적인 시니어 케어 시스템이다. 이 서비스의 핵심은 AI 스피커가 시니어와의 일상 대화를 통해 우울감이나 고독감 관련 키워드를 감지하는 기능이다. 예를 들어 시니어가 자주 "외롭다.", "힘들다."라고 표현하면 AI

가 이를 인식하고 관제센터에 보고한다. 관제센터는 이 정보를 바탕으로 해당 시니어의 상태를 확인하고 필요한 지원을 제공할 수 있다.

더불어 이 서비스는 학대당할 위험이 있는 노인들을 위한 안전망 역할도 한다. AI 스피커가 위기 상황을 감지하면 즉시 112나 노인보호전문기관에 긴급 호출을 보내 신속한 대응이 가능하다. 예를 들어 시니어가 "살려주세요."라며 긴급 요청을 하거나 비명을 지르는 등 위험 신호가 감지되면 AI가 이를 인식하고 즉시 관련 기관에 연락한다.

이 서비스는 시니어들의 정서적 안정과 신체적 안전을 동시에 보장하는 종합적인 케어 시스템이다. 일상적인 대화를 통해 시니어들의 외로움을 달래 주는 동시에 위험 상황에 대한 즉각적인 대응으로 안전을 보장하는 것이다. 또한 이 서비스는 지속적인 모니터링을 통해 시니어들의 상태 변화를 장기적으로 관찰할 수 있어 예방적 케어에도 큰 도움이 된다.

이런 AI 기반 시니어 케어 서비스들은 고령화 사회에서 점점 더 중요해지고 있다. 이들은 인력 부족 문제를 해결하면서도 24시간 지속적인 케어를 제공할 수 있다는 장점이 있다. 앞으로 AI 기술의 발전과 함께 이런 서비스들은 더욱 정교해지고 개인화될 것으로 예상된다.

주요 기업들의 AI 정서 케어 로봇 개발 현황을 살펴보면 국내외 여러 기업이 활발하게 연구 개발을 진행하고 있다. NHN의 자회사인 와플랫은 'AI 시니어 안심케어' 서비스를 개발했다. 이 서비스는 모바일 앱을 기반으로 AI 알림을 통한 안부 체크, 휴대폰 움직임 감지 기반의 SOS 응급 알림, 의료 전문가 건강 상담, 복약 알림, 심혈관 건강 체크, 인지 기능 검사 등 포괄적인 스마트 돌봄 서비스를 제공한다.

가천대학교는 인공지능 스타트업 미스터마인드와 협력해 시니어 의료 상담과 치매, 고독사, 우울증 예방을 위한 로봇 및 챗봇 기술을 공동 연구 및 개발하고 있다. 이 연구는 시니어 우울증 예방 알고리즘을 개발하고 이를 로봇에 적용해 노인들의 치매와 우울증 예방에 활용하는 것을 목표로 한다.

향후 AI 감정 인식 기술의 발전 방향과 적용 가능성은 매우 광범위하다. 현재도 음성, 표정, 제스처 등을 통한 감정 인식 기술이 계속해서 발전하고 있으며 앞으로는 더욱 정교한 멀티모달 감정 인식 기술이 개발될 것으로 예상된다. 이는 시니어들의 감정 상태를 더욱 정확하게 파악하고 그에 맞는 맞춤형 케어를 제공하는 데 활용될 수 있다.

또한 AI의 감정 생성 및 표현 기술도 발전하고 있다. 이는 AI가 시니어들의 감정 상태에 맞는 적절한 반응을 보이고 더욱 자연스러운 대화와 교감을 나눌 수 있게 해줄 것이다. 어쩌면 앞으로는 AI 반려봇이 시니어의 기분에 따라 적절한 표정과 말투로 대화를 나누는 것도 가능해질지 모른다.

AI 기술의 발전은 시니어들의 정신 건강을 개선하고 삶의 질을 높이는 데 기여할 것이다. AI 챗봇을 통한 상시적인 정서적 지원과 모니터링, 조기 우울증 감지 및 예방, 인지기능 강화를 위한 맞춤형 프로그램 제공 등이 가능해질 것이다. 그리고 AI 감정 인식 기술이 시니어들의 일상생활 전반에 적용되어 시니어의 감정 상태에 따라 조명, 음악, 온도 등을 자동으로 조절하는 등의 스마트홈 시스템도 머지않아 상용될 것이다. 가상현실이나 증강현실 기술이 접목된 프로그램으로 시니어들에게 다양한 경험과 활동을 제공할 수도 있다.

그러나 이런 기술의 발전과 함께 고려해야 할 윤리적·사회적 문제들도 있다. 개인정보 보호, AI에 대한 과도한 의존, 인간관계의 대체 가능성 등에 대한 우려가 제기되고 있다. AI 기술을 시니어 케어에 적용할 때는 이런 문제들을 신중히 고려하고 적절한 가이드라인과 규제를 마련해야 한다.

또한 AI 기술이 인간의 돌봄을 완전히 대체하는 게 아니라 보완하는 역할을 해야 한다는 점을 분명히 인식해야 한다. AI는 24시간 지속적인 모니터링과 기본적인 정서적 지원을 제공할 수 있지만 깊이 있는 인간적 교감과 전문적인 의료 서비스는 여전히 인간의 영역이다.

AI 기반 정서적 케어 및 소통 지원 서비스는 외로움 감소, 우울증 예방, 건강 관리, 안전 확보 등 다양한 측면에서 시니어들의 삶의 질을 크게 향상시킬 잠재력을 가지고 있다. 앞으로는 이런 서비스들이 더욱 정교화되고 개인화되어 모든 시니어가 건강하고 행복한 노후를 보낼 수 있도록 지원하는 중요한 도구가 되길 바란다.

로봇에게 배우는
디지털

디지털 시대의 급속한 발전으로 시니어들의 디지털 역량 강화가 중요한 사회적 과제로 대두되고 있다. AI 기술을 활용한 교육 및 디지털 역량 강화 서비스는 이런 과제를 해결하는 데 중요한 역할을 하고 있다. 전국의 여러 지자체와 기업들이 시니어를 위한 AI 기반 교육 프로그램을 개발하고 있으며 정부 차원에서도 관련 정책과 지원을 확대하고 있다.

서초구의 AI 로봇 활용 스마트 교육 프로그램은 시니어를 대상으로 한 AI 교육의 좋은 사례다. 이 프로그램은 AI 로봇을 활용해 치매 예방, 코딩, 인지기능 개선, 디지털 기기 사용법 등 다양한 내용을 교육한다.

로봇과의 상호작용을 통해 시니어들은 더욱 흥미롭고 효과적으로 디지털 기술을 학습할 수 있다. 예를 들어 로봇이 간단한 코딩 명령을 실행하는 모습을 보며 시니어들은 프로그래밍의 기본 개념을 이해할 수 있다. 또한 로봇과 대화하며 인지기능을 훈련하고 로봇의 안내에 따라 스마트폰이나 태블릿 PC 사용법을 익힐 수도 있다.

주요 기업들도 시니어를 위한 AI 교육 서비스를 적극적으로 개발하고 있다. 삼성전자는 '삼성 디지털 시티' 프로그램을 통해 시니어들에게 스마트폰, 태블릿 PC 등 디지털 기기 사용법과 AI 비서 활용법 등을 교육한다. 이 프로그램은 전국의 삼성 디지털 프라자에서 진행되며 실제 기기를 사용해 보는 체험형 교육으로 구성되어 있다.

KT는 'AI 튜터'를 활용한 맞춤형 디지털 교육 서비스를 제공한다. 이 서비스는 AI가 시니어 개개인의 학습 속도와 이해도를 분석해 최적화된 교육 콘텐츠를 제공한다. 예를 들면 스마트폰 사용법을 배우는 과정에서 특정 기능에 대한 이해가 부족할 경우 AI 튜터가 이를 감지하고 추가적인 설명이나 연습 기회를 제공하는 것이다. 이를 통해 시니어들은 자신의 페이스에 맞춰 효과적으로 학습할 수 있다.

네이버는 '네이버 헬프센터'를 통해 시니어들을 위한 온라인 교육 콘텐츠를 제공하고 있다. 이 플랫폼에서는 네이버 서비스 사용법부터 인터넷 검색, 온라인 쇼핑, 디지털 금융서비스 이용법 등 다양한 주제의 교육 동영상을 제공한다. 그리고 AI 기술을 활용해 사용자의 관심사와 학습 이력을 분석하고 이에 맞는 맞춤형 콘텐츠를 추천해 준다.

AI 튜터를 활용한 맞춤형 디지털 교육의 또 다른 사례로는 '실버로봇'의 실버AI 서비스를 들 수 있다. 이 서비스는 AI 챗봇 형태의 튜터가 시니어들과 대화하며 디지털 기기 사용법, 인터넷 서비스 이용법 등을 교육한다. 챗봇은 시니어의 질문에 실시간으로 답변하고 필요한 경우 관련 동영상이나 이미지를 제공하여 이해를 돕는다. 또한 시니어의 학습 진도와 이해도를 지속적으로 모니터링해 개인화된 학습 계획을 수립한다.

정부 차원에서도 시니어 디지털 역량 강화를 위한 다양한 정책과 지원이 이뤄지고 있다. 과학기술정보통신부는 '디지털 배움터' 사업을 통해 전국의 주민센터, 도서관 등에서 시니어들을 대상으로 AI 기술을 활용한 맞춤형 교육 프로그램을 개발해 제공하고 있으며 교육 효과를 높이기 위해 AI 튜터링 시스템을 도입하고 있다.

이와 더불어 '디지털 역량 강화 교육' 사업을 통해 시니어들의 디지털 문해력 향상을 지원하고 있는데, 이 사업에서는 AI 기술을 활용한 온라인 학습 플랫폼을 구축해 시니어들이 언제 어디서나 자신의 수준에 맞는 교육을 받을 수 있도록 하고 있다. 이 온라인 학습 플랫폼에서는 AI가 시니어 학습자의 진도와 성취도를 분석하여 개인의 수준에 최적화된 학습 경로를 제시한다.

보건복지부는 '노인 맞춤 돌봄 서비스'의 일환으로 AI 기반 디지털 교육 프로그램을 운영하고 있다. 이 프로그램에서는 AI 스피커를 활용해 시니어들에게 일상생활에 필요한 디지털 기술을 교육한다. 예를 들면 AI 스피커를 통해 날씨 정보를 확인하는 방법, 음악을 재생하는 방법, 간단한 인터넷 검색 방법 등을 배울 수 있다.

미래 AI 기반 평생교육 시스템의 발전 방향은 더욱 개인화되고 통합적인 형태로 나아갈 것으로 예상된다. AI 기술의 발전으로 개인의 학습 스타일, 선호도, 강점과 약점을 더욱 정확히 분석할 수 있게 되고 이를 바탕으로 완전히 개인화된 학습 경험을 제공할 것이다. 무엇보다 AI는 시니어의 일상생활 패턴, 관심사, 건강 상태 등을 종합적으로 분석해 최적의 학습 시간과 내용을 추천할 수 있다. 또한 가상현실이나 증강현실 기술과 결합해 더욱 몰입감 있는 학습 경험을 제공할 수도 있다. 가령 VR로 실제 은행이나 병원 환경을 구현하면 시니어들이 안전하게 디지털 키오스크 사용법을 연습할 수 있다.

더불어 AI 기반 평생교육 시스템은 단순한 기술 교육을 넘어 시니어들의 전반적인 삶의 질 향상을 목표로 할 것이다. 예를 들어 건강 관리, 재무 관리, 취미 활동 등 다양한 영역에서 AI는 개인화된 조언과 교육을 제공할 수 있다. 시니어들은 이런 디지털 기술을 활용해 더욱 풍요롭고 활기찬 노후 생활을 영위할 수 있다.

그러나 이런 AI 기반 교육 시스템의 발전에는 몇 가지 과제도 존재한다. 첫째, 개인정보 보호와 윤리적 사용에 대한 고려가 필요하다. AI가 개인의 다양한 정보를 수집하고 분석하는 만큼 이에 대한 보안과 프라이버시 보호가 철저히 이뤄져야 한다. 둘째, 디지털 기술의 격차 문제에 대한 지속적인 관심이 필요하다. AI 기반 교육 시스템이 오히려 기술에 익숙하지 않은 시니어들을 소외시키는 결과를 낳지 않도록 주의해야 한다.

이를 위해 정부와 기업 그리고 시민사회의 협력이 필요하다. 정부는 관련 법규와 가이드라인을 마련하고, 기업은 사용자 친화적이고 안전한 시스템을 개발해야 한다. 시민사회는 시니어들의 목소리를 대변하고 그들의 니즈를 정확히 파악해 정책과 서비스 개발에 반영할 수 있도록 해야 한다.

AI 기반 디지털 시니어 교육 및 디지털 역량 강화 서비스는 단순히 시니어들의 디지털 활용 능력을 높이는 것을 넘어 그들의 사회 참여와 자아실현을 돕는 데 기여할 것이다.

기술 개발보다 중요한 것은 인간을 위한 마음

디지털 시니어와 AI 기술의 발전에 따라 기업들은 여러 가지 과제에 직면하고 있다. 개인정보 보호와 데이터 보안, AI 서비스 접근성 개선, AI 윤리 문제 대응, 시니어 특화 서비스 개발 등 많은 측면에서 기업의 노력이 요구되고 있다.

AI 기술이 발전하면서 시니어들의 건강, 금융, 일상생활 등 다양한 데이터가 대량으로 수집, 활용되고 있다. 이에 따라 개인정보 유출 및 오남용 위험이 커지고 있어 기업들의 철저한 대응이 필요하다. 예를 들어 AI 스피커나 웨어러블 기기를 통해 수집되는 시니어들의 음성, 위치, 건강 데이터 등은 매우 민감한 정보로, 이에 대한 보안 강화가 철저히 이뤄져야 한다.

기업들은 데이터 암호화, 접근 권한 관리 강화, 개인정보 비식별화 등 기술적 조치와 함께 개인정보 처리 방침 수립, 정기적인 보안 감사 등 관리적 조치를 병행해야 한다. 또한 시니어들이 자신의 데이터가 어떻게 수집되고 활용되는지 쉽게 이해하고 조절할 수 있도록 정보 관리에서의 투명성을 높이는 것도 중요하다. 한 예로 네이버나 카카오 같은 IT 기업들은 개인정보 이용 내역과 설정을 한눈에 볼 수 있는 대시보드를 제공하고 있다.

AI 서비스 접근성 개선을 위한 기업들의 노력도 활발히 이뤄지고 있다. 시니어들은 디지털 기기 사용에 익숙하지 않은 경우가 많아 AI 서비스 이용에 어려움을 겪을 수 있다. 이에 기업들은 시니어 친화적인 UI/UX 개발, 음성 인식 기술 고도화, 직관적인 조작 방식 도입 등을 통해 접근성을 높이고 있다.

이와 관련된 예로는 앞서 언급했던 글자 크기를 키우고 메뉴 구조를 단순화한 네이버의 '시니어 모드', 시니어 특화 기능을 추가해 날씨, 뉴스, 음악 재생 등을 쉽게 이용할 수 있도록 한 카카오의 AI 스피커 '카카오미니' 등이 있다. 삼성전자는 스마트폰에 '쉬운 사용 모드'를 탑재해 시니어들의 사용 편의성을 높였다.

금융권에서도 시니어를 위한 AI 서비스 접근성 개선 노력이 이어지고 있다. KB국민은행은 AI 음성봇 '리브똑똑'을 통해 시니어 고객들이 음성만으로 계좌 조회, 이체 등 금융서비스를 이용할 수 있도록 했다. 신한은행은 AI 기반 '디지털 창구'를 도입했는데, 외출이나 거동이 어려운 시니어들은 이를 통해 비대면으로도 전문 상담원의 도움을 받아 금융 거래를 할 수 있다.

하지만 이렇게 시니어를 대상으로 한 AI 서비스가 증가함에 따라 새로운 윤리적 이슈들이 제기되고 있다. 예를 들어 AI 돌봄 로봇이 시니어의 정서적 욕구를 충족시키는 과정에서 발생할 수 있는 윤리적 문제, AI가 시니어의 의사결정에 미치는 영향, AI 기반 건강 관리 서비스의 책임 소재 등이 주요 쟁점이 되고 있다.

이에 대응해 기업들은 자체적으로 AI 윤리 가이드라인을 수립하고 있다. 카카오는 '카카오 AI 윤리 헌장'을 통해 인간 중심의 AI 개발, 차별 방지, 프라이버시 보호 등의 원칙을 제시했다. 네이버도 '네이버 AI 윤리 준칙'을 발표하며 AI 개발 및 서비스 제공 과정에서 준수해야 할 윤리적 기준을 마련했다.

정부 차원에서도 AI 윤리 정책 수립이 진행되고 있다. 과학기술정보통신부는 '인공지능 윤리 기준'을 발표하며 인간 중심의 AI 개발, 책임성 확보, 차별 방지 등의 원칙을 제시했다. 또한 '지능정보사회 윤리 가이드라인'을 통해 AI 서비스 개발 및 활용 과정에서 고려해야 할 윤리적 지침을 제공했다.

시니어 특화 AI 서비스 시장은 빠르게 성장하고 있다. 고령화가 급속도로 진행되면서 시니어를 위한 AI 기반 건강 관리, 일상생활 지원, 여가 활동 등 다양한 서비스에 대한 수요가 증가하고 있다. 시장조사기관 스태티스타Statista에 따르면 글로벌 시니어 테크 시장 규모는 2021년 약 4,230억 달러에서 2027년 약 1조 달러로 성장할 것으로 전망된다.

국내에서도 시니어 특화 AI 서비스 시장이 확대되고 있다. SK 텔레콤의 AI 돌봄 서비스 '누구 케어콜'은 시니어들의 안부를 확인하고 정서적 지원을 제공하며, LG 전자의 AI 로봇 'LG 클로이'는 요양 시설에서 시니어들의 건강 상태를 모니터링하고 일상생활을 지원하는 서비스를 제공한다. 헬스케어 분야에서도 시니어를 위한 AI 서비스가 늘어나고 있다. 삼성서울병원은 AI 기반 '치매 예측 시스템'을 개발해 조기 진단과 예방에 활용하고 있다. 뷰노는 AI 기반 '골연령 판독' 솔루션을 통해 시니어들의 골다공증 진단을 지원한다.

초고령사회를 대비해 AI 기술의 역할과 발전 방향에 대해 살펴보면 앞으로 AI 기술은 시니어들의 독립적인 생활을 지원하는 데 중요한 역할을 할 것으로 기대된다. AI 기반 스마트홈 시스템은 시니어들의 일상생활을 모니터링하고 위험 상황을 감지해 신속한 대응을 가능하게 한다. AI 챗봇이나 가상 비서는 시니어들의 말동무가 되어 외로움을 달래고 정서적 지원을 제공할 수 있다.

또한 AI 기술은 시니어 돌봄 인력 부족 문제를 해결하는 데도 기여한다. AI 로봇이 일상적인 돌봄 업무를 보조함으로써 인력 부족을 완화하고 전문 인력은 더 중요한 업무에 집중하도록 하는 것이다. 일본에서는 이미 요양 시설에 AI 로봇을 도입해 시니어들의 이동을 돕거나 간단한 대화를 나누는 등의 역할을 수행하고 있다.

이러한 AI 기술의 발전 방향과 관련해서는 개인화와 정확성 향상이 중요한 과제로 떠오르고 있다. 시니어들의 개별적인 특성과 니즈를 정확히 파악하고 그에 맞는 맞춤형 서비스를 제공하는 것이 핵심이다. 예를 들어 개인의 건강 상태, 생활 패턴, 선호도 등을 종합적으로 분석해 최적화된 건강 관리 솔루션을 제공하는 방식이다.

또한 시니어들의 인지기능 저하나 신체적 제약을 보완할 수 있는 AI 기술 개발도 중요하다. 음성 인식 기술을 고도화해 청력이 떨어진 시니어들도 쉽게 AI 서비스를 이용할 수 있도록 하거나, 시각 장애가 있는 시니어들을 위한 이미지 인식 및 설명 기술을 개발하는 등의 노력이 필요하다.

한편 AI 기술 발전에 따른 부작용을 최소화하기 위한 노력도 병행되어야 한다. AI에 대한 과도한 의존으로 인한 인간관계 단절, AI 기술에 익숙하지 않은 시니어들의 소외 문제 등에 대한 대책 마련이 필요하다. 이를 위해 AI 리터러시 교육을 강화하고, AI와 인간의 적절한 역할 분담을 모색하는 등의 노력이 요구된다.

디지털 시니어와 AI를 위해 기업들은 개인정보 보호와 데이터 보안 강화, AI 서비스 접근성 개선, AI 윤리 준수, 시니어 특화 서비스 개발 등 다각도의 노력을 기울여야 한다. 또한 정부, 학계, 시민사회와의 협력을 통해 AI 기술이 시니어들의 삶의 질 향상에 실질적으로 기여할 수 있도록 해야 한다. 이를 통해 초고령사회에서 AI 기술이 시니어들의 든든한 동반자 역할을 하게 되길 기대한다.

시니어의 정신 건강을 개선하는 가상현실

렌데버Rendever는 가상현실 기술을 활용해 노인들을 위한 혁신적인 서비스를 제공하는 메타버스 전문 기업으로, 노인 돌봄과 치료 분야에 특화된 독특한 접근 방식을 선보이고 있다.

렌데버의 서비스는 현재 미국, 캐나다, 호주 등 여러 국가의 450여 개 시설과 협력해 운영되고 있다. 이는 렌데버의 서비스가 실험 단계를 넘어 실제 노인 돌봄 현장에서 광범위하게 활용되고 있음을 보여 준다. 이런 폭넓은 적용은 렌데버의 서비스가 실질적인 효과를 인정받고 있다는 증거이기도 하다.

렌데버가 제공하는 서비스의 핵심은 VR 회상요법이다. 이 요법은 노인들의 정신 건강 개선을 주요 목표로 한다. 특히 치매, 우울증, 고립감 등 노년층이 흔히 겪는 정신 건강 문제에 효과가 있는데, 이는 단순히 증상을 완화하는 것 이상으로 노인들의 삶의 질을 근본적으로 끌어올려 준다.

구체적으로 살펴보면 VR 회상요법은 노인들이 과거의 추억이 있는 장소를 가상으로 방문하게 해주거나, 젊은 시절의 경험을 재현하는 등의 기회를 제공한다. 이를 통해 노인들은 과거의 긍정적인 기억을 되살리고 당시의 감정을 다시 경험하는데, 이런 경험은 현재의 삶에 대한 만족도를 높이고 정신적 안정감을 제공하는 데 도움이 된다.

이 VR 회상요법의 효과는 과학적으로도 입증되고 있다. 매사추세츠 공과대학교MIT 연구팀의 연구 결과에 따르면 렌데버의 서비스가 노인의 정신 활동을 자극하고 우울감과 고립감을 해소하는 데 실질적인 도움이 되는 것으로 나타났다. 이는 렌데버의 접근 방식이 놀라운 기술적 혁신일 뿐만 아니라 실제로 노인들의 삶에 긍정적인 변화를 가져올 수 있음을 보여 준다.

렌데버의 서비스는 단순히 과거의 경험을 재현하는 데 그치지 않고 현재의 가족 행사 등을 3D 비디오로 구현해 노인들이 실시간으로 참여할 수 있게 하는 등 새로운 기억을 생성하는 데도 도움을 주고 있다. 이는 노인들이 현재와 단절되지 않고 가족 및 사회와 계속 연결될 수 있게 해준다는 점에서 매우 중요하다.

이런 렌데버의 접근 방식은 노인 돌봄에 대한 새로운 패러다임을 제시한다. 즉 전통적인 노인 돌봄이 주로 신체적 건강과 기본적인 생활 지원에 초점을 맞췄다면 렌데버는 노인들의 정신적, 감정적 웰빙에 주목한다. 이는 노인들을 단순한 돌봄의 대상이 아닌, 여전히 성장하고 새로운 경험을 할 수 있는 능동적인 주체로 바라보는 관점의 전환이다.

렌데버의 서비스는 노인들의 사회적 고립 문제 해결에도 큰 도움이 될 수 있다. 많은 노인이 신체적 제약이나 환경적 요인 때문에 사회적으로 고립되는 경험을 한다. 렌데버의 VR 기술은 이런 물리적 한계를 뛰어넘어 노인들이 가상으로나마 다양한 사회적 경험을 할 수 있게 해서 사회와 계속 연결되고 삶의 활력을 되찾게 해준다.

더불어 렌데버의 서비스는 노인 돌봄 시설의 운영에도 긍정적인 영향을 줄 수 있다. 흥미롭고 효과적인 활동 프로그램의 제공은 시설 입소자들의 만족도를 높이고, 시설의 서비스 질을 높이는 데 기여한다. 이는 궁극적으로 노인 돌봄 산업 전반의 질적 향상으로 이어질 수 있다.

렌데버의 사례는 기술 혁신이 어떻게 사회적 가치 창출로 이어질 수 있는지 보여 주는 좋은 예시다. VR이라는 첨단 기술을 노인 돌봄이라는 전통적인 영역에 접목해 새로운 가능성을 열어가고 있는 것이다. 앞으로 기술과 돌봄, 복지가 어떻게 융합될 수 있는지에 대한 하나의 모델을 제시한다고 볼 수 있다. 또한 노인 돌봄에 대한 우리의 인식을 변화시키고 기술이 어떻게 사회적 문제 해결에 기여할 수 있는지를 보여 주는 혁신적인 사례다. 렌데버의 성공은 앞으로 더 많은 기업이 사회적 가치 창출과 기술 혁신을 동시에 추구할 수 있다는 희망을 제시한다.

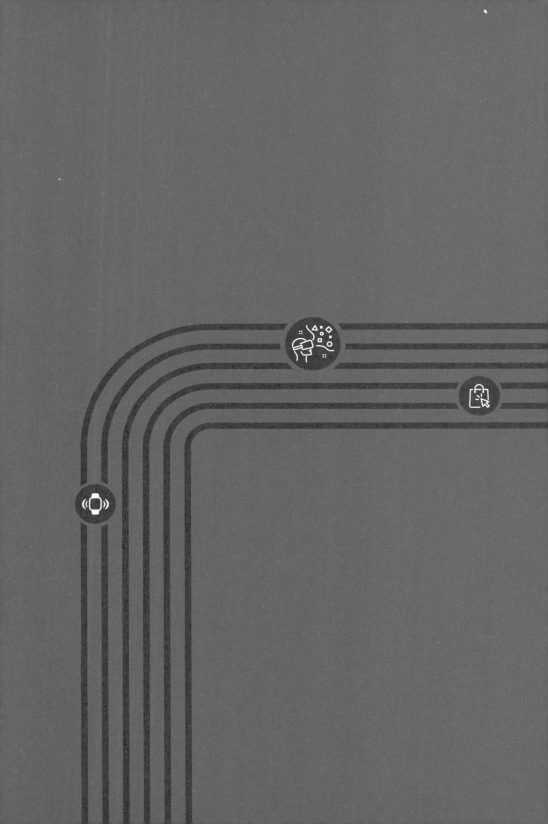

제6장

취미도 여가도 스마트한 일상

디지털 시니어들의 건강과 여가 활동에 대한 투자가 증가하면서 기업들은 이에 맞춘 다양한 서비스와 제품을 개발하고 있다. 건강 관리 분야에서는 AI 와 IoT 기술을 활용한 스마트 헬스케어 시스템이 주목받고 있는데, 시니어들의 건강 상태를 실시간으로 모니터링할 수 있는 웨어러블 기기나 이상 징후 발견 시 즉시 대응할 수 있는 서비스들이 개발되고 있다.

여가 활동 분야에서는 VR/AR 기술을 활용한 가상 여행 경험이나 온라인 문화 체험 프로그램 등이 인기를 얻고 있다. 시니어들이 집에서도 다양한 경험을 할 수 있도록 돕는 이런 서비스들은 코로나19 이후 더욱 주목받고 있다.

그 외에 교육 분야에서도 시니어 특화 강좌를 개설한 온라인 교육 플랫폼들이 늘어나고 있으며 언어 학습 앱 등도 시니어 사용자를 위한 기능을 강화하고 있다. 이는 시니어들의 평생학습 욕구를 충족시키는 동시에 디지털 리터러시 향상에도 도움을 주고 있다.

미래에는 AI 기술의 발전으로 더욱 개인화된 서비스가 제공될 것으로 예상된다. 개인의 건강 상태, 취미, 학습 능력 등을 종합적으로 분석해 맞춤형 건강 관리 및 여가 활동 추천 서비스가 가능해질 것이다. 건강과 여가 분야에서의 디지털 혁신은 시니어들의 삶의 질을 크게 향상시킬 것으로 기대된다. 다만 디지털 격차 해소와 개인정보 보호 등의 과제도 함께 해결해 나가야 할 것이다.

시니어 맞춤형
헬스케어 서비스

　　디지털 헬스케어 기술의 발전과 함께 시니어 맞춤형 헬스케어 서비스도 빠르게 성장하고 있다. 특히 웨어러블 디바이스와 건강 모니터링 앱, 원격 의료 서비스, AI 기반 개인화 건강 관리 솔루션 등은 시니어들의 일상적인 건강 관리에 큰 도움을 주고 있다.

　　먼저 웨어러블 기기와 연동된 건강 모니터링앱을 살펴보면 이 앱들은 시니어들에게 종합적이고 맞춤화된 건강 관리 솔루션을 제공하는데, '마이피트니스팔'MyFit-nessPal이 그 대표적인 앱이다. 사용자는 매일의 식사 내용을 기록하고 앱은 자동으로 섭취 칼로리와 영양 성분을 계산한다. 또한 걸음 수, 운동 시간 등의 활동 데이터를 스마트워치나 피트니스 트래커와 연동해 수집한다. 이렇게 모인 데이터를 바탕으로 앱은 사용자의 전반적인 건강 상태를 분석하고 개인화된 식단 및 운동 계획을 제안한다. 예를 들면 고혈압이 있는 시니어에게는 저염식 레시피를 추천하거나 관절염이 있는 사용자에게 저강도의 수중 운동을 권장하는 식이다.

수면 건강 관리도 시니어들에게 중요한 케어 영역인데, '슬립 사이클'Sleep Cycle 앱은 이 분야에서 선두 주자로 꼽힌다. 이 앱은 사용자의 수면 패턴을 분석해 수면의 질을 평가한다. 스마트폰이나 스마트워치의 센서를 이용해 사용자의 움직임, 호흡 소리, 심박수 등을 감지하고 이를 바탕으로 수면 단계를 추적한다. 그래서 깊은 수면 시간이 부족한 시니어에게는 취침 전 루틴 개선을 제안하고, 잦은 야간 각성이 있는 경우 수면 환경 개선 팁을 제공한다. 또한 수면 데이터를 장기간 추적해 시니어의 전반적인 수면 건강 트렌드를 보여 주고 필요 시 전문의 상담을 권유하기도 한다.

이런 앱들은 단순히 데이터를 수집하고 보여 주는 데 그치지 않는다. 인공지능 기술을 활용해 사용자의 건강 데이터를 지속적으로 학습하고 이를 바탕으로 더욱 정교하고 개인화된 건강 관리 조언을 제공한다. 즉 사용자의 식습관, 운동 패턴, 수면 주기 등을 종합적으로 분석해 사용자 개인에게 맞춘 건강 개선 계획을 수립하고 목표 달성을 위한 단계별 가이드를 제시한다.

한편 원격 의료 서비스의 발전은 시니어들의 의료 접근성을 획기적으로 개선했다. 특히 코로나19 팬데믹 이후 이런 서비스의 수요와 공급이 급증했는데, 앞으로도 이런 추세는 계속 이어질 것으로 보인다. '닥터나우'나 '굿닥' 같은 원격 진료 플랫폼은 시니어들이 집에서 편안하게 의사와 화상 상담을 할 수 있게 해준다. 이는 거동이 불편하거나 교통이 불편한 지역에 거주하는 시니어들에게 특히 유용하다.

원격 진료의 과정은 다음과 같다. 먼저 시니어 환자가 앱이나 웹사이트를 통해 증상을 입력하고 원하는 진료 과목을 선택한다. 그 후 실시간으로 의사와 화상 통화를 하며 상담을 받는다. 의사는 환자의 증상을 듣고 필요하면 환자가 찍어 올린 사진 등을 참고해 진단을 내린다. 가벼운 질환의 경우 그 자리에서 처방전을 발급하며 환자는 가까운 약국에서 약을 받아볼 수 있다.

닥터나우는 24시간 실시간 의사 상담 서비스를 제공하며 영상 통화를 통해 의사와 직접 소통할 수 있다. 이 서비스는 특히 거동이 불편한 시니어들에게 유용하다. 또한 처방전 발급과 약 배달 서비스도 연계되어 있어 시니어들이 집에서 편리하게 치료를 받을 수 있다.

굿닥은 병원 예약 및 접수 서비스뿐만 아니라 AI 기반의 증상 체크 기능을 제공한다. 시니어들이 자신의 증상을 입력하면 AI가 분석해서 적절한 진료과를 추천해 주는 것이다. 이를 통해 시니어들은 불필요한 병원 방문을 줄이고 정확한 진료를 받을 수 있다.

나아가 만성질환 관리에 특화된 '눔'과 같은 서비스도 인기를 얻고 있다. 앞서 잠깐 언급했던 이 서비스는 AI 코치와 실제 의료진의 협력을 통해 당뇨, 고혈압 등 만성질환이 있는 시니어들의 건강을 지속적으로 모니터링하고 관리한다. 환자는 정기적으로 자신의 건강 데이터(혈당, 혈압 등)를 입력하고 이를 바탕으로 맞춤형 식단 및 운동 조언을 받는다. 또한 필요 시 전문의와의 원격 상담도 가능하다.

IBM의 '왓슨 헬스'Watson Health는 글로벌 시장에서 주목받는 AI 기반 건강 관리 솔루션이다. 이 시스템은 방대한 의학 문헌, 임상 데이터, 개인의 의료 기록을 분석해 정확한 진단과 치료 방법을 제시한다. 특히 시니어들의 복잡한 건강 상태를 종합적으로 분석해 여러 질병 간의 상호작용을 고려한 맞춤형 치료 계획을 수립할 수 있다.

앞서 언급했던 국내 기업 루닛도 AI를 활용한 의료 영상 분석 기술을 개발해 시니어들의 질병 조기 진단에 도움이 되고 있는데, 특히 폐암이나 유방암 등의 조기 발견에 효과적인 것으로 알려져 있다. 루닛의 AI는 X-ray나 CT 영상을 분석해 인간의 눈으로 놓치기 쉬운 미세한 병변을 발견한다. 이를 통해 시니어들의 암 조기 진단율을 높이고 치료 성공률을 개선하는 데 기여한다.

또한 KT의 'AI 케어 서비스'도 AI 스피커를 활용한 종합적인 건강 관리 서비스로 주목받는다. 이 서비스는 앞서 언급했듯이 시니어들의 일상 대화를 분석해 우울증이나 치매의 조기 징후를 감지한다. 가령 시니어가 말하는 속도가 느려지거나 특정 단어의 사용 빈도가 변화하는 등의 징후를 포착하면 이를 보호자나 의료진에게 알린다. 더불어 복약 관리 기능도 제공하는데, 시니어들이 복용해야 할 약의 종류와 시간을 AI

스피커에 등록해 두면 정해진 시간에 복약을 알려 준다. 이는 여러 가지 약을 먹어야 하는 시니어들의 약물 관리를 돕고 복약 순응도를 높이는 데 도움이 되고 있다.

운동 추천 기능도 이 서비스의 중요한 특징이다. AI는 시니어의 건강 상태, 활동량 등을 고려해 적절한 운동을 추천해 준다. 관절염이 있는 시니어에게는 수중 운동을, 심장 질환이 있는 시니어에게는 가벼운 걷기 운동을 추천하는 식이다. 이를 통해 시니어들은 안전하고 효과적으로 운동하고 신체 활동을 유지할 수 있다.

이런 다양한 AI 기반 건강 관리 서비스들은 시니어들의 건강 증진과 삶의 질 향상에 크게 기여한다. 특히 코로나19 팬데믹 이후 비대면 의료 서비스의 중요성이 부각되면서 이들 서비스의 활용도는 더욱 높아지고 있다. 앞으로 AI 기술의 발전과 함께 이런 서비스들은 보다 정교화되고 개인화될 것이며, 가상현실과 증강현실 기술을 활용한 재활 훈련과 인지기능 개선 프로그램도 더 많이 개발될 것이다.

디지털 헬스케어의 부상은 시니어들의 건강 관리에 새로운 패러다임을 제시한다. 웨어러블 디바이스, 건강 모니터링 앱, 원격 의료 서비스, AI 기반 솔루션 등을 통해 시니어들은 보다 적극적으로 자신의 건강을 관리할 수 있게 되었다. 앞으로 이런 기술들이 더욱 발전하고 보편화되면 이들의 삶의 질은 지금으로선 상상할 수 없을 정도로 크게 향상될 것이다.

점점 더 개인화되는
기업들의 서비스 전략

시니어들이 디지털 활용 능력이 향상되고 건강에 관심이 더욱 많아지면서, 주요 기업들은 이에 대응해 다양한 전략을 펼치고 있다. 이들 기업은 자사의 강점을 살려 시니어들의 건강 관리를 돕는 혁신적인 서비스를 제공하고자 한다.

GC케어는 기존의 건강 관리 서비스를 확장해 시니어 특화 헬스케어 서비스를 출시했다. 이 서비스는 전문가 건강 상담, 진료 및 건강검진 예약, 만성질환 관리, 영양 및 운동 프로그램, 심리상담, 인지 재활 프로그램 등을 포함한다.

GC케어의 강점은 다양한 관계사 및 제휴 네트워크를 통해 통합적인 헬스케어 생태계를 구축하고 있다는 점이다. 이를 통해 시니어들은 한 플랫폼 내에서 다양한 건강 관련 서비스를 받을 수 있다. 예를 들면 건강검진 결과를 바탕으로 전문가의 상담을 받고 필요한 경우 즉시 진료 예약을 할 수 있다. 또한 만성질환 관리를 위한 맞춤형 영양 및 운동 프로그램을 제공받을 수 있으며 필요 시 심리 상담이나 인지 재활 프로그램에도 참여할 수 있다.

롯데헬스케어는 개인 맞춤형 건강 관리 솔루션 '캐즐'CAZZLE 플랫폼을 중심으로 시니어 사업을 진행하고 있다. 주목할 만한 점은 시니어타운에 입점해서 차별화된 서비스를 제공할 예정이라는 것이다. 롯데 헬스

케어는 서울 마곡지구와 부산 오시리아에 시니어타운을 설립하고 이곳에 메디컬 서비스와 함께 캐즐 플랫폼을 통한 디지털 헬스케어 서비스를 제공할 계획이다. 이는 온라인과 오프라인을 연계한 통합적인 헬스케어 서비스 모델로서 시니어들의 일상생활 속에서 지속적인 건강 관리가 가능하도록 지원한다. 또한 롯데는 AI 기술을 활용한 웰니스 및 시니어 케어 서비스 개발에도 힘쓰고 있어 향후 더욱 고도화된 맞춤형 서비스를 제공할 것으로 기대된다.

이스트소프트ESTsoft는 국립재활원과 협력해 AI 기반 비대면 시니어 생활 건강 관리 헬스케어 플랫폼을 구축했다. 이 플랫폼의 특징은 시니어들이 음성만으로 상호작용하면서 생활 건강 정보를 받고 건강 관리를 할 수 있도록 돕는 AI 휴먼 챗봇 서비스를 제공한다는 점이다. 그래서 디지털 기기 사용에 익숙하지 않은 시니어들도 쉽게 이용할 수 있다. 음성 인터페이스를 통해 시니어들은 건강 정보를 쉽게 얻고 일상적인 건강 관리 지침을 받을 수 있다. 또한 국립재활원과의 협력을 통해 전문성 있는 정보와 서비스를 제공한다는 점도 주목할 만하다.

이런 다양한 시니어 대상 디지털 헬스케어 서비스들은 시니어들의 건강 관리를 더욱 쉽고 효과적으로 만들어 주고 있다. 각 기업의 특성과 강점을 살린 서비스들은 시니어들의 다양한 니즈를 충족시키고 건강한 노후 생활을 지원한다. 앞으로 이런 서비스들이 더욱 발전해 시니어들의 삶의 질 향상에 크게 기여했으면 하는 바람이다.

방구석에서 떠나는
온라인 세계 여행

디지털 기술의 발전과 함께 레저 활동과 문화 콘텐츠 소비 방식 또한 크게 변화하고 있다. 과거에는 주로 오프라인에서 이뤄지던 레저 활동과 문화 콘텐츠 소비가 이제는 온라인 플랫폼을 통해 이뤄지는 경우가 많아졌다. 이런 변화는 디지털 시니어들에게도 새로운 혜택과 기회를 제공하면서 참여가 늘어나고 있다.

레저 활동의 디지털화는 디지털 시니어들에게 다양한 혜택을 제공한다. 그 예로 온라인 여행 플랫폼들은 시니어 특화 서비스를 개발해 제

출처: 클럽메드Club Med.

공하고 있다. 마이리얼트립의 경우 시니어를 위한 여행 상품을 기획하고 여행 준비부터 여정의 모든 과정을 세심하게 구성한다. 특히 프랑스, 스페인, 이탈리아 등 유럽 한 달 살기와 아트, 스포츠, 미식, 와인, 공연 등 프리미엄 커뮤니티를 포함한 다양한 상품을 개발해 제공하는데, 이는 디지털 시니어들이 자신의 관심사와 취향에 맞는 여행을 더욱 쉽게 계획하고 즐길 수 있게 해준다.

익스피디아Expedia는 '시니어 트래블 센터'라는 전용 페이지를 만들어 큰 글씨와 간단한 인터페이스를 제공한다. 이 페이지는 시니어들이 쉽게 여행 정보를 찾고 예약할 수 있도록 직관적인 디자인이 적용돼 있다. 또한 시니어들이 선호하는 크루즈 여행, 문화 유적지 투어 등을 중심으로 추천 서비스를 제공한다.

미국의 로드스칼라Road Scholar는 교육적 요소를 강조한 시니어 전문 여행 상품을 제공하는데, 예를 들면 이탈리아 르네상스 미술을 주제로 한 투어나 아프리카 야생동물 관찰 프로그램 등 시니어들의 지적 호기심을 자극하는 테마 여행이 그것이다.

하나투어는 '시니어 여행 클럽'을 운영하며 시니어 맞춤형 상품을 개발하고 있다. 이 시니어 여행 클럽에서는 시니어들의 건강 상태와 관심사를 고려한 여행 상품을 추천하고 전문 가이드가 동행하는 안전한 여행 서비스를 제공한다.

롯데관광이 출시한 '시니어 힐링 여행' 상품은 천천히 걸으며 즐기는 '슬로 트래블' 콘셉트로 시니어들의 체력을 고려해 일정을 구성한다. 여기에는 현지 의료 시설과 연계해 응급 상황에 대비한 '메디컬 투어리즘'도 포함되어 있다.

한편 시니어들의 문화적 관심사를 반영한 테마 여행 상품도 늘어나고 있다. 클럽메드는 '시니어 요가 리트릿' 프로그램으로 발리나 태국의 리조트에서 요가와 명상을 즐길 수 있는 패키지를 제공한다. 이런 디지털 혁신과 맞춤형 서비스 개발은 시니어들의 여행 경험을 더욱 풍부하고 안전하게 만들고 있다.

소비하는 문화 콘텐츠의 변화와 디지털 플랫폼의 역할도 시니어들의 삶에 큰 영향을 미치고 있다. 스트리밍 서비스의 발달로 이제 시니어들은 언제 어디서나 다양한 문화 콘텐츠를 즐길 수 있게 되었다. 그중 넷플릭스, 유튜브 등의 플랫폼들은 시니어를 타깃으로 하는 콘텐츠 전략을 수립해 디지털 시니어들의 관심사와 취향에 맞는 콘텐츠를 제공하고 있다.

넷플릭스는 《그레이스 앤 프랭키》, 《코민스키 메소드》 등 시니어를 주인공으로 한 시리즈를 제작해 큰 인기를 얻었다. 이런 콘텐츠들은 시니어들의 삶과 경험을 반영해서 높은 공감대를 형성하고 있다. 유튜브에서는 시니어 크리에이터들이 활발하게 활동하며 요리, 여행, 건강 등 다양한 주제의 콘텐츠를 제작한다. 이는 디지털 시니어들이 콘텐츠 소비자를 넘어 생산자로서의 역할도 할 수 있음을 보여 준다.

온라인 공연과 전시의 확산도 시니어들의 문화생활을 풍요롭게 하고 있다. 코로나19 팬데믹 이후 많은 공연장과 미술관이 온라인 스트리밍 서비스를 제공하기 시작했다. 국립중앙박물관의 '온라인 박물관' 서비스는 다양한 전시를 온라인으로 관람할 수 있으며, 국립극장의 '온라인 국립극장' 서비스는 공연을 실시간으로 스트리밍할 수 있다. 이런 서비스들을 통해 시니어들은 이제 집에서도 다양한 문화 경험을 할 수 있게 되었다.

시니어를 대상으로 하는 디지털 문화 교육 프로그램도 활발히 운영되고 있다. 서울시는 '50플러스 캠퍼스'를 통해 디지털 시니어들을 위한 다양한 교육 프로그램을 제공한다. 이 프로그램들은 시니어들을 대상으로 스마트폰 활용법, SNS 사용법, 온라인 쇼핑 방법 등 디지털 기기와 서비스 사용법부터 디지털 콘텐츠 제작, 온라인 마케팅 등 더 심화된 내용까지 다루고 있다. 국립중앙도서관은 '디지털 정보 활용 교육'

프로그램으로 디지털 시니어들에게 전자책 이용법, 온라인 정보 검색 방법 등을 교육한다.

이런 변화들은 오늘날 시니어들이 삶의 질을 높이고 현재의 삶을 충실히 누리게끔 해준다. 레저 활동의 디지털화로 시니어들은 이제 시간과 공간의 제약 없이 다양한 경험을 할 수 있게 되었고, 문화 콘텐츠 소비 형태가 다양해지면서 더욱 풍부하고 다양한 콘텐츠를 즐길 수 있게 되었다. 또한 많은 기관에서 디지털 문화 교육 프로그램을 제공하고 있어 디지털 기술에 대한 이해도를 높이고 이를 활용해 새로운 취미와 관심사를 발견할 수 있게 되었다.

앞으로 레저 활동의 디지털화와 문화 콘텐츠 소비의 변화는 더욱 가속화될 것으로 예상된다. 특히 AI와 빅데이터 기술의 발전으로 개인화된 추천 서비스는 더욱 정교해질 것으로 보인다. 이는 디지털 시니어들이 자신의 취향과 관심사에 더욱 잘 맞는 레저 활동과 문화 콘텐츠를 쉽게 찾을 수 있도록 해줄 것이다.

또한 메타버스 기술의 발전으로 가상 공간에서의 레저 활동과 문화 체험은 더욱 활성화될 것으로 예상된다. 이는 디지털 시니어들에게 새로운 형태의 사회적 교류와 문화 체험의 기회를 제공할 것이다. 예를 들면 가상 공간에서 친구들과 함께 콘서트를 관람하거나, 세계 각국의 명소를 함께 여행하는 등의 경험도 가능해질 것이다.

VR/AR 기술을 활용한 가상 여행 경험도 시니어들에게 새로운 여행 방식을 제안한다. 구글의 '구글 아트 앤드 컬처'Google Arts & Culture 는 전 세

계 유명 박물관과 미술관을 가상으로 둘러볼 수 있는 서비스를 제공한
다. 이제 시니어들은 집에서 편안하게 루브르 박물관이나 대영박물관
등을 360도 영상으로 관람할 수 있다.

일본 최대의 여행사 JTB는 'VR 트래블'VR Travel 서비스를 통해 시니어
들에게 가상 여행 경험을 제공한다. 이 서비스는 특히 요양 시설에 있는
시니어들에게 인기가 높다. VR 헤드셋을 통해 시니어들은 일본의 유명
온천이나 벚꽃 명소를 마치 실제로 방문한 것처럼 체험할 수 있다.

온라인 플랫폼의 사용 편의성 개선, VR/AR 기술을 활용한 가상 체
험 그리고 시니어들의 니즈를 반영한 특화 상품 등은 시니어 여행 시장
의 새로운 트렌드로 자리 잡았다. 앞으로도 많은 기술의 발전과 함께 시

니어들의 다양한 요구를 반영한 혁신적인 여행 서비스가 계속해서 등장할 것으로 예상된다.

디지털 혁신으로 시니어들의 건강 관리와 여행은 더욱 접근하기 쉽고 즐거운 경험이 되어 가고 있다. 이는 시니어들의 활동적이고 건강한 노후 생활을 지원하는 또 다른 복지로도 볼 수 있다. 앞으로도 기업들은 시니어들의 니즈를 더욱 세밀하게 파악하고 이에 맞는 혁신적인 서비스를 개발해 나갈 것으로 예상된다.

레저 활동의 디지털화와 문화 콘텐츠 소비의 변화는 디지털 시니어들에게 새로운 기회와 도전을 제공한다. 이제 시니어들은 더욱 풍요롭고 활기찬 노후 생활을 영위할 수 있게 되었다. 그러나 이와 동시에 소외되는 시니어들이 없도록, 정부와 기업 그리고 사회가 지속적인 노력을 통해 모든 시니어가 이런 변화의 혜택을 누릴 수 있도록 해야 한다.

유튜브, SNS로
제2의 배움을 시작하다

오늘날 디지털 시니어들은 소셜 미디어를 통해 문화 활동을 공유하고 평생학습 및 자기계발을 위해 디지털 플랫폼을 활용하는 빈도가 증가하고 있다. 이는 디지털 기술의 발전과 함께 시니어들의 활동적인 라이프스타일 변화를 반영하는 현상이다.

소셜 미디어로 문화 활동을 공유하는 트렌드는 시니어들이 콘텐츠 소비자에서 생산자로 변모하고 있음을 보여 준다. 유튜브에서는 이미 수많은 시니어 크리에이터가 요리, 여행, 건강 등 다양한 주제로 콘텐츠를 제작하고 있다. 이들은 자신의 경험과 지식을 공유하며 동시에 새로운 기술을 습득한다. 인스타그램이나 페이스북과 같은 플랫폼에서도 일상과 취미 활동, 여행 경험 등을 공유하며 다양한 세대와 소통하려는 시니어들의 활동이 두드러지고 있다. 이런 활동은 시니어들의 사회적 연결성을 강화하고 세대 간 이해를 높이는 데 기여한다.

평생학습과 자기계발을 위한 디지털 플랫폼 활용도 증가하고 있다. 온라인 교육 플랫폼들은 시니어들의 니즈를 반영한 특화 강좌를 개설하고 있는데, K-무크(한국형 온라인 공개강좌)에서는 시니어들을 위한 건강, 재테크, 문화예술 등 다양한 분야의 강좌를 제공한다. 이런 강좌들은 시니어들의 지적 호기심을 충족시키고 새로운 지식과 기술을 습득할 기회를 제공한다.

유데미 같은 글로벌 온라인 교육 플랫폼에서도 시니어를 위한 강좌가 증가하는 추세다. 이들 플랫폼은 디지털 기기 활용법, 온라인 창업, 취미 활동 등 시니어들의 관심사를 반영한 다양한 강좌를 개설하고 시니어들이 자신의 페이스에 맞춰 학습할 수 있는 환경을 제공한다.

언어 학습 앱을 사용하는 시니어들도 증가해, 이에 듀오링고나 바벨 같은 앱은 시니어 사용자를 위한 인터페이스와 학습 방식을 개발하고 있다. 이런 앱들은 게임화gamification 요소를 활용해 학습의 재미를 높이고 지속적인 학습을 유도한다. 시니어들은 이런 앱들을 통해 새로운 언어를 배우며 인지기능을 향상하고 글로벌 문화에 대한 이해를 넓힌다.

이런 디지털 플랫폼과 학습 프로그램의 활용은 시니어들의 삶의 질을 향상시키고 있다. 새로운 지식과 기술의 습득은 인지기능 유지에 도움을 주며 사회적 연결성을 강화한다. 또한 디지털 기술을 통해 더 많은 정보와 서비스에 접근할 수 있어 시니어들이 독립적인 생활을 유지하는 데도 도움을 준다.

물론 디지털 기술 활용에 어려움을 겪는 시니어들을 위해 디지털 리터러시 향상을 위한 지속적인 교육과 지원이 필요하다. 또한 시니어들이 디지털 서비스를 안전하게 이용할 수 있도록 하는 보안 시스템 구축과 교육이 이뤄져야 할 것이다.

앞으로 디지털 시니어들의 소셜 미디어 활용과 온라인 학습 참여는 더욱 증가할 것으로 예상된다. 따라서 시니어들의 니즈를 반영한 맞춤형 콘텐츠와 서비스 개발을 늘리고, 세대 간 디지털 격차를 줄여 모든 세대가 함께 디지털 사회의 혜택을 누릴 수 있는 포용적인 디지털 환경을 조성해야 할 것이다.

디지털 시니어들의 소셜 미디어를 통한 문화 활동 공유와 평생학습 및 자기계발을 위한 디지털 플랫폼 활용은 시니어들의 삶에 긍정적인 변화를 가져오고 있다. 이는 단순히 기술 활용의 차원을 넘어 시니어들의 사회 참여와 자아실현 그리고 세대 간 소통을 촉진하는 중요한 수단이 되고 있다. 앞으로도 이런 트렌드는 계속될 것이며 이런 흐름을 타고 시니어들이 더욱 활기차고 풍요로운 노후 생활을 영위할 수 있기를 바란다.

시니어의 지식 공유와
온라인 커뮤니티 활성화

디지털 시대의 도래와 함께 시니어들의 지식 공유와 온라인 커뮤니티 활동이 매우 활발해졌다. 특히 DIY와 취미 활동의 디지털화는 시니어들에게 새로운 기회와 도전을 제공하고 있다. 시니어들의 지식 공유와 온라인 커뮤니티 활성화는 여러 플랫폼을 통해 이뤄지고 있는데, 예를 들면 페이스북 그룹이나 네이버 카페 등에서 시니어들이 자신의 경험과 지식을 공유하는 커뮤니티가 늘어나고 있다. 이들 커뮤니티에서는 건강, 취미, 여행, 재테크 등 다양한 주제에 대한 정보 교류가 이뤄진다.

유튜브는 수많은 시니어 크리에이터의 활동 무대가 되고 있다. 이들 시니어 크리에이터는 수십만 명의 구독자를 보유하고 있으며 요리, 여행, 일상 브이로그 등 다양한 콘텐츠를 제작한다. 이들의 적극적인 활동은 다른 시니어들의 디지털 참여를 독려하고 세대 간 소통을 촉진하는 역할을 하고 있다.

DIY와 취미 활동의 디지털화도 시니어들의 활발한 참여를 끌어내고 있다. 온라인 DIY 튜토리얼은 시니어들에게 새로운 기술을 배우고 실천할 기회를 제공한다. 유튜브나 네이버 TV에서는 목공, 뜨개질, 가드닝 등 다양한 DIY 활동에 대한 튜토리얼 영상을 쉽게 찾아볼 수 있다. 이런 콘텐츠는 시니어들이 집에서도 쉽게 새로운 취미를 시작하고 발전시킬 수 있게 해준다.

디지털 시니어들은 이 온라인 DIY 튜토리얼을 단순히 수동적으로 시청하는 데 그치지 않는다. 이들은 자신의 DIY 경험을 블로그나 SNS에서 공유해, 시니어들 사이의 지식 공유를 촉진하고 온라인 커뮤니티를 더욱 활성화하는 역할을 한다. 또한 일부 시니어들은 직접 DIY 튜토리얼 영상을 제작해 유튜브에 업로드하기도 한다.

디지털 기술을 활용한 새로운 취미 활동도 등장하고 있다. 특히 요즘은 디지털 드로잉이나 사진 편집 같은 활동들이 시니어들 사이에서 인기다. 태블릿 PC와 스타일러스 펜을 이용한 디지털 드로잉은 전통적인 그림 그리기보다 준비물이 간단하고 실수를 쉽게 수정할 수 있어 시니어들에게 적합한 취미로 자리 잡았다.

또한 스마트폰 사진 촬영과 편집 기술을 배우는 시니어들도 늘어나고 있다. 이들은 자신이 찍은 사진을 SNS에 공유하거나 온라인 사진 전시회에 참여하는 등 적극적인 활동을 한다. 이런 활동은 시니어들의 디지털 기기 활용 능력을 높일 뿐 아니라 창의성을 자극해 이들이 더 적극적으로 참여하고 활동하게 해준다.

시니어들의 창작물을 공유하고 판매할 수 있는 플랫폼도 늘어나고 있다. 엣시Etsy나 아이디어스idus 같은 핸드메이드 마켓플레이스에서는 시니어 창작자들이 자신의 작품을 판매할 수 있다. 이는 부수입 창출의 기회를 제공하며 시니어들의 경제적 자립을 돕는다. 또한 카카오의 '브런치'나 네이버의 '블로그' 플랫폼에서 시니어들이 자신의 글을 게시하고 독자들과 소통하는 사례도 늘어나고 있다. 이런 활동은 시니어들의 자아실현과 사회적 참여를 촉진하는 역할을 한다.

기업들도 시니어를 대상으로 한 DIY 키트와 온라인 클래스 개발에 적극적으로 나서고 있다. 롯데백화점은 '시니어 DIY 클래스'를 운영하며 가죽공예, 목공예 등 다양한 DIY 활동을 온라인으로 교육한다. 이 클래스에서는 시니어들의 눈높이에 맞춘 설명과 충분한 실습 시간을 제공해 참여자들의 만족도를 높이고 있다.

현대백화점그룹의 현대리바트는 '시니어 DIY 가구 만들기' 프로그램을 운영한다. 이 프로그램은 온라인 강의와 오프라인 체험을 결합한 형태로, 시니어들이 직접 가구를 제작하는 과정을 통해 성취감을 느끼고 새로운 기술을 습득할 수 있도록 돕고 있다.

이런 변화들은 시니어들의 삶에 긍정적인 영향을 미치고 있다. 온라인 커뮤니티 활동과 DIY 취미는 시니어들의 사회적 고립을 줄이고 지속적인 학습과 성장의 기회를 제공한다. 또한 디지털 기술을 활용한 새로운 취미 활동은 시니어들의 인지기능 유지에도 도움을 준다.

앞으로 시니어들의 온라인 커뮤니티 활동과 DIY, 취미 활동의 디지털화는 더욱 가속화될 것으로 예상된다. 이에 따라 시니어들의 니즈를 반영한 맞춤형 플랫폼과 서비스 개발이 필요하다. 또한 세대 간 디지털 격차를 줄이고 모든 세대가 함께 디지털 사회의 혜택을 누릴 수 있는 포용적인 디지털 환경 조성이 중요하다.

시니어들의 지식 공유와 온라인 커뮤니티 활성화 그리고 DIY와 취미 활동의 디지털화는 시니어들의 삶에 새로운 활력을 불어넣고 있다. 이는 단순히 기술 활용의 차원을 넘어 시니어들의 사회 참여와 자아실현, 세대 간 소통을 촉진하는 중요한 수단이 되고 있다.

늘어난 기대수명,
증가하는 시니어 서비스

인류의 기대수명이 늘어나면서 은퇴 이후 어떤 삶을 설계할 것인가가 중요해진 지금, 더욱 활발한 소통과 사회 활동이 시니어들에게 중요한 이슈가 되었다. 이에 기업들은 디지털 시대를 살아갈 시니어들의 건강과 여가, 학습을 위해 다음과 같은 노력을 기울여야 한다.

첫째, 시니어들의 건강 관리를 위한 다양한 디지털 헬스케어 서비스를 개발해야 한다. 그런 서비스의 대표적인 예로는 시니어들의 건강 상태를 실시간으로 체크하고 필요한 경우 의료진과 연계할 수 있는 웨어러블 디바이스와 건강 모니터링 앱이 있다.

둘째, 시니어들의 여가 활동을 지원하는 서비스를 개발해야 한다.

VR/AR 기술을 활용한 가상 여행 경험이나 온라인 문화 체험 프로그램 등을 통해 시니어들이 집에서도 다양한 경험을 할 수 있도록 지원해야 한다. 또한 온라인 취미 클래스, 가상 콘서트, 디지털 독서 클럽 등 다양한 프로그램을 통해 시니어들의 문화생활을 풍요롭게 만들 수 있다.

셋째, 시니어들의 사회적 연결성을 강화할 수 있는 온라인 커뮤니티 플랫폼을 개발해야 한다. 즉 시니어들이 자신의 경험과 지식을 공유하고 새로운 인간관계를 형성할 수 있는 공간을 제공해야 한다. 자신의 경험과 지식을 공유하는 페이스북 그룹이나 네이버 카페 같은 플랫폼은 시니어들의 관심사별로 세분화되어 운영될 수 있으며, 온라인 모임과 오프라인 만남을 연계하는 기능도 제공한다.

마지막으로, 시니어들의 창작 활동을 지원하는 플랫폼을 개발해야 한다. 시니어들이 자신의 작품을 공유하고 판매할 수 있는 마켓플레이스를 마련하거나 온라인 클래스를 통해 새로운 기술을 배울 기회를 제공해야 한다.

이런 노력을 통해 기업들은 디지털 시니어 시장에서 경쟁력을 확보할 수 있을 뿐만 아니라 시니어들의 삶의 질 향상에도 기여할 수 있다. 그러나 이 과정에서 개인정보 보호와 데이터 보안에 각별히 신경 써야 하며 디지털 격차로 인한 소외 문제에도 주의를 기울여야 한다. 또한 시니어들의 의견을 지속적으로 수렴해 그들의 실제 니즈를 반영한 서비스를 개발해야 한다.

디지털 시니어를 위한 기업들의 노력은 단순히 새로운 시장 개척의 차원을 넘어, 고령화 사회에서 시니어들의 삶의 질을 높이고 사회적 포용성을 높이는 중요한 과제라고 할 수 있다. 이를 위해서는 기술 개발뿐만 아니라 사회적·윤리적 측면에서의 고려도 함께 이뤄져야 할 것이다.

게임 산업,
시니어 시장을 주목하다

오늘날 많은 게임 회사가 시니어를 위한 게임 개발에 나서고 있다. 사실 게임 산업이 시니어 시장을 주목하기 시작한 것은 어제오늘의 일이 아니다. 이미 2000년대 중반부터 여러 회사가 노인층을 위한 게임 개발에 착수했다. 그중 닌텐도의 '브레인 에이지'Brain Age 시리즈는 획기적인 성공을 거두며 시니어 게임 시장의 가능성을 입증했다.

브레인 에이지가 처음 출시된 2005년 당시 일본 사회는 급속한 고령화에 직면했고 치매 예방과 인지기능 유지에 관한 관심이 높아지고 있었다. 이런 사회적 배경 속에서 닌텐도는 동경대학교의 뇌과학자 가와시마 류타 교수와 협력해 '두뇌 나이를 젊게 만드는' 게임을 개발했다.

이 게임의 핵심 아이디어는 간단했다. 매일 짧은 시간 동안 다양한 퍼즐과 미니게임을 풀면서 뇌를 자극하고 이를 통해 인지 기능을 높이는 것이다. 게임은 기억력, 집중력, 계산 능력 등 다양한 인지 영역을 타깃으로 하며 플레이어의 수행 능력을 측정해 '두뇌 나이'로 환산해 보여 준다.

브레인 에이지는 출시 직후부터 일본에서 큰 인기를 얻었고 이후 전 세계로 퍼져 나가며 글로벌 히트작이 되었다. 주목할 만한 점은 이 게임이 전통적인 게임 사용자층을 넘어 노인층에 큰 인기를 얻었다는 것이다. 많은 노인이 이 게임을 통해 처음으로 비디오 게임을 접했으며 이는 게임에 대한 인식 변화에도 큰 영향을 미쳤다.

브레인 에이지의 성공은 게임이 교육과 건강 증진의 도구로 활용될 수 있음을 보여 준다. 실제로 이 게임은 게임 산업 전체에 새로운 방향성을 제시해, 기능성 게임 혹은 시리어스 게임이라는 새로운 장르가 주목받기 시작했고 게임 회사들이 너도나도 이 분야에 뛰어들게 되었다.

나아가 소니, 마이크로소프트 등 글로벌 회사들도 시니어를 위한 게임 개발에 관심을 갖기 시작했다. 소니는 가상현실 기술을 활용한 시니어 대상 게임을 개발하고 있으며, 마이크로소프트는 키넥트 센서를 이용한 운동 게임으로 노인들의 신체 활동을 돕고 있다.

그러나 브레인 에이지 같은 두뇌 훈련 게임의 효과에 대해서는 학계에서 약간의 논란이 있었다. 일부 연구에서는 이런 게임들이 실제로 인지기능 향상에 도움이 된다는 결과를 보여 주었지만 다른 연구들에서는 그 효과가 제한적이거나 일시적이라는 결과가 나왔다. 이런 논란에도 불구하고 많은 노인이 이런 게임을 즐기며, 최소한 뇌를 활성화하는 즐거운 활동으로 인식하고 있다는 점은 분명하다.

브레인 에이지의 성공은 게임 산업에 중요한 교훈을 주었다. 첫째, 게임의 잠재적 사용자층이 생각보다 훨씬 넓다는 것이다. 전통적으로 게임은 젊은 층의 전유물로 여겨졌지만 브레인 에이지는 노인층도 적절한 콘텐츠가 제공된다면 열성적인 게임 사용자가 될 수 있음을 보여 주었다. 둘째, 게임도 단순한 오락거리 이상의 가치를 제공할 수 있다는 것이다. 교육, 건강 증진, 인지기능 향상 등 다양한 목적으로 게임이 활용될 수 있음이 증명되었다.

이런 교훈은 게임 산업의 방향성에 큰 영향을 미쳤다. 오늘날 많은 게임 회사가 다양한 연령층과 목적을 위한 게임 개발에 관심을 갖게 되었고 이는 게임 산업의 다양성과 확장성을 높이는 결과로 이어졌다. 특히 고령화가 진행되는 현대 사회에서 시니어를 위한 게임 시장은 앞으로도 계속해서 성장할 것으로 예상된다.

비슷한 사례로 유비소프트Ubisoft의 '저스트 댄스'Just Dance 시리즈가 있다. 저스트 댄스는 원래 젊은 층을 타깃으로 개발된 게임이었다. 그러나 이 게임의 간단한 조작법과 다양한 음악 그리고 춤을 통해 신체 활동을 한다는 점이 노인들에게도 적합하다는 것이 밝혀지면서 점차 노인 복지 분야에서도 활용되기 시작했다.

이 게임의 가장 큰 장점은 노인들의 신체 활동을 자연스럽게 유도한다는 점이다. 게임을 즐기는 과정에서 노인들은 다양한 동작을 따라 하게 되는데, 이는 균형 감각과 유연성 향상에 도움을 준다. 노화로 인해 신체 기능이 약해지는 노인들에게 이런 운동은 매우 중요하다. 특히 균형 감각의 향상은 낙상 예방에 큰 도움이 되어 노인들의 안전한 일상을 지켜 준다.

저스트 댄스는 또한 노인들의 인지기능 향상에도 도움을 준다. 게임을 하면서 음악의 리듬을 인지하고, 화면의 동작을 따라 하는 과정은 뇌의 여러 영역을 동시에 사용하게 만든다. 이는 노인들의 집중력과 기억력 향상에 긍정적인 영향을 미치는데, 실제로 여러 연구에 따르면 댄스 게임이 노인들의 인지기능 저하를 늦추는 데 효과가 있다고 한다.

저스트 댄스의 또 다른 중요한 특징은 사회적 상호작용을 촉진한다는 점이다. 이 게임은 혼자서도 즐길 수 있지만 여러 명이 함께 플레이하는 것이 가능하다. 그래서 요양 시설에서는 이 게임을 그룹 활동으로 활용한다. 노인들은 이 게임을 통해 함께 춤을 추고 자연스럽게 대화하고 웃으며 교류한다. 이런 사회적 상호작용은 노인들의 정서적 건강에 매우 중요하다.

나이가 들면서 사회적 관계가 줄어들고 고립감을 느끼는 노인들이 많은데, 함께 시간을 보내는 그룹 활동은 이런 문제를 해결하는 데 도움을 준다. 이 게임에서 노인들은 함께 춤을 추면서 소속감과 유대감을 느끼고, 이는 우울증 예방과 정서적 안정에 긍정적인 영향을 미친다. 더불어 저스트 댄스는 세대 간 소통의 도구로도 활용되고 있다. 손주들과 함께 이 게임을 즐기는 노인들이 늘어나면서, 세대 간 이해와 소통이 증진되는 효과도 나타났다.

저스트 댄스의 성공은 게임 산업이 노인 복지에 기여할 가능성을 보여 주는 좋은 사례다. 단순히 오락의 차원을 넘어 게임은 노인들의 신체적, 정신적, 사회적 건강을 종합적으로 증진시키는 도구가 될 수 있다. 이런 성과를 바탕으로 최근에는 노인들에게 특화된 버전의 저스트 댄스도 개발되고 있다. 이 버전에서는 노인들의 신체적 특성을 고려해 동작의 난이도를 조절하고, 노인들이 좋아하는 클래식 음악을 더 많이 포함시켰다. 이는 게임 산업이 노인 시장을 새로운 블루오션으로 인식하기 시작했다는 것을 보여 주는 증거이기도 하다.

한편 소니 인터랙티브 엔터테인먼트SIE가 소니 그룹 및 소니 라이프 케어와 협력해 개발한 '더 드워브스'The Dwarves 게임은 장기 요양 시설의 노인들을 위한 새로운 물리치료 방법으로, 기존의 게임과는 완전히 다른 접근 방식을 취한다.

더 드워브스의 가장 큰 특징은 컨트롤러나 버튼 조작이 전혀 필요 없다는 점이다. 대신 플레이어의 자연스러운 신체 움직임을 인식하여 게임을 진행한다. 이는 '착용할 것도, 들 것도, 설치할 것도 없다'는 소니의 새로운 게임 개발 원칙을 잘 보여 준다. 이런 접근 방식은 노인들이 쉽게 게임에 참여하게 하면서 재활효과를 극대화한다.

이 게임의 가장 큰 장점은 재활을 즐겁고 효과적으로 만든다는 것이다. 플레이어들은 게임을 하면서 자연스럽게 등을 펴고 팔과 상체를 움직이게 된다. 이런 움직임은 점진적으로 운동 범위를 넓히고 근력을 강화한다. 실제로 일부 노인들은 이 게임을 통해 일상생활에서의 활동 능력이 개선되었다고 보고했다. 이는 노인들의 삶의 질을 실질적으로 높이는 결과를 가져오고 있다.

이런 접근은 재활을 의료 행위가 아닌 즐거운 경험으로 탈바꿈시킨다. 그리고 이는 노인들의 재활 의지를 높이고 결과적으로 더 나은 치료 효과를 가져온다. 또한 이 게임은 물리치료사들에게도 새로운 도구를 제공해 더 효과적인 재활 프로그램을 설계할 수 있게 해준다. 의료진과 환자 모두에게 긍정적인 영향을 미치는 혁신적인 접근 방식이라 하겠다.

더 드워브스의 성공은 게임 산업과 의료 산업의 융합이 가져올 잠재력을 잘 보여 준다. 이는 단순히 엔터테인먼트를 넘어 게임이 실질적인 사회적 가치를 창출할 수 있음을 증명한다. 특히 고령화 사회가 가속화되면서 노인 케어의 중요성이 점점 더 커지고 있는 지금 이런 혁신적인 접근은 매우 의미 있는 발전이라 하겠다.

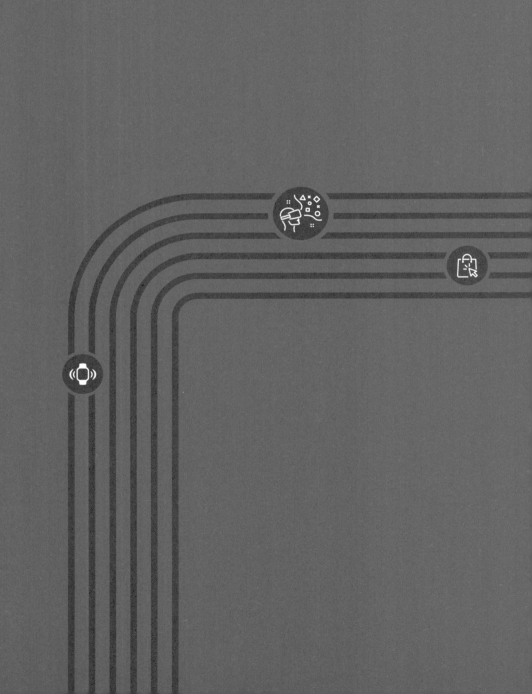

제7장

시니어는
'스타일'을
추구한다

디지털 시니어의 패션·뷰티 소비 트렌드가 빠르게 변화하고 있다. 시니어들의 의류, 패션잡화, 화장품 구매율이 높아지고 있으며 이는 자아실현과 삶의 질 향상을 위한 소비 행태로 해석된다. 또한 디지털 플랫폼을 통한 정보 접근성이 커지면서 시니어들의 패션·뷰티 관련 지식과 관심도 증가하고 있다.

요즘 시니어들은 패션·뷰티 콘텐츠를 단순히 소비하는 것을 넘어 직접 생산하기도 한다. 유튜브, 인스타그램 등 소셜 미디어를 활용해 시니어 패션·뷰티 인플루언서로 활동하는 사례가 늘고 있으며 시니어를 대상으로 한 온라인 패션·뷰티 커뮤니티도 활성화되고 있다. 패션·뷰티 분야는 디지털 시니어들에게 은퇴 후 새로운 자아를 표현하는 수단이 되고 있다. 이는 또한 건강과 웰빙 트렌드와도 연계되고 있다.

기술의 발전으로 시니어 맞춤형 AI 스타일링 서비스나 가상 피팅 기술 등이 확대되고 있지만 시니어의 신체적 특성을 고려한 제품 개발, 디지털 소외 계층을 위한 서비스 개선 등의 과제도 남아 있다. 이런 트렌드와 과제들을 종합적으로 분석하고 기업들의 대응 전략과 미래 발전 가능성을 조망하려면 보다 구체적인 시장 데이터, 기업 사례, 소비자 인터뷰 등을 통한 심층적인 연구가 필요할 것이다.

'나이답게'보다
'나답게'

　　디지털 시니어들의 패션·뷰티 소비 트렌드가 빠르게 변화
하고 있다. 과거의 시니어들과는 달리 오늘날 디지털 시니어들은 적극
적으로 자신의 외모와 스타일에 투자하며 이를 통해 자아실현과 삶의
질 향상을 추구한다. 의류, 패션잡화, 화장품 구매율을 분석해 보면 디
지털 시니어들의 소비 패턴 변화가 뚜렷하게 나타난다. 한국방송광고
진흥공사의 '2024 액티브 시니어 소비 트렌드 조사' 결과에 따르면 시
니어들의 의류와 패션잡화 구매율은 68.4퍼센트에 이르며 화장품 구매
율도 42.6퍼센트로 높은 수준을 보인다. 자신의 개성과 스타일을 표현
하고자 하는 욕구의 반영이라고 볼 수 있다.

이제 시니어들의 패션·뷰티 소비는 자아실현과 삶의 질 향상을 위한 적극적인 표현의 수단으로 자리 잡았다. 과거의 노년층이 나이에 맞춰 획일화된 스타일을 고수했다면 현대의 시니어들은 자신만의 개성을 드러내는 데 주저함이 없다. 이들은 나이를 의식하지 않고 자신이 원하는 스타일을 거침없이 추구한다.

이런 소비 행태는 디지털 시니어들의 자신감과 사회적 활동성을 높이는 수단으로 작용한다. 이들은 패션과 뷰티를 통해 자신을 표현하고 이를 바탕으로 적극적인 사회 활동과 인간관계를 유지하고자 한다. 여기에는 기존 시니어와 달리 건강하고 활기찬 노후 생활을 영위하고자 하는 욕구가 반영되어 있다.

디지털 기술의 발달로 패션과 뷰티 정보에 대한 접근성이 커진 것도 이런 소비 패턴에 영향을 미치고 있다. 이제는 온라인 쇼핑몰, 소셜 미디어, 유튜브 등을 통해 다양한 스타일과 제품 정보를 쉽게 접할 수 있게 되면서 패션과 뷰티에 대한 시니어들의 관심과 소비가 점점 늘어나고 있다.

온라인 쇼핑몰이나 소셜 미디어 등의 디지털 플랫폼을 통한 정보 접근성 향상 사례를 살펴보면 최근 많은 패션·뷰티 브랜드가 시니어를 위한 맞춤형 콘텐츠와 서비스를 마련하고 있다. 일부 온라인 쇼핑몰들은 아예 시니어 전용 페이지를 만들어 큰 글씨와 단순하고 간편한 인터페이스를 도입하고, 요즘 시니어들이 선호하는 스타일과 제품을 중심으로 추천하는 서비스도 갖추고 있다.

소셜 미디어 플랫폼에서도 시니어 인플루언서의 활동이 두드러진다. 이들은 자신의 패션·뷰티 경험을 공유하며 같은 연령대의 팔로워들에게 영감을 주고 있다. 인스타그램에서 활동하는 60대 이상의 패션 인플루언서들은 수십만 명의 팔로워를 보유하며 브랜드와의 협업을 통해 시니어 맞춤형 제품을 홍보하기도 한다. 유튜브에서는 시니어를 위한 메이크업 튜토리얼이나 패션 코디 팁을 제공하는 채널들이 인기를 얻고 있다. 이런 콘텐츠들은 시니어들의 특성을 고려한 실용적인 정보를 제공하며 시청자들과의 활발한 소통을 통해 커뮤니티를 형성하는 특징을 보인다.

또한 가상현실과 증강현실 기술을 활용한 패션·뷰티 서비스도 등장했다. 일부 화장품 브랜드들은 AR 기술을 활용해 시니어들이 가상으로 메이크업을 체험해 볼 수 있는 앱을 제공한다. 이를 통해 시니어들은 직접 매장을 방문하지 않고도 다양한 제품을 테스트해 볼 수 있다. 이런 디지털 플랫폼을 통한 정보 접근성 향상은 시니어들의 패션·뷰티 소비를 더욱 촉진하고 있다. 시니어들은 전보다 더 많은 정보와 선택지를 보유하게 되었고 이는 그들의 소비 결정에 큰 영향을 미치고 있다.

오늘날 시니어들의 패션·뷰티 소비 트렌드는 단순히 외모를 가꾸는 것을 넘어 자신의 정체성을 재정립하고 표현하는 것으로 변모했다. 은퇴 후 사회적 역할의 변화를 겪는 시니어들에게 패션과 뷰티는 새로운 자아를 표현하는 수단이다. 이들은 자신만의 스타일로 나이를 초월한 개성을 표현하며 이를 통해 자아존중감과 삶의 만족도를 높인다.

이런 트렌드에 맞춰 패션·뷰티 업계도 변화하고 있다. 많은 브랜드가 시니어를 주요 타깃으로 한 제품과 서비스를 개발하고 있으며 마케팅 전략도 이에 맞춰 변화하고 있다. 예를 들어 헤어케어 브랜드 모다모다 는 시니어 모델 대회 '모처럼 다른 인생'을 개최한 바 있다. 이 프로젝트 는 시니어들에게 브랜드 모델로 활동할 기회를 제공하면서 '젊음의 지 속'과 '건강한 일상'이라는 브랜드 메시지를 효과적으로 전달한 사례다.

디지털 시니어들의 패션·뷰티 소비는 단순히 제품 구매에 그치지 않 고 관련 콘텐츠 소비로도 이어지고 있다. 이들은 유튜브나 인스타그램 등의 소셜 미디어를 통해 패션과 뷰티 관련 정보를 적극적으로 찾아보 고 자신의 스타일에 적용하고자 한다. 이런 현상은 시니어들이 수동적 인 소비자가 아닌 적극적으로 정보를 탐색하고 활용하는 능동적인 소 비자로 변모하고 있음을 의미한다.

디지털 시니어들의 패션·뷰티 소비 증가는 건강과도 밀접한 관련이 있다. 이들은 외모 관리를 통해 건강한 이미지를 유지하고자 하는 욕구 가 강한데, 예를 들면 피부 관리를 위해 건강식을 챙기거나 패션을 위 해 체형 관리에 신경 쓰는 것 등이다. 이렇게 보면 오늘날 패션과 뷰티 는 단순히 외적인 아름다움을 넘어 전반적인 웰빙으로 이어지고 있음 을 알 수 있다.

디지털 시니어들의 패션·뷰티 소비는 경제적 측면에서도 주목받고 있다. 이들은 상대적으로 높은 구매력을 가지고 있으며 자신을 위한 투 자에 인색하지 않다. 특히 고품질의 제품이나 프리미엄 서비스에 대한 수요가 높아 관련 산업의 성장을 이끌고 있다. 이는 시니어 시장이 더 이상 저가 제품 중심의 시장이 아니라 고부가가치 시장으로 변모하고 있음을 의미한다.

또한 디지털 시니어들의 패션·뷰티 소비는 세대 간 소통의 창구가 되기도 한다. 젊은 세대의 트렌드를 받아들이면서도 자신만의 스타일로 재해석하는 이들의 모습은 세대 간 문화 교류의 한 형태라 볼 수 있다. 패션과 뷰티가 세대 간 격차를 줄이고 상호 이해를 높이는 매개체가 될 수 있음을 보여 주는 것이다.

디지털 시니어들의 패션·뷰티에 대한 관심은 새로운 비즈니스 모델의 등장으로도 이어지고 있다. 시니어 전문 패션 브랜드, 시니어 맞춤형 뷰티 서비스, 시니어 모델 에이전시 등 다양한 형태의 비즈니스가 생겨나고 있다. 이는 시니어 시장의 다양성과 잠재력을 보여 주는 동시에 이들의 니즈를 충족시키기 위한 산업계의 노력을 반영한다.

그러나 이런 변화 속에서도 시니어들의 신체적 특성을 고려한 제품 개발, 디지털 환경에 익숙하지 않은 시니어들을 위한 서비스 개선 등이 필요하다. 또한 시니어들의 다양성을 인정하고 개개인의 니즈를 충족시키는 맞춤형 서비스의 개발도 중요한 과제다.

디지털 시니어들의 패션·뷰티에 대한 높은 관심과 적극적인 소비 행태는 단순히 외모를 가꾸는 것을 넘어 자아실현과 삶의 질 향상을 위한 수단으로 작용하고 있다. 이는 '나다운' 삶을 추구하는 현대 시니어들의 라이프스타일을 반영하며 동시에 패션과 뷰티 산업에 새로운 기회와 도전을 제시한다. 앞으로 이런 트렌드가 어떻게 발전하고 변화할지 그리고 우리 사회에 어떤 영향을 미칠지 주목할 필요가 있다.

패션 플랫폼의 디지털 진화

시니어를 타깃으로 한 패션·뷰티 브랜드들의 전략이 오늘날 디지털 전환 현상과 함께 혁신적으로 변화하고 있다. 특히 젊음과 활동성을 추구하는 액티브 시니어의 부상과 함께 온·오프라인을 아우르는 통합적 전략이 주목받고 있다.

카카오스타일이 운영하는 4050 패션 플랫폼 '포스티'는 디지털 시니어를 위한 혁신적인 서비스로 주목받고 있다. 2024년 포스티는 시니어들의 디지털 소비 트렌드를 반영해 실시간 라이브커머스를 강화하고 숏폼 코너를 신설하는 등 다양한 변화를 시도했다. 이런 노력의 결과로 이용자 수 100만 명을 돌파하는 괄목할 만한 성과를 거두었다.

포스티의 성공 요인은 시니어들의 디지털 활용 패턴을 정확히 분석하고 이를 서비스에 반영했다는 점이다. 특히 시니어 친화적 UI/UX를 적용해 접근성을 크게 높였는데 큰 글씨체 사용, 간단한 메뉴 구조, 직관적인 디자인 등을 통해 시니어 사용자들이 쉽고 편리하게 서비스를 이용할 수 있도록 했다. 또한 시니어들이 선호하는 상품 카테고리를 플

출처: 카카오스타일.

랫폼 전면에 배치하고 결제 과정을 단순화했으며, 고객 서비스 채널도 다각화했다.

주목할 만한 점은 포스티가 전화 상담 서비스를 강화해 디지털 환경에 익숙하지 않은 시니어들도 쉽게 서비스를 이용할 수 있도록 했다는 점이다. 이는 디지털 전환 시대에 시니어들의 니즈를 정확히 파악하고 대응한 사례로 볼 수 있다.

포스티의 성공은 시니어 패션·뷰티 시장의 잠재력과 중요성을 잘 보여 준다. 2023년 포스티의 거래액은 전년 대비 150퍼센트 증가했으며 평균 MAU(월간 활성 이용자 수)도 42퍼센트 늘어났다. 특히 60대 고객 수가 129퍼센트 급증했고 70대 이상 고객도 161퍼센트 늘어나는 등 전 연령대에서 골고루 성장했다.

앞으로 기업들은 시니어들의 니즈를 정확히 파악하고 혁신적인 제품과 서비스를 개발하며 시니어 친화적인 환경을 조성하는 데 주력해야 할 것이다. 이는 단순히 기업의 이익을 넘어 고령화 사회의 삶의 질 향상에도 크게 기여하는 중요한 과제다.

시니어 맞춤형
의류 기술 혁신

일본의 마담토모코는 시니어 여성의 신체적 특성을 세심하게 고려한 혁신적인 의류 기술을 개발해 주목받았다. 그중에서도 나이가 들면서 등이 굽은 시니어 여성들을 위한 특허 기술은 획기적이라고 평가받는데, 상체가 구부러진 사람이 입어도 등 쪽의 옷감이 당겨져 올라가지 않도록 특수 주름을 넣어 조정한 상의와 하의를 개발한 것이다. 이 기술은 평균 8센티미터를 늘려 주름으로 조정한 것으로 특허까지 획득했다.

또한 마담토모코는 개인별 체형에 맞는 맞춤 수선 서비스를 제공해 고객 만족도를 높였다. 허리둘레 조절, 소매 길이 수정 등 시니어들이 자주 겪는 의류 착용 문제를 해결하는 데 주력해 2만 명에 가까운 충성 고객층을 확보했다. 이는 시니어 여성들의 다양한 체형과 개인적 선호도를 반영한 맞춤형 서비스의 중요성을 잘 보여 주는 사례다.

출처: 에일린 피셔 웹사이트.

마담토모코의 성공은 시니어 패션 시장의 잠재력과 중요성을 잘 보여 준다. 실제로 일본에서는 '멋지게 꾸미고 싶다'고 생각하는 시니어 여성이 전체 시니어의 60퍼센트 이상을 차지할 정도다. 이들의 월 의류 구입비는 6,000~7,000엔 이상이며 그보다 더 비싸져도 구매 의향에는 변화가 없다고 한다.

이런 트렌드는 일본뿐만 아니라 전 세계적으로 확산되고 있다. 미국의 패션 브랜드 에일린 피셔Eileen Fisher는 다양한 체형과 연령대에 어울리는 천연 소재, 심플한 디자인, 돋보이는 실루엣을 사용해 시니어 여성들에게 인기를 얻고 있다. 그리고 재활용 캐시미어로 만든 의류 라인을 포함해 다양한 지속 가능한 여성 의류를 제공하고 있어 환경에 관심이 큰 시니어 소비자들의 호응을 얻고 있다.

한국에서도 시니어 패션 시장이 급부상하고 있다. 그중 마담4060은 40~60대 시니어 여성 의류를 취급하는 브랜드로 시니어들의 체형과 취향을 고려한 디자인을 선보인다. 무엇보다 이 브랜드는 젊은 세대 못지않은 감각을 유지하면서도 시니어들의 체형을 커버하는 디자인으로 주목을 받고 있다.

앞으로 시니어 패션 시장은 더욱 성장할 것으로 예상된다. 기업들은 시니어들의 다양한 니즈를 충족시키기 위해 지속적인 연구와 혁신을 이어 갈 것이며 이는 시니어들의 삶의 질 향상에도 크게 기여할 것이다.

글로벌 시니어 패션 시장 공략

미국의 치코스Chico's는 중년 여성을 위한 토털 패션 브랜드로 미국과 캐나다 전역에 1,256개의 매장을 운영하고 있다. 개인 스타일리스트 서비스로 차별화 전략을 취하는 치코스는 고객의 체형, 선호도, 라이프스타일을 고려한 맞춤형 스타일링을 제안한다.

이 스타일리스트 서비스는 '스타일 커넥트'Style Connect라는 이름으로 제공되는데 고객들은 이메일, 소셜 미디어, SMS를 통해 스타일리스트와 연결된다. 이 서비스는 24시간 온라인 상담과 전화 상담을 병행해 시니어 고객들의 편의성을 높였다.

매장에는 전문 스타일리스트가 상주하며 고객과 일대일 상담을 진행하고, 온라인에서는 AI 기반의 스타일 추천 서비스를 제공한다. 이 스타일리스트들은 고객들의 옷장에 있는 옷들과 선호하는 스타일을 잘 알고 있어 고객의 워드로브를 보완할 수 있는 최적의 제안을 할 수 있다. 이렇게 개인화된 서비스는 고객들의 충성도를 높이는 데 큰 역할을 하고 있다.

또한 치코스는 디지털 전환에도 적극적으로 나서고 있다. 2018년에 도입된 스타일 커넥트 플랫폼은 매장 직원들을 고객과 온라인으로 연결해 주었다. 이를 통해 치코스는 매장 밖에서도 고객들에게 개인화된 서비스를 제공할 수 있었다. 이는 매장 방문이 어려운 코로나19 팬데믹 상황에서 특히 유용했으며 2020년에는 스타일 커넥트를 통한 매출이 큰 폭으로 증가했다.

고객 데이터를 활용한 개인화 마케팅에도 주력해, 통합된 고객 뷰를 바탕으로 예측 인텔리전스를 사용해서 모든 채널에서 각 고객에게 최적화된 메시지를 전달하고 있다. 그리고 콘텐트스택Contentstack의 콘텐츠 관리 플랫폼을 활용해 개인 선호도, 지역, 날씨 등에 따라 맞춤화된 콘텐츠를 제공한다. 치코스의 이런 노력은 고객 중심 기업으로서의 위치를 강화하고 조직의 민첩성과 시장 출시 속도를 높이는 데 기여한다.

다른 기업들도 유사한 개인화 전략을 채택하고 있다. 노드스트

▌치코스의 스타일 커넥트 서비스

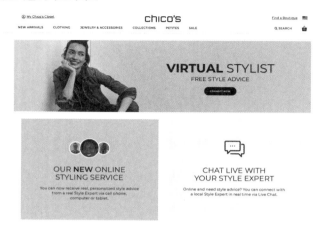

출처: 치코스 웹사이트

롬Nordstrom은 무료 개인 스타일리스트 서비스를 제공해 고객들이 완벽한 의상을 찾을 수 있도록 돕고 있다. 색스 피프스 애비뉴Saks Fifth Avenue는 개인 쇼핑 서비스를 통해 고객의 개별 스타일에 맞는 워드로브를 구축하는 데 도움을 주고 있다.

온라인 스타일링 서비스인 스티치 픽스Stitch Fix는 고객들이 상세한 스타일 프로필을 작성하면 전문 스타일리스트가 선별한 의류를 직접 집으로 보내 주는 서비스를 제공한다. 이는 온라인 쇼핑의 편리함과 개인화된 서비스를 결합한 혁신적인 모델이다.

나이키는 'Nike By You' 프로그램을 통해 고객들이 자신만의 신발을 디자인할 수 있게 해주고 있다. 이는 개인화의 극대화를 보여 주는 사례로서 고객이 직접 디자이너가 되어 자신만의 독특한 제품을 만들 수 있다.

　이런 사례들은 패션 산업에서 개인화와 맞춤화가 얼마나 중요한 트렌드가 되었는지를 보여 준다. 이제 고객들은 대량생산된 제품에 만족하지 않고 자신의 개성과 취향을 반영한 제품과 서비스를 원한다. 이에 기업들은 데이터 분석, AI, 개인 스타일리스트 서비스 등 다양한 방법을 통해 고객들에게 더욱 개인화된 경험을 제공하려 노력하고 있다.

　한편 기업들의 이런 개인화 전략은 고객 경험을 혁신하고 있다. 이는 단순히 판매를 늘리는 것을 넘어 고객과의 깊은 관계를 구축하고 브랜드 충성도를 높이는 데 기여한다. 앞으로도 이런 개인화 트렌드는 더욱 강화될 것으로 보이며, 기업들은 기술과 인간적 요소를 적절히 결합해 고객들에게 최상의 쇼핑 경험을 제공하고자 노력할 것이다.

뷰티 브랜드의
시니어 마케팅

　　　　　2023년 헤어케어 브랜드 모다모다는 시니어 패션 콘텐츠 브랜드 더뉴그레이THENEWGREY와 협업해 새로운 시니어 마케팅 모델을 제시했다. 앞서도 언급했듯 '모처럼 다른 인생'이라는 시니어 모델 대회를 개최해 약 2주간의 짧은 모집 기간에도 불구하고 18 대 1의 높은 경쟁률을 기록한 것이다. 이는 시니어들의 자아실현과 새로운 도전에 대한 열망을 잘 보여 주는 사례다.

선발된 아홉 명의 시니어 모델들은 현재 모다모다의 공식 SNS 채널을 중심으로 화보 촬영, 영상 인터뷰 등 다양한 활동을 전개하고 있다. 이는 단순한 광고 모델을 넘어 시니어들의 새로운 도전과 자아실현을 지원하는 의미 있는 프로젝트로 평가받고 있다.

이런 모다모다의 마케팅 전략은 '액티브 시니어'라 불리는 새로운 소비 주체를 겨냥한 것이다. 액티브 시니어는 적극적으로 자기다움을 추구하며 자아실현을 위한 소비를 하는 4060세대를 말한다. 이들은 시간적 여유와 구매력을 갖추고 있어 유통업계의 새로운 타깃으로 부상하고 있다.

이런 다양한 시니어 마케팅 사례들은 제품을 판매하는 것을 넘어 시니어들의 삶의 질을 높이고 사회 참여를 독려하는 의미 있는 활동으로 평가받고 있다. 시니어들에게 새로운 도전의 기회를 제공하면서도 동시에 브랜드의 가치를 효과적으로 전달하는 혁신적인 마케팅 전략으로 주목받는 것이다.

이런 트렌드는 앞으로도 계속 이어질 전망이다. 한국이 빠르게 고령화 사회로 진입하고 있는 만큼 액티브 시니어를 겨냥한 마케팅은 더욱 다양화되고 세분화될 것으로 예상된다. 기업들은 시니어들의 다양한 니즈를 정확히 파악하고 그들의 경험과 지혜를 활용할 방안을 모색해야 할 것이다.

모다모다의 시니어 모델 대회와 같은 혁신적인 마케팅 전략은 시니어들에게 새로운 기회를 제공하고 동시에 기업의 브랜드 가치를 효과적으로 전달하는 윈-윈 전략이라고 할 수 있다. 앞으로 더 많은 기업이 이런 접근 방식을 채택해 시니어들의 삶의 질 향상과 기업의 성장을 동시에 추구하는 상생의 모델을 만들어 가길 기대한다.

시니어 전용 화장품
브랜드의 성공

시세이도의 프리오르Prior는 시니어 화장품 시장에서 혁신적인 접근으로 주목받고 있는 브랜드다. 프리오르는 50대 시니어 여성 6,672명을 대상으로 한 심층 조사를 통해 현대 시니어들의 뷰티 니즈를 정확히 파악하고 시니어들의 라이프스타일, 가치관, 소비 패턴 등을 종합적으로 분석했다.

특히 프리오르는 '어리게 보이고 싶다'라는 기존의 안티에이징 마케팅에서 과감히 탈피해 '나이와 관계없이 새로운 것에 도전하고 빛나고 싶다'라는 시니어들의 욕구에 주목했다. 이는 현대 시니어들이 단순히 젊어 보이기를 원하는 것이 아니라 자신의 나이에 걸맞은 아름다움과 자신감을 추구한다는 인사이트를 반영한 것이다.

프리오르는 이런 인사이트를 바탕으로 제품 개발과 마케팅 전략을 수립했다. 그리고 시니어들의 피부 특성을 고려한 제품 개발은 물론 시

출처: 프리오르 웹사이트.

니어들의 라이프스타일과 가치관을 반영한 브랜드 메시지로 차별화에 성공했다. 프리오르의 광고 캠페인을 보면 다양한 연령대의 모델들이 자신감 넘치는 모습으로 등장하며 '나이는 숫자일 뿐'이라는 메시지를 전달한다.

이런 접근은 큰 성공을 거두어, 프리오르의 매출은 출시 첫해부터 꾸준히 성장해 시세이도의 새로운 성장 동력으로 자리 잡았다. 특히 50대 이상 고객층에서 높은 브랜드 충성도를 보이며 재구매율도 타 브랜드보다 월등히 높은 것으로 나타났다.

프리오르의 성공은 시니어 시장의 잠재력과 가능성을 잘 보여 주는 사례다. 전망에 따르면 글로벌 시니어 케어 제품 시장은 2024년 296억 달러에서 2034년 563억 달러로 성장하고, 연평균 성장률은 6.6퍼센트에 이를 것으로 예측된다.

이 외에도 많은 뷰티 브랜드가 시니어를 위한 제품을 개발하고 있다. 에스티 로더는 '리-뉴트리브' 라인을 통해 호르몬 변화로 인한 피부 변화에 대응하는 제품을 출시했고, 시세이도의 '바이탈 퍼펙션' 라인은 시니어 여성의 피부 탄력을 타깃팅한 제품을 선보였다.

이런 뷰티 기업들의 시니어 맞춤형 제품 개발 트렌드는 단순히 제품 라인업을 확장하는 것을 넘어 시니어들의 라이프스타일과 가치관을 반영한 전방위적인 브랜드 전략으로 발전하고 있다. 많은 브랜드가 시니어들을 위한 뷰티 클래스를 운영하거나 시니어 모델을 기용한 광고 캠페인을 진행하는 등 시니어들과의 접점을 늘리고 있다.

또한 디지털 시니어들을 위한 온라인 서비스도 강화되고 있는데, 가상 메이크업 체험, AI 기반 피부 진단, 온라인 뷰티 컨설팅 등 첨단 기술을 활용한 서비스들이 속속 등장하고 있다. 이는 디지털에 익숙한 시니어들의 니즈를 충족시키는 동시에 오프라인 매장 방문이 어려운 시니어들에게도 편리한 쇼핑 경험을 제공한다.

이런 시니어 패션·뷰티 브랜드들의 전략은 시니어 시장의 성장 가능성을 보여 준다. 시니어들의 구매력과 디지털 활용도가 높아지면서 이들을 위한 맞춤형 제품과 서비스의 수요는 계속해서 증가할 것으로 예상된다. 또한 이런 트렌드는 시니어들의 사회적 인식 변화에도 기여한다. 나이가 들면서 자연스럽게 아름다워지는 모습, 활기차고 자신감 넘치는 시니어의 이미지가 새롭게 조명받는 것이다.

이제 시니어들은 더 이상 수동적인 소비자가 아니라 적극적으로 인생을 즐기고 새로운 도전을 추구하는 능동적인 소비자로 변모하고 있다. 이에 따라 기업들은 시니어들의 다양한 니즈를 반영한 혁신적인 제품과 서비스 개발에 주력하고 있다.

앞으로도 시니어를 타깃으로 한 패션·뷰티 브랜드들의 성장은 계속될 전망이다. 특히 디지털 기술의 발전과 함께 시니어들의 디지털 활용도가 높아지면서 온라인 플랫폼을 통한 마케팅과 판매도 더욱 활성화될 것으로 예상된다. 또한 건강과 웰빙에 대한 관심이 높아지면서 화장품과 패션을 넘어 건강기능식품, 운동 기구 등으로 시니어 시장이 확대될 가능성도 크다.

시니어 시장은 더 이상 틈새시장이 아닌 주류 시장으로 부상했다. 기업들은 시니어들의 다양한 니즈와 가치관을 정확히 이해하고 이를 반영한 혁신적인 제품과 서비스를 개발해야 한다. 이를 통해 시니어 시장에서의 성공을 거두는 동시에 시니어들의 삶의 질 향상에도 기여할 수 있을 것이다.

그러나 이런 변화 속에서도 시니어들의 다양성을 어떻게 반영할 것인가의 문제가 있다. 시니어 집단 내에서도 연령, 라이프스타일, 가치관 등에 따라 매우 다양한 하위 그룹이 존재한다. 따라서 '시니어'라는 큰 카테고리로 묶어 접근하기보다는 보다 세분화된 타깃팅과 전략이 필요할 것이다.

또한 디지털에 익숙한 시니어들이 늘어나고 있지만 여전히 많은 시니어가 온라인 쇼핑이나 디지털 서비스 이용에 어려움을 겪고 있다. 따라서 오프라인과 온라인을 아우르는 옴니채널 전략, 직관적이고 사용하기 쉬운 UI/UX 개발 등이 필요할 것이다.

마지막으로, 시니어를 위한 제품과 서비스 개발에서 시니어들의 실제 목소리를 듣는 것이 중요하다. 많은 기업이 시니어 자문단을 운영하거나 시니어 소비자들과의 직접적인 소통 채널을 마련하는 등의 노력을 기울인다. 이런 노력이 지속된다면 앞으로 시니어 패션·뷰티 시장은 더욱 발전하고 확장될 것이다.

오프라인에서 온라인으로, 시니어 패션 시장의 이동

과거에는 주로 젊은 세대의 전유물로 여겨졌던 소셜 미디어와 온라인 플랫폼이 이제는 시니어들에게도 익숙한 공간이 되었다. 특히 유튜브와 인스타그램을 중심으로 시니어들의 활동이 두드러지고 있으며 이들 세대가 단순한 콘텐츠 소비를 넘어 직접 생산자가 되는 단계로 확장되고 있다.

유튜브는 시니어들이 가장 활발하게 활용하는 소셜 미디어 플랫폼 중 하나로, 시니어들은 유튜브를 통해 다양한 패션·뷰티 관련 정보를 얻는다. 메이크업 튜토리얼, 패션 코디 팁, 스킨케어 루틴 등 실용적인 정보부터 최신 트렌드까지 폭넓은 콘텐츠를 소비하는데, 같은 연령대의 크리에이터가 제작한 콘텐츠에 대한 신뢰도가 높은 편이다.

인스타그램에서도 시니어들의 활동이 눈에 띄게 증가하고 있다. 특히 패션과 뷰티 분야에서 시니어 인플루언서들의 영향력이 커지고 있다. 이들은 자신만의 개성적인 스타일과 미용 팁을 공유하며 브랜드와의 협업을 통해 시니어 타깃 제품을 홍보하기도 한다. 60대 이상의 패션 모델들도 인스타그램에서 활발히 활동하며 수십만 명의 팔로워를 보유하고 있다.

이런 시니어 패션·뷰티 인플루언서들의 등장은 패션·뷰티 산업에 새로운 바람을 일으키고 있다. 기존에 젊은 층을 중심으로 형성된 시장이 시니어들로 확장되면서 브랜드들은 시니어 소비자를 타깃으로 한 제품 개발과 마케팅에 더욱 힘을 쏟고 있다. 예를 들면 시니어 인플루언서들과의 컬래버레이션을 통해 제품을 홍보하거나 시니어 모델을 기용한 광고 캠페인을 진행하는 등이다.

시니어를 대상으로 하는 온라인 패션·뷰티 커뮤니티도 활성화되고 있다. 네이버 카페나 다음 카페 등에서 시니어들을 위한 패션·뷰티 정보 공유 공간이 늘어나고 있으며 전문 커뮤니티 플랫폼도 등장하고 있다. 이런 커뮤니티에서는 시니어들이 자신의 패션·뷰티 경험을 공유하고 서로의 스타일에 대해 조언을 주고받는다.

그중 '퀸잇'Queenit 이라는 4050 여성 패션 플랫폼은 커뮤니티 서비스를 통해 사용자들 간의 활발한 소통을 지원한다. 이 플랫폼에서는 사용자들이 자신의 코디를 공유하고 서로 평가하며 패션 관련 정보를 교환

한다. 이런 활동은 시니어들의 패션·뷰티에 대한 관심을 높이고 소비 활동으로 이어지는 선순환을 만들어 내고 있다.

'푸미'라는 플랫폼은 '중년에게 푸른 봄을'이라는 모토로 시니어들을 위한 패션 정보와 커뮤니티 서비스를 제공한다. 이 플랫폼은 '나는 푸미 모델이다'라는 이름의 중년 모델 콘테스트를 개최하는 등 시니어들의 적극적인 참여를 유도하고 있다.

이런 온라인 커뮤니티의 활성화는 시니어들에게 새로운 사회적 관계망을 형성할 기회를 제공한다. 오프라인에서의 활동이 제한적일 수 있는 시니어들에게 온라인 커뮤니티는 새로운 소통의 창구가 되고 있으며 나아가 자신의 관심사를 공유하고 정보를 교환할 수 있는 장으로 역할하고 있다.

디지털 시니어들의 패션·뷰티 콘텐츠 소비와 생산 활동은 단순히 트

┃ 글로벌 맞춤형 화장품 시장 규모

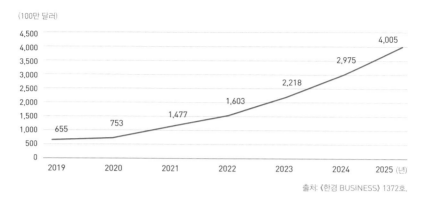

(100만 달러)

출처: 《한경 BUSINESS》 1372호.

렌드를 따라가는 것 이상으로 자신만의 스타일을 찾고 표현하는 과정으로 볼 수 있다. 이는 시니어들의 자아실현과 사회적 참여 욕구를 충족시키는 중요한 수단이다. 특히 시니어들이 직접 콘텐츠를 생산하고 공유하는 활동은 세대 간 소통의 새로운 통로를 만들어 내어, 젊은 세대들은 시니어들의 콘텐츠를 통해 다양한 삶의 경험과 지혜를 접하고 시니어들은 젊은 세대의 트렌드를 이해하고 수용할 수 있게 되었다.

이런 변화로 많은 패션·뷰티 기업이 시니어 소비자들의 니즈를 더욱 세밀하게 파악하고 이에 맞는 제품과 서비스를 개발하고 있다. 예를 들면 피부 노화를 고려한 화장품이나 체형 변화에 맞춘 의류 등 시니어 특화 제품들이 늘어났다. 또한 마케팅 전략에서도 시니어 모델을 기용하거나 시니어 인플루언서와의 협업을 통해 제품을 홍보하는 등 다양한 시도가 이뤄지고 있다.

앞으로 디지털 시니어들의 패션·뷰티 콘텐츠 소비와 생산 활동은 더욱 활발해질 것으로 예상된다. AI와 VR 기술의 발전으로 더욱 개인화되고 몰입도 높은 콘텐츠 경험이 가능해질 것이며 이는 시니어들의 참여를 더욱 촉진할 것이다. 예를 들면 AI 기반의 개인 맞춤형 스타일링 서비스나 VR을 활용한 가상 피팅 서비스 등이 시니어들에게도 보편화될 수 있다. 또한 시니어들의 경제력과 소비 의지를 고려할 때 이들을 타깃으로 한 프리미엄 패션·뷰티 시장도 성장할 가능성이 크다. 시니어들의 다양성을 고려한 세분화된 접근도 필요하다. 50대부터 70대 이상까지 폭넓은 연령대를 아우르는 '시니어'라는 카테고리 안에서도 세대별, 라이프스타일별로 다양한 니즈가 존재하기 때문이다. 따라서 고품질의 제품과 맞춤형 서비스에 대한 수요가 증가할 것이며 이는 관련 산업의 혁신을 이끌 것이다.

디지털 시니어들의 패션·뷰티 콘텐츠 소비와 생산 활동은 트렌드를 넘어 사회적·문화적 변화를 반영한다. 이는 고령화 사회에서 시니어들의 역할과 위상이 변화하고 있음을 보여 주는 중요한 지표이기도 하다. 앞으로 디지털 시니어들의 패션과 뷰티에 대한 관심은 더욱 증가할 것이며 이에 따라 관련 산업과 서비스도 더욱 발전할 것이다. 이런 변화는 시니어들의 삶의 질 향상뿐만 아니라 세대 간 이해와 소통 증진에도 기여할 것으로 기대된다.

트렌드를 시니어만의 감성으로
재해석하다

　　디지털 시니어들의 패션·뷰티 활동은 단순히 외모 관리를 넘어 은퇴 후 새로운 자아 정체성을 확립하고 표현하는 중요한 수단으로 자리 잡았다. 이는 '욜로'에서 '요노'로 트렌드에 맞춰 변화하는 시니어 라이프스타일 트렌드와도 맞닿아 있다.

　은퇴 후 새로운 자아 표현 수단으로서의 패션·뷰티는 다음과 같은 특징을 보인다. 디지털 시니어들은 나이에 맞춘 획일화된 스타일을 거부하고 자신만의 개성을 적극적으로 표현한다. 이들은 온라인 쇼핑몰과 소셜 미디어를 통해 다양한 패션·뷰티 정보를 수집하며 이를 자신만의 스타일로 재해석한다.

　특히 이들은 SNS 플랫폼을 통한 자기표현이 두드러진다. 인스타그램이나 유튜브에서 시니어 패션·뷰티 인플루언서로 활동하는 사례가 증가하고 있으며 이들은 동년배 시니어들에게 스타일링 팁과 메이크업 노하우를 공유한다. 이런 활동은 취미를 넘어 새로운 사회적 역할과 정체성을 형성하는 계기가 된다.

　세대 간 소통의 창구로서 패션·뷰티의 역할도 주목할 만하다. 시니어들은 패션·뷰티에 대한 관심과 소비를 통해 MZ세대의 트렌드를 받아들이면서도 시니어만의 감성으로 재해석하는데, 그 과정에서 자연스러운 세대 간 교류가 이뤄진다. 그 예로 젊은 세대의 스트리트 패션을

| 시니어 애슬레저 룩

시니어의 품격과 조화시키거나 최신 뷰티 트렌드를 시니어의 피부 특성에 맞게 응용하는 등의 시도를 들 수 있다.

건강과 웰빙과 연계된 패션·뷰티 트렌드도 강화되고 있다. 시니어들은 단순히 외모를 가꾸는 것을 넘어 건강한 아름다움을 추구한다. 그래서 친환경 소재의 의류, 천연 성분 화장품에 관심이 크며 요가복이나 애슬레저*athleisure 등 활동적인 라이프스타일을 반영한 패션도 최근 많은 인기를 얻고 있다.

디지털 기술의 발전은 이런 트렌드를 더욱 가속화하고 있다. AR/VR 기술을 활용한 가상 피팅 서비스, AI 기반 퍼스널 스타일링 추천, 온라

---

* '애슬래틱'athletic과 '레저'leisure를 합친 말로 가볍게 입는 스포츠웨어를 가리킨다.

인 커뮤니티를 통한 정보 공유 등이 활발히 이뤄지고 있다. 이런 디지털 서비스들은 시니어들의 패션·뷰티 활동을 더욱 편리하고 즐겁게 만들어 주고 있다.

기업들은 구매력과 디지털 활용도가 높은 시니어 소비자들을 새로운 블루오션으로 인식하고 이들을 위한 맞춤형 패션·뷰티 서비스 개발에 적극적으로 나서고 있다. 특히 디지털 채널을 통한 접근이 두드러지며 시니어들의 특성을 고려한 서비스 개발이 활발하게 이뤄지고 있다.

패션 분야에서는 시니어 전용 온라인 플랫폼이 급부상하고 있다. 라포랩스의 퀸잇은 4050 여성을 타깃으로 한 패션 앱으로 나이스클럽, 미니멈, 메트로시티 등 1,000개 이상의 브랜드가 입점해 있다. 퀸잇은 누적 다운로드 400만 건, 월 거래액 100억 원을 돌파하며 시니어 패션 시장의 성장 가능성을 입증했다. 남성 패션 분야에서는 '아이스탁몰'이 4050 남성을 타깃으로 400여 개 브랜드, 15만여 개의 상품을 제공하며 빠르게 성장하고 있다.

뷰티 업계에서도 시니어 시장이 급성장하고 있다. 2020년 시니어 화장품 시장 규모는 2조 1,690억 원으로 최근 9년간 연평균 15.3퍼센트의 높은 성장률을 기록했다. 이에 따라 기업들은 시니어들의 피부 특성과 니즈를 반영한 제품 개발에 주력하고 있다. 디지털 기술을 활용한 혁신적인 서비스도 등장했는데, 에이아이바가 개발한 가상 착용(피팅) 애플리케이션 '마이핏'이 그 예다. 이는 스마트폰으로 사진 두 장만 찍으면 AI가 신체 사이즈를 측정하고 맞춤 상품을 추천해 주는 서비스다.

기업들은 시니어들의 디지털 접근성을 높이기 위해 UI/UX 개선에도 힘쓰고 있다. 큰 글씨 사용, 간단한 메뉴 구조, 직관적인 디자인 등을 통해 시니어들이 쉽게 이용할 수 있도록 배려하고 있다. 또한 음성 인식 기능을 도입해 텍스트 입력이 어려운 시니어들도 편리하게 서비스를 이용할 수 있도록 하고 있다.

마케팅 전략도 시니어의 특성에 맞게 변화하고 있다. 단순히 '노인'이나 '실버'를 강조하는 대신 '액티브 시니어'나 '뉴 시니어' 같은 긍정적인 이미지를 부각하고, 시니어 모델을 기용한 광고나 시니어 인플루언서를 활용한 마케팅을 늘리고 있다. 또한 시니어들의 커뮤니티 활동을 지원하는 서비스도 늘어나, 많은 패션·뷰티 플랫폼이 시니어들이 자신의 스타일을 공유하고 소통할 수 있는 공간을 제공하고 이를 통해 자연스러운 입소문 마케팅 효과도 얻고 있다.

이런 변화는 시니어들의 달라진 소비 패턴과 라이프스타일을 반영한 것이다. 현대의 시니어들은 과거와 달리 자신을 위한 투자를 아끼지 않으며 디지털 기술에도 적극적으로 적응하려고 한다. 이들은 단순히 나이에 맞춘 제품이 아닌 자신의 개성과 취향을 표현할 수 있는 제품을 원한다.

앞으로도 시니어 패션·뷰티 시장은 계속해서 성장할 것으로 전망된다. 기업들은 더욱 세분화된 시니어 타깃팅과 맞춤형 서비스 개발을 통해 이 시장에서의 경쟁력을 강화할 것이다. 특히 AI와 빅데이터를 활용한 개인화 서비스, VR/AR 기술을 활용한 가상 체험 서비스 등 첨단 기술을 접목한 혁신적인 서비스가 더욱 늘어날 것이다. 이런 변화는 시니어들의 사회적 인식 변화에도 기여하고 있다. 패션·뷰티를 통한 적극적인 자기표현은 시니어에 대한 고정관념을 깨고 활기차고 세련된 시니어상을 만들어 가고 있다. 이는 시니어들의 자존감 향상과 사회적 참여 증진으로 이어지고 있다.

그러나 디지털 격차로 인한 소외 문제, 신체적 특성을 고려한 제품 개발, 과도한 외모 지상주의에 대한 우려 등은 여전히 해결해야 할 과제다. 따라서 포용적이고 건강한 시니어 패션·뷰티 문화를 만들어 가기 위한 노력이 필요하다. 앞으로 디지털 시니어의 패션·뷰티를 통한 자아 정체성 재정립은 더욱 다양한 형태로 발전할 것으로 예상된다. AI 기술의 발전으로 더욱 개인화된 서비스가 가능해지고 메타버스 등 새로운 플랫폼을 통한 표현 방식도 등장할 것이다. 이는 시니어들의 삶을 더욱 풍요롭게 만들어 줄 것으로 기대된다.

시니어 스타일의 완성은
AI 코디네이터

시니어 패션·뷰티 시장은 AI와 빅데이터 등 첨단 기술의 발전과 함께 급격한 변화를 맞이하고 있다. 특히 시니어들의 디지털 활용도가 높아지고 패션·뷰티에 대한 관심이 증가하면서 기업들은 이들을 위한 혁신적인 서비스 개발에 주력하고 있다.

디지털 시니어를 위한 AI 스타일링 서비스는 빅데이터와 인공지능 기술을 활용해 개인 맞춤형 패션 솔루션을 제공하는 새로운 트렌드로 자리 잡았다. 특히 체형, 선호도, 라이프스타일 등 다양한 개인 데이터를 분석해 최적화된 패션 제안을 제공하는 것이 특징이다.

대표적인 서비스인 레몬레터는 5060 여성을 주요 타깃으로 하는 패션 큐레이션 플랫폼이다. 사용자의 체형, 사이즈, 선호하는 스타일 등 상세한 데이터를 수집하고 분석해 개인화된 패션 콘텐츠를 제공한다. 특히 자체 개발한 AI 추천 엔진을 통해 콘텐츠 큐레이션을 자동화한 점이 주목할 만하다. 이를 통해 시니어 고객 각자의 취향과 필요에 맞는 맞춤형 패션 정보를 효율적으로 전달할 수 있게 되었다.

댄블은 AI 알고리즘과 전문 큐레이터의 협업을 통해 차별화된 서비스를 제공한다. 고객의 사이즈, 체형, 스타일 관련 데이터를 AI가 분석하고 이를 바탕으로 전문 큐레이터가 개인화된 패션 제안을 한다. 이런 하이브리드 방식의 서비스는 70퍼센트에 이르는 높은 재구매율을 기록하면서 시니어 소비자들로부터 큰 호응을 얻고 있다. 특히 고객이 큐레이터 및 AI 시스템과 계속 소통하고 피드백을 주고받으며 자신의 취향에 맞는 스타일링을 발견할 수 있다는 점이 장점이다.

이런 AI 기반 스타일링 서비스들은 시니어 소비자들의 디지털 패션 쇼핑 경험을 크게 개선했다. 과거에는 오프라인 매장에서 직접 옷을 입어 보고 구매하는 것을 선호하던 시니어들이 이제는 AI의 도움을 받아 온라인에서도 자신에게 잘 맞는 패션 아이템을 쉽게 찾을 수 있게 된 것이다. 또한 개인화된 추천 서비스를 통해 쇼핑의 효율성과 만족도가 높아지면서 시니어들의 온라인 패션 소비는 더욱 활성화되고 있다.

앞으로 AI 기술이 더욱 발전하면 시니어 맞춤형 패션 서비스는 더욱 정교해질 것이다. 3D 가상 피팅이나 증강현실 기술 등이 도입되면서 온라인에서도 오프라인과 같은 수준의 쇼핑 경험을 제공하게 되고, 이는 시니어 패션 시장의 디지털 전환을 더욱 가속화할 것이다.

화장품 업계에서도 AR 기술을 활용한 가상 메이크업 체험 서비스가 확대되고 있다. 시니어들은 스마트폰 앱을 통해 다양한 메이크업 제품을 가상으로 체험해 볼 수 있다. 이런 서비스는 제품 구매 전 효과를 미리 확인할 수 있어 시니어들의 합리적인 구매 결정을 돕는다.

시니어의 신체적 특성을 고려한 제품 개발도 활발히 이뤄지고 있다. 예를 들면 지퍼나 단추 대신 벨크로를 사용하거나 신축성 있는 소재를 활용해 관절염이 있는 시니어들이 입고 벗기 편한 디자인의 의류를 만드는 것이다. 또한 체온 조절이 어려운 시니어들을 위해 온도 조절이 쉬운 기능성 소재를 적용한 제품들도 계속 출시되고 있다.

뷰티 산업에서도 시니어를 위한 맞춤형 제품 개발이 늘어나고 있다. 특히 노화 방지 화장품 시장은 연평균 15.3퍼센트의 높은 성장세를 보이며 빠르게 성장하고 있다. 주름 개선, 피부 탄력 증진, 미백 등 시니어들의 주요 피부 고민을 해결하는 기능성 화장품들이 다양하게 출시되었다. 이런 제품들은 시니어의 피부 특성을 고려해 자극이 적고 보습력이 뛰어난 성분들을 사용하는 것이 특징이다.

이처럼 첨단 기술을 활용한 서비스와 시니어 맞춤형 제품 개발은 시니어들의 쇼핑 편의성을 높이고 삶의 질을 향상시킨다. 앞으로도 시니어 시장이 확대되면서 이런 혁신적인 서비스와 제품들은 더욱 늘어날 것이다.

미래에는 AI와 빅데이터 기술의 발전으로 더욱 정교한 개인화 서비스가 등장할 것이다. 생성형 AI로 만들어진 가상 인플루언서가 개개인의 니즈에 맞춤화된 조언을 제공하고, 메타버스 기술을 활용한 가상 체험도 더욱 활성화될 전망이다. 앞으로 디지털 시니어 패션·뷰티 시장은 기술의 발전과 함께 더욱 성장할 것이다. 시니어들의 니즈를 정확히 파악하고 이를 충족시키는 혁신적인 서비스 개발이 시장의 성공을 좌우할 것으로 보인다.

'그들'이 아니라
'한 사람'의 니즈에 귀를 기울여라

디지털 시니어를 위한 기업의 전략은 시장의 변화와 소비자 니즈를 반영해 체계적으로 수립되어야 한다. 특히 시니어 맞춤형 디지털 플랫폼 구축, AI 기반 개인화 서비스 제공, 온·오프라인 연계 전략 수립, 시니어 커뮤니티 활성화, 데이터 기반 제품 개발이라는 다섯 가지 핵심 방향성을 중심으로 접근해야 한다.

먼저 시니어 맞춤형 디지털 플랫폼 구축이 시급하다. 최근 시니어들의 디지털 활용도가 급격히 높아지면서 이들을 위한 전용 플랫폼의 필요성이 커지고 있다. 와이즈앱·리테일·굿즈의 분석에 따르면 2024년 상반기 기준으로 쿠팡 앱 쇼핑 이용자 중 50세 이상이 26.9퍼센트이며 틱톡 사용자의 20.1퍼센트도 50세 이상으로 나타났다. 이는 디지털 플랫폼을 능숙하게 활용하는 시니어들이 상당수 존재함을 보여 준다.

두 번째로 AI 기반 개인화 서비스 제공이 필수적이다. 시니어들의 다양한 니즈를 충족시키기 위해서는 AI와 빅데이터를 활용한 맞춤형 서비스가 효과적이다.

5060 여성을 대상으로 체형, 사이즈, 선호 스타일 등의 데이터를 활용해 초개인화된 패션 콘텐츠를 제공한 레몬레터가 그 예다. 이들은 자체 개발한 AI 추천 엔진을 통해 콘텐츠 큐레이션을 자동화해서 시니어들의 높은 호응을 얻었다. 댄블의 경우 큐레이터와 AI 알고리즘을 결합한 하이브리드 방식을 채택했다. AI가 고객의 사이즈, 체형, 스타일 데이터를 분석하고 이를 바탕으로 맞춤형 커머스를 생성한다.

세 번째로 온·오프라인 연계 전략이 중요하다. 디지털에 익숙한 시니어들이 늘어나고 있지만 여전히 많은 시니어가 온라인 쇼핑이나 디지털 서비스 이용에 어려움을 겪고 있다.

NS홈쇼핑은 이런 문제를 해결하기 위해 71세 이상 시니어 고객을 위한 전용 상담 조직을 운영하고 있다. 앱 설치부터 실행까지 전 과정을 시니어 눈높이에 맞춰 안내하며 이는 디지털 전환기의 중요한 가교 역할을 하고 있다. 공영홈쇼핑도 온라인 결제가 익숙하지 않은 시니어들을 위해 화면 구성, 디자인, 검색 기능을 전면 개편했다. 이처럼 오프라인과 온라인을 유기적으로 연계하는 옴니채널 전략은 시니어 시장 공략의 핵심 요소가 되고 있다.

네 번째로 시니어 커뮤니티 활성화가 필요하다. 시니어들의 사회적 연결성을 강화할 수 있는 커뮤니티 플랫폼 구축은 비즈니스 성공의 중요한 열쇠다. 시니어 크리에이터 육성도 주목할 만한 전략이다.

로레알은 50대 이상 여성 100명을 선발해 뷰티 콘텐츠 제작을 지원하는 시니어 뷰티 크리에이터 프로젝트를 진행했다. 이는 시니어들이 소비자를 넘어 콘텐츠 생산자로 성장할 기회를 제공하며 동시에 브랜드의 진정성 있는 마케팅 수단으로도 활용되고 있다.

마지막으로 데이터 기반 제품 개발이 중요하다. 시니어의 신체적 특성과 선호도를 면밀히 분석해 이를 제품 개발에 반영해야 한다. 예를 들어 관절염이 있는 시니어를 위해 입고 벗기 쉬운 디자인을 적용하거나, 체온 조절이 용이한 소재를 사용하는 등 세심한 배려가 엿보이는 제품을 개발하는 것이다.

뷰티 분야에서는 주름 개선, 피부 탄력 증진, 미백 등 시니어의 피부 고민을 해결하는 제품들이 다양하게 출시되고 있다. 이런 제품 개발은 철저한 데이터 분석을 바탕으로 이뤄져야 하며 지속적인 피드백 수집과 개선이 필요하다.

이 다섯 가지 전략적 방향성은 서로 유기적으로 연결되어 있다. 디지털 플랫폼은 AI 기반 개인화 서비스의 토대가 되며 온·오프라인 연계 전략은 시니어 커뮤니티 활성화와 맞물려 있다. 또한 데이터 기반 제품 개발은 이런 모든 요소로부터 얻어진 인사이트를 바탕으로 이뤄져야 한다.

앞으로 시니어 시장은 더욱 세분화되고 다양화될 것이며 이에 따라 기업의 전략도 더욱 정교해져야 할 것이다. 특히 디지털 전환이 가속화되면서 시니어들의 디지털 기술 활용은 계속해서 늘어날 것으로 예상되며 이는 기업들에 새로운 기회이자 도전이 될 것이다.

시니어 시장에서의 성공을 위해서는 위의 다섯 가지 전략적 방향성을 종합적으로 고려하고 시니어들의 변화하는 니즈에 민첩하게 대응할 수 있는 유연한 조직 체계를 갖춰야 한다. 또한 비즈니스 성과뿐 아니라 시니어들의 삶의 질 향상에 기여한다는 사회적 가치 창출도 함께 고려해야 한다.

SENIOR
TREND

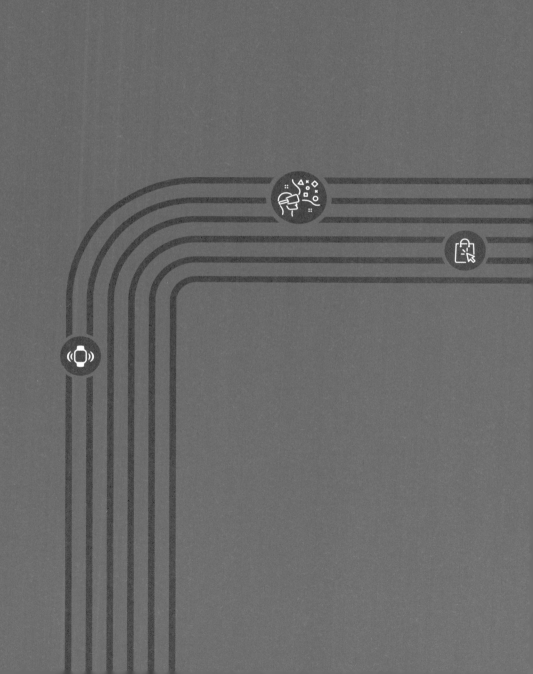

제8장

'최애'로 연결되다,
시니어 팬덤

디지털 시니어의 팬덤 활동은 현대 사회의 주목할 만한 문화 현상으로 부상하고 있다. 과거 '아이돌 덕질'이 10대들의 전유물로 여겨졌던 시대는 지났다. 이제는 50대, 60대 디지털 시니어들이 누구보다 적극적으로 팬덤 활동을 한다. 특히 주목할 만한 점은 시니어들의 팬덤 활동이 단순한 콘텐츠 소비를 넘어 다양한 형태로 나타난다는 것이다.

디지털 플랫폼의 발달은 시니어 팬덤 활동을 더욱 용이하게 만들었다. 스트리밍 서비스, SNS, 팬 커뮤니티 등을 통해 시니어들은 언제 어디서나 좋아하는 아티스트의 소식을 접하고 다른 팬들과 소통할 수 있게 되었다. 이는 시니어들의 디지털 역량 강화에도 긍정적인 영향을 미치고 있다.

엔터테인먼트 기업들도 이런 변화에 주목해 시니어 맞춤형 서비스 개발, 콘서트 예매 시 시니어 전용 상담 창구 마련, 시니어 팬들을 위한 특별 이벤트 개최 등 다양한 전략을 펼치고 있다. 이는 시니어 팬덤이 지닌 높은 구매력과 충성도를 반영한 것이다.

더불어 시니어 팬덤 활동은 세대 간 소통의 새로운 창구가 되고 있다. 시니어들이 젊은 세대의 문화를 이해하고 공유하는 과정에서 세대 간 격차가 줄어들고 있는데, 이는 시니어들에게 새로운 형태의 자아실현과 사회적 연결의 기회가 될 것이다.

'덕질'하는
어른들의 등장

디지털 시니어의 팬덤 문화는 과거 젊은 세대의 전유물로 여겨졌던 팬덤 활동이 연령과 세대를 초월해 확산되는 새로운 문화 현상을 보여 주고 있다. 디지털 기술의 발달로 이제는 시니어들도 온라인 플랫폼을 통해 적극적으로 팬덤 활동에 참여하고 있다.

음원과 영상 콘텐츠 소비 패턴을 살펴보면 시니어 팬들의 80퍼센트가 좋아하는 가수의 음악을 듣고 73퍼센트가 관련 영상을 시청하는 것으로 나타났다. 시니어들은 '스밍'이라 불리는 음원 스트리밍 활동에도 적극적으로 참여하며 "우리 오빠 1위 만들자."라면서 밤새 스트리밍을 하기도 한다.

실물 앨범 구매와 콘서트 참여에서도 시니어 팬들의 적극성이 두드러진다. 조사 결과에 따르면 시니어 팬들의 33.3퍼센트가 실물 앨범을 구매하는 것으로 나타났다. 앨범 속 포토카드를 모으거나 앨범 자체를 소장하는 즐거움을 누리는 것이다. 디지털 시대에 실물 앨범을 구매한다는 것은 단순한 음악 감상을 넘어선 팬심의 표현이라는 점에서 주목할 만하다.

시니어 팬덤의 소비력과 시장 영향력은 엔터테인먼트 산업의 새로운 동력으로 부상하고 있다. 경제적 능력과 시간적 여유를 갖춘 시니어들은 음반·음원 구매부터 콘서트 참여, 팬 미팅, 굿즈 구매에 이르기까지 다양한 분야에서 적극적인 소비를 보여 주고 있다.

대표적인 사례로 임영웅 팬클럽 '영웅시대'는 콘서트 티켓을 예매하려는 시니어 팬들을 위해 전용 예매 상담 전화를 개설했다. 송가인 팬클럽 '어게인'도 주목할 만한 사례다. 회원들은 핑크빛 복장을 맞추고 모자에 닉네임을 새기는 등 젊은 세대 못지않은 팬덤 문화를 자랑한다.

시니어 팬덤의 특징적인 점은 온·오프라인을 아우르는 체계적인 조직 운영이다. 서울부터 제주도까지 각 지역을 대표하는 지역장을 두고 심지어 팬카페 고문 변호사까지 두는 등 전문적인 운영 시스템을 갖추고 있다. 지역장들은 회원들의 경조사를 챙기고 안부를 확인하는 등 커뮤니티 활동을 활발히 전개한다.

소비 패턴에서도 시니어만의 특징이 드러난다. 이들은 '참된 덕후 교실'이라는 무료 교육 프로그램을 운영하며 음원 사이트 가입 방법, 투표 방법 등을 알려 주고, 시니어의 특성을 고려한 맞춤형 굿즈를 개발한다. 돋보기가 달린 응원봉, 편한 자세로 관람할 수 있는 접이식 의자 등이 특히 인기다.

디지털 환경 적응에도 적극적이다. '임영웅 영웅시대'라는 이름의 밴드에서는 회원들이 자발적으로 디지털 기기 사용법을 교육하는 프로그램을 운영한다. 스트리밍 방법, SNS 활용법, 온라인 투표 참여 방법 등을 서로 가르치고 배우며 디지털 문화에 빠르게 적응하고 있다.

주목할 만한 점은 시니어 팬덤이 단순한 팬 활동을 넘어 사회공헌 활동으로도 확장되고 있다는 것이다. 이들은 팬클럽 차원에서 정기적인 기부 활동을 진행하거나 지역사회에서 봉사 활동을 하는 등 팬덤의 영향력을 긍정적인 방향으로 확대하고 있다.

시니어 팬덤의 성장은 엔터테인먼트 산업의 새로운 가능성을 보여 준다. 구매력과 충성도 높은 시니어 팬덤의 등장으로 관련 산업의 타깃층이 확대되었고 이에 따라 마케팅 전략도 변화하고 있다. 앞으로도 시니어 팬덤의 영향력은 더욱 커질 것으로 예상되며 이는 한국 엔터테인먼트 산업의 새로운 성장 동력이 될 것이다.

시니어 팬덤의 영향력이 엔터테인먼트 산업에 가져온 변화는 매우 구체적이고 실질적이다. 특히 구매력을 갖춘 시니어 팬들의 등장은 엔터테인먼트 산업의 타깃층을 크게 확장시켰다. 대표적인 사례로 '수와진TV'를 들 수 있다. 1987년 데뷔한 남성 듀오 수와진의 멤버들이 운영하는 이 채널은 7080 음악과 통기타 연주로 시니어 시청자들의 향수를 자극하면서 2022년 대한민국 슈퍼챗 1위, 2023년 5위를 기록했다. 이는 시니어 팬들이 단순한 시청을 넘어 후원과 멤버십 가입 등 적극적인 참여 문화를 보여 준 대표적 사례다.

　시니어 팬덤의 영향력은 디지털 플랫폼에서도 두드러진다. 틱톡의 숏폼 전용 앱인 '틱톡 라이트'는 60대 이상 사용자층에서 큰 인기를 얻으며 450만 명의 사용자를 확보했다. 시니어들은 주로 정치 관련 콘텐츠와 트로트 가수, K-pop 관련 콘텐츠를 즐겨 시청하며 적극적인 참여 문화를 보여 준다.

　시니어 크리에이터들의 글로벌 진출도 주목할 만하다. 박막례 할머니는 인스타그램 릴스로 해외 팬덤을 형성했고 영문 자막을 활용한 숏폼 영상으로 글로벌 팬들과 소통한다. 이를 바탕으로 뉴욕 등지에서 한식 사업으로 영역을 확장하는 등 시니어 인플루언서의 새로운 가능성을 보여 주고 있다.

　이런 시니어 팬덤의 성장은 세대 간 소통의 새로운 창구가 되고 있다. 과거에는 젊은 세대의 팬덤 문화를 이해하지 못했던 부모 세대가 이제는 직접 팬덤 활동에 참여하면서 자녀 세대의 문화를 이해하는 추세다. 이들은 K-pop이나 트로트 등 다양한 장르의 음악을 함께 즐기면서 세대 간 문화적 격차를 좁히는 계기가 되고 있다.

　엔터테인먼트 업계는 이런 변화에 맞춰 시니어 팬들을 위한 다양한 서비스를 개발하고 있다. 좌석이 편안한 VIP존 설치, 공연장 내 휴식 공간 확대, 큰 글씨로 된 공연 안내문 제작 등 시니어 친화적인 환경을 조

성하고 있다. 또한 팬 미팅에서 시니어 팬들을 위한 특별 코너를 마련하
거나 SNS에 시니어 팬들을 위한 특별 메시지를 게재하는 등 맞춤형 소
통을 강화하고 있다.

팬카페에서
디지털을 배운다

디지털 시니어의 팬덤 활동은 디지털 플랫폼을 중심으로
급격한 변화와 성장을 보이고 있다. 스트리밍 서비스, SNS, 팬 커뮤니
티 등 다양한 디지털 플랫폼을 통한 활동이 두드러지게 나타나고 있는
데, 그중 디지털 시니어들의 음원 스트리밍 서비스 이용은 최근 급격
히 증가하면서 새로운 소비 트렌드를 형성하고 있다. 지니뮤직의 데이
터에 따르면 50~60대 유료 가입자가 전년 대비 14퍼센트 증가했으며
2021년 가입자 비중은 5년 전보다 두 배 늘어난 8.8퍼센트를 기록했다.
이는 시니어들이 디지털 음원 소비의 주요 고객층으로 새롭게 부상하
고 있음을 보여 준다.

시니어들의 적극적인 음원 소비는 음원 차트와 음악 방송 순위에도
큰 영향을 미치고 있다. 시니어들은 경제력과 시간적 여유를 바탕으로
음원 구매와 스트리밍에 적극적으로 투자하는 경향이 있는데, 이는 실
제 음원 순위 상승으로 이어지고 있다. 트로트 가수들의 음원 성적이 좋

은 것은 시니어 팬들의 이런 적극적인 지원이 큰 역할을 한다.

시니어들의 음원 소비는 다양한 커뮤니티 활동으로도 이어지고 있다. 시니어 팬들은 팬카페나 밴드 등 온라인 커뮤니티를 통해 음악 정보를 공유하고 스트리밍 인증을 하며 팬들과 소통하는 등 적극적인 팬덤 활동을 펼친다. 이런 활동은 시니어들에게 새로운 사회적 관계망을 형성하고 여가 생활을 풍요롭게 만드는 계기가 되고 있다.

음원 스트리밍 서비스 기업들도 시니어 소비자들의 특성을 고려한 서비스 개발에 주력하고 있다. 큰 글씨체 적용, 간단한 UI 구성, 쉬운 결제 시스템 등 시니어 친화적인 인터페이스를 제공하며 시니어들이 선호하는 장르와 아티스트를 중심으로 한 맞춤형 추천 서비스도 강화하고 있다.

한편 디지털 시니어들의 SNS 활동이 급격히 증가하면서 새로운 소비 문화를 만들어 내고 있다. 특히 틱톡의 숏폼 전용 앱인 틱톡 라이트는 시니어들에게 폭발적인 인기를 얻었는데, 이는 앱 설치와 지인 초대 시 제공되는 경제적 혜택이 입소문을 타면서 시니어들 사이에서 자발적인 바이럴 효과가 발생했기 때문이다.

시니어들은 틱톡 라이트에서 주로 정치 관련 콘텐츠를 시청하며 임영웅과 같은 트로트 가수나 K-pop 관련 콘텐츠도 즐겨 본다. 주목할 만한 점은 이들이 단순 시청을 넘어 라이브 방송 후원과 채널 멤버십 가입 등 적극적인 참여 문화를 보이고 있다는 것이다.

이런 팬덤 활동은 세대 간 소통의 창구 역할도 한다. 많은 자녀가 부

❘ 세대별 한국인이 많이 사용하는 앱 순위

(단위: 1억 분)

20세 미만	
유튜브	156.3
인스타그램	60.8
카카오톡	26.8
틱톡	24.8
네이버 웹툰	16.4

20대	
유튜브	274.8
인스타그램	75.3
카카오톡	65.1
X	34.4
네이버	32.2

30대	
유튜브	216.0
카카오톡	63.9
인스타그램	59.6
네이버	33.8
네이버 웹툰	15.8

40대	
유튜브	214.3
카카오톡	86.2
네이버	73.2
인스타그램	35.8
티맵	19.7

50대	
유튜브	173.9
카카오톡	54.8
네이버	45.7
티맵	13.9
쿠팡	9.9

60세 이상	
유튜브	138.4
카카오톡	30.5
네이버	18.8
다음	7.0
틱톡	5.9

출처: 와이즈앱·리테일·굿즈(2024년 8월 기준).

모의 팬덤 활동을 지원하며 콘서트 티켓팅이나 음원 스트리밍을 도와 주는 등 든든한 조력자 역할을 하고 있다. 또한 시니어 팬은 자녀 세대 와 함께 콘서트에 참여하거나 음원 스트리밍을 하면서 젊은 층과 자연 스럽게 교류하는데, 이는 가족 관계 개선과 세대 간 이해 증진에도 긍 정적인 영향을 미친다.

한편 시니어 팬덤은 경제력과 시간적 여유를 바탕으로 젊은 층과는 차별화된 소비 패턴을 보여 주고 있다. 이들은 적극적인 소비와 투자를 통해 팬덤 경제의 새로운 주역으로 부상하고 있으며 이는 엔터테인먼트 산업의 새로운 성장 동력이 되고 있다.

주목할 만한 점은 시니어들이 팬덤 활동을 위해 자발적으로 디지털 기술을 학습한다는 것이다. 초고속 성장을 이끈 세대로서 '배워야 산다'는 생각이 지배적인 이들은 놀라운 향학열로 서로를 가르치며 디지털 기반의 팬덤 문화에 빠르게 적응하고 있다. 그리고 이런 디지털 학습은 일상생활의 다른 영역으로도 확장된다. 팬덤 활동을 통해 익힌 디지털 기술은 모바일 뱅킹, 온라인 쇼핑, 배달 앱 사용 등 다양한 디지털 서비스 활용으로 이어진다. 실제로 시니어들의 온라인 쇼핑 이용률이 크게 증가했으며 모바일 결제 서비스 사용도 활발해졌다.

앞으로도 디지털 기술의 발전과 함께 시니어들의 팬덤 활동은 더욱 다양화되고 활성화될 것으로 전망된다. 이런 변화는 취미나 여가 활동을 넘어 시니어들의 디지털 역량 강화와 사회적 네트워크 형성에 중요한 역할을 할 것으로 기대된다.

엔터테인먼트 사업의 큰손, 시니어 팬덤

현재 엔터테인먼트 기업들은 시니어 팬덤의 영향력과 잠재력에 주목하면서 다양한 맞춤형 전략을 수립하고 있다. 특히 시니어들의 높은 구매력과 충성도, 시간적 여유를 고려한 차별화된 서비스 개발이 활발히 이뤄지고 있다.

시니어 맞춤형 굿즈 개발도 활발하다. 소주잔과 유기, 목걸이 돋보기 같은 시니어의 라이프스타일을 고려한 제품들이 인기를 끌고 있다. 또한 콘서트나 팬 미팅에서는 시니어 전용 상담 창구를 마련해 예매부터 현장 안내까지 세심한 서비스를 제공한다. 최근에는 98세 어머니를 위해 함께 공연장을 찾은 딸의 사례처럼 시니어 팬들을 위한 특별한 배려도 늘어나고 있다. 팬클럽과 스태프들의 세심한 지원으로 고령의 팬들도 불편 없이 공연을 관람할 수 있게 되었다.

이는 단순히 팬 활동 지원을 넘어 디지털 격차 해소에도 기여한다. 팬 활동을 위해 디지털 기술을 배우면서 자연스럽게 디지털 리터러시가 향상되고, 이는 일상생활에서의 디지털 활용으로 이어진다. 시니어들은 팬 활동을 통해 디지털 사회의 당당한 구성원으로 성장하고 있는 것이다.

이런 변화에 발맞춰 시니어들의 디지털 서비스 이용을 돕기 위한 UI/UX 개선이 다양한 분야에서 활발하게 이뤄지고 있다. 특히 금융, 쇼핑, 엔터테인먼트 등 일상생활과 밀접한 서비스를 중심으로 시니어 친화적인 디자인이 확대되고 있다.

엔터테인먼트 산업에서도 시니어를 위한 서비스 개선이 진행되고 있다. 음원 스트리밍 서비스들은 재생 버튼을 크게 표시하고 음성 명령으로 음악을 재생할 수 있는 기능을 추가했다. 이런 UI/UX 개선은 단순히 디자인적 요소를 넘어 시니어들의 디지털 참여를 촉진하는 중요한 요소가 되고 있다. 시니어들은 디지털 서비스를 더 쉽게 이용할 수 있게 되면서 팬덤 활동이나 온라인 커뮤니티 참여 등 더욱 다양한 디지털 활동을 하게 되었다.

콘서트와 팬 미팅 운영에서도 시니어를 위한 특별한 배려와 전략이 두드러진다. 앞서 언급한 임영웅의 2023-2024 전국 투어 콘서트에서는 시니어 팬들을 위한 전용 예매 상담 전화를 개설해 온라인 예매 과정에서 어려움을 겪는 시니어들을 지원했다. 이는 디지털 격차로 인해 티켓 예매에서 소외될 수 있는 시니어 팬들을 위한 배려였다.

공연장 내부 시설과 운영 방식도 시니어 친화적으로 변화했다. 장시간 서서 관람해야 하는 불편을 해소하기 위해 시니어 전용 좌석 구역을 마련하고 의료진을 상시 대기시켜 응급 상황에 대비했다. 또한 화장실과 휴게 공간을 충분히 확보하고 공연장 내 동선도 시니어들의 이동 편의성을 고려해 설계했다.

팬 미팅 형식도 시니어들의 특성을 반영해 변화하고 있다. 대규모 팬 미팅 대신 20~30명 규모의 소규모 미팅을 선호하는 시니어들의 성향을 고려해 '미니 팬 미팅' 형식을 도입했는데, 이를 통해 아티스트와 팬들 간의 더욱 친밀한 소통이 가능해졌다. 이런 팬 미팅은 충분한 대화시간을 확보하고 시니어들이 편안하게 이야기할 수 있는 분위기를 조성하는 데 중점을 두고 있다.

시니어들의 디지털 격차를 고려한 온·오프라인 연계 프로그램도 확대되고 있다. 오프라인 매장에서 디지털 서비스 이용을 도와주는 '디지털 도우미' 서비스를 제공하거나 시니어 팬들을 위한 디지털 교육 프로그램을 운영하는 등 다양한 지원을 하고 있다. 이런 노력은 시니어들의 디지털 활용도를 높이고 온라인 팬 활동 참여를 촉진하는 데 기여한다.

엔터테인먼트 기업들의 시니어 팬덤 대응 전략은 시니어 시장의 성장 가능성을 보여 준다. 시니어들의 구매력과 디지털 활용도가 높아지면서 이들을 위한 맞춤형 제품과 서비스의 수요는 계속해서 증가할 것으로 예상된다. 앞으로도 기업들은 시니어들의 니즈를 더욱 세밀하게 파악하고, 이에 맞는 혁신적인 서비스를 개발해 나갈 것이다.

팬덤 활동으로
커뮤니티 형성

디지털 시니어의 팬덤 활동은 세대 간 소통, 자아실현, 사회적 연결의 새로운 창구로 진화하고 있다. 이런 현상은 고령화 사회에서 시니어들의 새로운 문화 패러다임을 형성하며 중요한 사회문화적 의미를 지닌다.

이제 시니어 팬덤은 세대 간 소통의 새로운 창구로 자리 잡았다. 과거에는 연예인을 좋아하고 팬 활동을 하는 것이 젊은 세대만의 문화로 여겨졌지만 이제는 부모 세대가 직접 팬이 되어 자녀 세대와 공감대를 형성한다. 특히 트로트 가수의 팬덤 활동에서 이런 변화가 두드러진다. 임영웅, 이찬원 등의 팬카페에서는 부모의 팬 활동을 돕는 자녀들의 이야기가 일상적으로 공유된다. 자녀들은 부모를 위해 콘서트 티켓팅을 대신 해주거나 음원 스트리밍 방법을 알려 주고 투표 프로그램 참여를 도와주는 등 적극적으로 부모의 팬 활동을 지원한다.

이런 과정에서 자연스러운 세대 간 대화가 이뤄진다. 예를 들어 자녀가 부모에게 스마트폰으로 음원 스트리밍하는 방법을 알려 주면서 디지털 기기 활용법을 자연스럽게 알려 주고, 부모는 자신이 좋아하는 가수의 이야기를 하면서 젊은 시절의 추억을 자녀와 공유한다. 나아가 부모와 자녀가 함께 콘서트에 참여하거나 팬미팅에 가는 등 공동의 문화활동을 즐기는 사례도 늘고 있다.

소셜 미디어를 통한 소통도 활발하다. 자녀들은 부모가 좋아하는 가수의 SNS 소식을 전해 주거나 유튜브 영상을 추천해 주는 등 온라인에서도 활발한 교류가 이뤄진다. 이런 과정에서 부모 세대는 디지털 문화에 자연스럽게 적응하게 되고 자녀 세대는 부모의 문화적 취향을 이해하게 된다.

팬덤을 통한 세대 간 소통은 가족 관계 개선에도 긍정적인 영향을 미친다. 공통의 관심사가 생기면서 대화 주제가 풍부해지고, 서로의 취향과 라이프스타일을 이해하게 되면서 세대 차이로 인한 갈등이 줄어드는 효과가 있다. 이는 사라져 가는 가족 단위 문화 체험이 새로운 모습으로 다시 등장할 가능성을 보여 준다.

한편 시니어 팬덤은 은퇴 후 새로운 자아 정체성과 사회적 관계를 형성하는 중요한 매개체로도 자리 잡았다. 주목할 만한 점은 시니어들이 수동적인 문화 소비자에서 적극적인 문화 생산자이자 커뮤니티 리더로 변모하고 있다는 것이다.

특히 시니어 팬덤의 봉사 활동과 기부 활동이 두드러진다. 영웅시대 서울 지역 팬클럽은 최근 임영웅의 데뷔 8주년을 기념해 1,050만 원을, 강원 지역 팬클럽은 노인복지관에 선풍기 100대를 기부했다. 연말 김장철이면 김장 봉사를 하며 김치를 취약계층에 기부하는 등 사회공헌 활동도 활발하다.

이런 사회 활동들은 시니어들에게 새로운 삶의 의미와 소속감을 제공한다. 한 60대 팬은 "팬클럽 활동을 하면서 제2의 인생을 살고 있다."라고 말할 정도로 팬덤 활동은 은퇴 후의 공백을 채우는 중요한 역할을 하고 있다. 특히 직장에서 은퇴하거나 전업주부로 살아오다 자녀들이 독립한 시니어들에게 팬덤은 소속감과 새로운 삶의 의미를 주는 커뮤니티 또는 공동체로서 기능한다.

전문가들은 시니어 팬덤이 크게 활성화된 이유는 팬덤이 사회 활동의 매개체로 작용하기 때문이라고 분석한다. 중년에게 팬덤이라는 조직은 연예인이라는 주제를 가지고 대화를 할 수 있고 나아가 커뮤니티를 만들어 주는 역할을 한다. 모르는 사람들끼리 콘서트에서 떼창을 하고 팬 활동을 위해 힘을 모으다 보면 집단성이 발휘되고 이로써 큰 만족감을 느낄 수 있다는 것이다.

시니어들의 문화 소비 패턴이 혁신적으로 변화하면서 엔터테인먼트 산업에 새로운 바람이 불고 있다. 경제력과 시간적 여유를 갖춘 시니어들은 소극적인 관람객을 넘어 적극적인 팬덤 활동의 주체로 떠올랐다. 시니어들은 팬덤 활동을 통해 새로운 사회적 관계를 형성하고 문화적 주체로서의 정체성을 확립해 가고 있다. 앞으로도 시니어 팬덤의 영향력은 더욱 커질 것으로 전망되며 이에 따라 관련 산업의 혁신도 계속될 것으로 예상된다.

현대의 시니어들은 과거와는 완전히 다른 새로운 문화를 형성하고 있다. '나이답게'라는 고정관념에서 벗어나 '나답게' 살아가려는 이들의 모습은 기존의 수동적이고 소극적인 시니어상을 바꿔 놓고 있다. 특히 이들의 문화 소비 패턴은 주목할 만하다. 시니어들은 단순히 TV 시청이나 라디오 청취와 같은 전통적인 여가 활동을 넘어 OTT 서비스나 숏폼 콘텐츠 등 새로운 미디어를 적극적으로 활용하고 있다.

이런 변화는 취미 생활에서도 나타나고 있다. 과거 시니어들이 주로 등산이나 게이트볼 같은 전통적인 활동을 선호했다면 현대의 시니어들은 디지털 드로잉, 온라인 악기 레슨, 가상 여행 체험 등 새로운 형태의 취미 활동에 적극적으로 도전하고 있다. 소비 패턴도 달라지고 있다. 시니어들은 더 이상 가격만을 중시하는 실용적 소비가 아닌 자신의 취향과 가치를 반영한 프리미엄 소비를 즐긴다. 고품질의 제품이나 서비스에 기꺼이 투자하며, 건강과 웰빙을 고려한 소비 결정을 내린다.

또한 이들은 디지털 기술 활용에도 적극적이다. 모바일 뱅킹, 온라인

쇼핑, 배달 앱 등 다양한 디지털 서비스를 능숙하게 사용하며 새로운 기술을 배우는 데도 거부감이 없다. 오히려 이들은 디지털 기술을 통해 더 편리하고 풍요로운 생활을 영위하고자 한다.

이런 변화는 시니어들의 자아실현 욕구와 맞물려 더욱 가속화되고 있다. 은퇴 후에도 계속해서 배우고 성장하고자 하는 욕구, 자신만의 개성을 표현하고자 하는 욕구, 사회적으로 의미 있는 활동에 참여하고 자 하는 욕구가 새로운 시니어 문화를 형성하는 원동력이 되고 있다.

앞으로 시니어 팬덤은 더욱 성장하고 진화할 것으로 전망된다. AI와 메타버스 등 새로운 기술의 발전으로 팬덤 활동의 형태도 다양해질 것 이며 이는 시니어들의 디지털 역량 강화에도 기여할 것이다. 무엇보다 시니어 팬덤은 세대 간 소통과 문화적 혁신을 이끄는 중요한 사회문화

흐름이 될 것으로 기대된다.

온·오프라인을 아우르는
시니어 팬덤 서비스

　　　　　디지털 시니어의 팬덤 활동이 새로운 문화 현상으로 부상하면서 기업들은 이들을 위한 차별화된 전략과 서비스를 개발할 필요가 있다. 특히 시니어 팬덤의 높은 구매력과 충성도, 디지털 활용 능력의 향상을 고려한 종합적인 접근이 필요하다.

　먼저, 시니어 맞춤형 디지털 플랫폼 구축이 필수적이다. 조사 결과에 따르면 시니어 팬들의 80퍼센트가 음악 감상을, 73퍼센트가 영상 시청을 즐기는 것으로 나타났다. 이런 높은 콘텐츠 소비율을 고려할 때 큰 글씨체 사용, 간단한 메뉴 구조, 직관적인 디자인 등 시니어 친화적 UI/UX를 적용한 플랫폼 개발이 중요하다.

　또한 시니어들의 적극적인 팬덤 활동을 지원하기 위해 기업들은 온라인과 오프라인을 아우르는 통합적인 서비스를 제공하고 있다. 특히 실물 앨범 구매와 콘서트 참여에서 시니어들의 활동이 두드러지는데, 이는 소장 가치를 중시하고 팬심을 표현하려는 시니어들의 소비 성향을 보여 준다.

　이런 온·오프라인 연계 서비스는 시니어들의 팬덤 활동을 더욱 풍부하게 만들고 있다. 디지털 기술을 활용하면서도 오프라인에서의 직접적인 만남과 교류를 통해 시니어들은 더욱 깊이 있는 팬덤 문화를 만들어 가고 있다. 앞으로도 시니어들의 특성과 니즈를 반영한 맞춤형 서비스 개발이 계속될 것으로 전망된다.

더불어 디지털 교육 지원은 시니어 팬덤 문화의 핵심 요소로 자리 잡았다. 삼성 시니어 디지털 아카데미는 시니어 세대 맞춤 UI/UX 디자인을 적용한 생활 맞춤형 앱을 개발해 디지털 튜터와 함께 하는 반복 학습을 통해 일상생활 속 디지털 기기 활용도를 높이고 있다. 특히 소통, 소비, 교통 등 일상생활에 필요한 디지털 역량 강화 교육을 제공한다.

지역 기반 교육도 활발하다. 성남시는 수정도서관을 상설 배움터로 지정해 다양한 주제의 디지털 교육을 제공하고 VR, 드론, AI 스피커 등 최신 디지털 기술을 체험할 수 있는 체험존도 운영하고 있다. 경기도는 '경로당 서포터즈' 사업으로 IT 전문 강사를 경로당에 파견해 스마트폰 활용, 모바일 뱅킹, 키오스크 사용법 등을 교육한다.

하지만 이렇게 시니어를 위한 다양한 디지털 서비스 개발과 함께 디지털 격차 해소를 위한 노력도 계속되어야 한다. 이들의 다양한 니즈를 반영한 맞춤형 서비스 개발, 직관적인 UI/UX 설계, 지속적인 교육 지원 등을 통해 시니어 팬덤의 문화적 영향력을 높이고 세대 간 소통을 촉진하는 긍정적인 변화를 만들어 가야 한다.

디지털 시니어의 탄생, 새로운 기회

디지털 시니어의 등장은 우리 사회의 근본적인 패러다임 전환을 의미한다. 시니어들은 이제 더 이상 수동적인 복지의 대상이 아닌 적극적인 소비와 생산의 주체로 변모하고 있다. 그중에서도 1970년대생을 중심으로 한 디지털 시니어들은 모바일 기기와 SNS 등 디지털 기술을 자유자재로 활용하면서 새로운 라이프스타일과 소비문화를 창출하고 있다. 이들은 경제적 여유와 시간적 자유를 바탕으로 자신만의 취향과 가치를 추구하는데, 이는 시장의 새로운 기회로 이어지고 있다.

디지털 시니어들의 소비 행태는 기존 시니어들과는 확연히 다른 양상을 보인다. 이들은 디지털 기술을 적극적으로 활용해 모바일 쇼핑과 디지털 결제를 일상적으로 사용하며, 다양한 분야에서 활발한 소비 활동을 펼친다. 주목할 만한 점은 이들에게 '욜로'와 '요노'라는 상반된 소비 트렌드가 공존한다는 것이다. 즉 자신을 위한 투자와 현재의 삶을 즐기는 데 과감한 소비를 하면서도, 필요한 것만 구매하는 합리적인 소비 패턴을 동시에 보인다. 구체적으로는 고가의 명품이나 프리미엄 제품 구매에는 주저하지 않으면서도 일상적인 생필품은 가격을 꼼꼼히 비교하여 합리적으로 구매하는 경우가 그런 예라 할 수 있다.

이런 변화는 시니어들의 라이프스타일 전반에 영향을 미쳐, 과거 '나이답게' 살아가던 모습에서 벗어나 '나다운' 삶을 추구하며 DIY형 소비에 능숙한 새로운 시니어상이 떠오르고 있다. 이 새로운 시니어들은 젊은이와 시니어의 특성을 동시에 지니고 있어, 젊은 감각을 유지하면서도 어른으로서의 품위를 지키고자 하는 균형 잡힌 모습을 보여 준다.

팬덤 활동에서도 디지털 시니어들의 적극성이 두드러진다. 이들은 단순히 음악을 듣거나 영상을 시청하는 수준을 넘어 음원 스트리밍, 콘서트 참여, 팬미팅 참가, 굿즈 구매 등 다양한 형태의 팬덤 활동에 참여한다. 이들은 경제적 여유와 시간적 자유를 바탕으로 젊은 세대 못지않은 열정적인 팬 활동을 보여 주고 있으며 이는 엔터테인먼트 산업의 새로운 성장 동력이 되고 있다.

디지털 금융 분야에서의 변화도 주목할 만하다. 모바일 뱅킹과 간편 결제 서비스의 이용이 증가하면서 금융 기관들은 시니어 맞춤형 서비스 개발에 주력하고 있다. 생체인증 기술의 도입으로 복잡한 비밀번호 입력 없이도 지문이나 얼굴 인식만으로 간편하게 결제할 수 있게 되었고, AI 기반 보안 시스템의 도입으로 보안성도 크게 강화되었다.

이런 변화는 기업들에 새로운 시장 기회를 제공한다. 앞으로 기업들은 시니어들의 디지털 활용도가 높아지고 소비 패턴이 다양화되는 현상에 주목해 이들을 위한 맞춤형 제품과 서비스 개발에 더욱 힘을 쏟아야 할 것이다.

이처럼 시니어 시장의 잠재력이 늘어나는 현시점에서 기업들의 역할은 더욱 중요해졌다. 초고령사회로 빠르게 진입하고 있는 지금 기업들은 시니어 시장의 거대한 잠재력을 빠르게 인식하고 전략적으로 접근해야 한다. 특히 베이비부머 세대가 고령층에 진입하면서 시니어 시장의 규모와 특성이 크게 변화하고 있어 기업들의 혁신적인 대응이 필요한 시점이다.

먼저 기업들은 시니어 소비자들의 니즈를 정확히 파악하는 것이 중요하다. 과거의 시니어와 달리 현재의 액티브 시니어들은 경제력을 바탕으로 적극적인 소비 활동을 하며 건강, 여가, 자기계발 등 다양한 분야에 관심이 있다. 따라서 시니어들의 다양한 욕구와 라이프스타일을 세밀하게 분석하고 이에 맞는 제품과 서비스를 개발해야 한다.

그중 하나로 UI/UX 개선은 시니어 시장 공략에서 매우 중요한 요소다. 디지털 기기 사용이 늘어나면서 시니어들도 온라인 쇼핑, 모바일 뱅킹 등을 활발히 이용하고 있지만 복잡한 인터페이스나 작은 글씨 때문에 어려움을 겪는 경우가 많다. 따라서 시니어 친화적인 UI/UX를 개발해 이들의 디지털 접근성을 높여야 한다. 예를 들면 직관적인 내비게이션, 큰 버튼과 글씨, 쉬운 용어 사용 등 시니어들이 쉽게 이용할 수 있는 환경을 만들어야 한다.

맞춤형 상품 개발도 중요한 전략이다. 시니어들의 신체적, 정신적 특성을 고려한 제품과 서비스를 제공해야 한다. 그러나 시니어들이 신체적, 정신적으로 취약하다고 여겼던 기존의 관점에서 벗어나 오늘날 활동적이고 경제력 있는 액티브 시니어들에게 초점을 맞출 필요가 있다. 즉 건강기능식품, 웰니스 프로그램, 시니어 전용 여행 상품 등 요즘 시니어들의 관심사와 필요에 맞는 다양한 상품을 개발하고, 이들의 경제력과 취향을 충분히 고려한 프리미엄 상품도 좋은 전략이 될 수 있다.

디지털 교육 프로그램 제공도 시니어 시장 공략의 중요한 요소다. 아직 많은 시니어가 디지털 기기 사용에 어려움을 겪고 있기 때문에 이들을 위한 스마트폰 사용법, 온라인 쇼핑 방법, 디지털 결제 방법 등에 대한 교육 프로그램을 제공함으로써 고객 확보와 브랜드 이미지 제고를 동시에 달성할 수 있다.

또한 기업들은 시니어들을 수동적인 소비자가 아닌 적극적인 참여자로 인식하고 이들의 경험과 지혜를 활용하는 방안을 모색해야 한다. 시니어들의 풍부한 경험과 전문성을 활용한 멘토링 프로그램, 시니어 인턴십, 시니어 창업 지원 등의 프로그램을 통해 시니어들의 사회 참여를 촉진하고 이를 통해 기업의 경쟁력을 높여야 한다.

마지막으로, 기업들은 시니어 시장에 대해 지속적인 연구와 투자를 해야 한다. 시니어 시장은 오늘날 매우 빠르게 변화하고 있으며 앞으로도 계속해서 성장할 것으로 예상된다. 따라서 시니어 시장의 트렌드를 주시하고 새로운 기술과 서비스를 개발하는 데 투자해야 한다. 특히 AI, IoT 등의 첨단 기술을 활용한 시니어 케어 솔루션 개발에 주목할 필요가 있다. 또한 시니어 시장에 대한 다각적인 접근이 필요하다. 건강, 여가, 금융, 주거 등 다양한 분야에서 시니어들의 니즈를 충족시킬 수 있는 통합적인 솔루션을 제공해야 한다. 예를 들면 헬스케어와 금융 서비스를 결합한 상품, 주거와 돌봄 서비스를 연계한 프로그램 등을 개발할 수 있다.

시니어 시장은 기업들에 큰 기회이자 도전이다. 시니어들의 니즈를 정확히 파악하고 혁신적인 제품과 서비스를 개발하며 시니어 친화적인 환경을 조성한다면 분명 시장에서 성공을 거둘 수 있을 것이다. 이는 단순히 기업의 이익을 넘어 고령화 사회의 삶의 질 향상에도 크게 기여하는 중요한 과제다. 앞으로 디지털 시니어 시장은 더욱 성장할 것으로 전망된다. 5075세대가 본격적으로 은퇴하면서 시장의 규모는 더욱 커질 것이며 이들의 디지털 활용도가 높아지면서 새로운 비즈니스 기회도 계속해서 창출될 것이다.

한편 AI와 메타버스 등 새로운 기술의 발전은 시니어 시장에 또 다른 변화를 가져올 것이다. AI 기반의 개인화된 서비스, VR/AR을 활용한 새로운 형태의 문화 체험, 블록체인 기술을 활용한 안전한 거래 시스템 등이 시니어들의 삶을 더욱 풍요롭게 만들 것이다.

그러나 이런 기술의 발전이 인간적 가치를 대체해서는 안 된다. AI와 같은 디지털 기술은 시니어들의 삶을 더욱 편리하고 풍요롭게 만드는 도구일 뿐 궁극적으로는 인간다운 삶과 관계의 회복이 더 중요하다. 따라서 기술 발전과 함께 세대 간 이해와 소통, 공동체 의식의 회복도 함께 이뤄져야 한다.

디지털 시니어의 등장은 우리 사회에 새로운 기회와 도전을 동시에 제시한다. 이는 단지 인구 구조의 변화나 기술 발전의 결과가 아닌, 우리 사회의 새로운 패러다임을 만들어 가는 과정이다. 이 과정에서 중요한 것은 모든 세대가 함께 참여하고 혜택을 누릴 수 있는 포용적인 사회를 만드는 것이다.

우리는 지금 새로운 시대의 문턱에 서 있다. 디지털 시니어의 등장은 이런 변화의 중심에 있으며 이들의 활동은 우리 사회의 미래를 보여 주는 중요한 지표가 될 것이다. 따라서 우리는 이들의 변화와 니즈를 정확히 이해하고 이를 바탕으로 새로운 기회를 창출해 나가야 한다.

디지털 시니어 시장의 발전은 단순히 경제적 성장을 넘어 우리 사회의 지속 가능한 발전을 위한 중요한 과제다. 이는 고령화 사회에서 시니어들의 삶의 질을 높이고 세대 간 격차를 줄이며 궁극적으로는 모든 세대가 함께 성장하고 발전하는 사회를 만드는 데 기여할 것이다.

시니어를 위한 시장 세분화 전략

현재 시니어를 위한 비즈니스는 주로 돌봄이 필요한 노인층을 대상으로 하고 있다. 이는 고령화 사회에서 가장 시급한 문제로 여겨지는 노인 돌봄과 건강 관리에 초점을 맞춘 결과다. 그러나 인구 구조의 변화와 함께 시니어 세대의 특성도 빠르게 변화하고 있어 우리 사회의 보다 다각적인 준비가 필요하다. 특히 고령인구를 크게 두 그룹으로 나눠 접근할 필요가 있다. 하나는 전통적인 '패시브 시니어' 그룹이고 다른 하나는 새롭게 부상하고 있는 '디지털 시니어' 그룹이다. 이 두 그룹은 서로 다른 특성과 요구 사항을 가지고 있어 각각에 맞는 맞춤형 사업과 서비스 개발이 필요하다.

패시브 시니어를 위한 사업은 주로 돌봄과 건강 관리에 초점을 맞춰야 한다. 이들은 신체적·정신적 건강 문제로 일상생활에 어려움을 겪는 경우가 많아 전문적인 돌봄 서비스가 필요하다. 이들을 위해서는 다음과 같은 사업들을 고려할 수 있다.

AI 기반 건강 모니터링 시스템

웨어러블 디바이스와 AI 기술을 결합해 패시브 시니어의 건강 상태를 실시간으로 모니터링하고 이상 징후 발견 시 즉각적으로 대응할 수 있는 시스템이다. 이 시스템은 만성질환 관리와 응급 상황 대처에 큰 도움이 될 수 있다.

이 시스템은 시니어가 착용하는 웨어러블 디바이스를 통해 심박수, 혈압, 체온, 활동량 등의 생체 정보를 지속적으로 수집한다. 수집된 데이터는 AI 알고리즘을 통해 분석되어 개인의 건강 상태를 평가하고 이상 징후를 감지한다. 예를 들어 심박수가 급격히 상승하거나 혈압이 위험 수준으로 올라가는 경우 시스템은 즉시 경고하고 필요한 경우 의료진이나 보호자에게 자동으로 알림을 보낸다. 주요 기능은 다음과 같다.

- 실시간 건강 상태 모니터링: 24시간 연속으로 시니어의 생체 정보를 수집하고 분석한다.
- 이상 징후 감지 및 경고: AI 알고리즘을 통해 건강 이상 징후를 감지하고 즉시 경고를 발생시킨다.

- 만성질환 관리: 당뇨병, 고혈압 등 만성질환자의 상태를 지속적으로 모니터링하고 관리한다.
- 응급 상황 대응: 낙상 감지 등 응급 상황 발생 시 즉시 구조 요청을 보낸다.
- 건강 데이터 분석 및 리포트: 수집된 데이터를 분석해 정기적으로 건강 리포트를 제공한다.

이 시스템의 장점은 시니어의 건강 상태를 지속적으로 모니터링함으로써 질병의 조기 발견과 예방이 가능하다는 점이다. 또한 응급 상황 발생 시 신속한 대응이 가능해 시니어의 안전을 보장한다. 더불어 의료진이 환자의 상태를 원격으로 모니터링할 수 있어 효율적인 의료 서비스 제공이 가능하다.

스마트 홈 케어 서비스

IoT 기술을 활용해 패시브 시니어의 가정 환경을 안전하고 편리하게 만드는 서비스다. 이 서비스는 자동 조명 시스템, 원격 제어 가능한 가전제품, 낙상 감지 센서 등을 설치해 시니어의 일상생활의 안전성과 편의성을 높인다. 주요 구성 요소는 다음과 같다.

- 자동 조명 시스템: 움직임 감지 센서와 연동해 시니어가 이동할 때 자동으로 조명이 켜지고 꺼진다. 이는 야간 낙상 사고 예방에 도움

이 된다.

- 스마트 가전 제어: 스마트폰 앱이나 음성 명령으로 TV, 에어컨, 전기밥솥 등의 가전제품을 원격 제어할 수 있다.
- 낙상 감지 센서: 바닥이나 벽면에 설치된 센서가 시니어의 낙상을 감지하면 즉시 보호자나 응급 서비스에 알림을 보낸다.
- 스마트 도어락: 지문인식이나 얼굴 인식 기술을 활용한 스마트 도어락으로 시니어의 출입을 안전하게 관리한다.
- 실내 환경 모니터링: 온도, 습도, 공기 질 등 실내 환경을 모니터링하고 최적의 상태를 유지한다.
- 약 복용 알림 시스템: 정해진 시간에 약 복용을 알려 주고, 복용 여부를 기록한다.

이 서비스의 장점은 시니어가 독립적으로 생활하면서도 안전하게 지낼 수 있도록 지원한다는 점이다. 특히 혼자 사는 시니어의 경우 응급 상황 발생 시 신속한 대응이 가능해 안전성이 크게 향상된다. 또한 일상생활의 편의성이 높아져 시니어의 삶의 질 향상에 기여할 수 있다.

그러나 이 서비스를 성공적으로 구현하기 위해서는 시니어가 쉽게 사용할 수 있는 직관적인 인터페이스 설계가 요구되며 개인정보 보호와 보안 문제에 대한 철저한 대비가 필요하다. 또한 초기 설치 비용과 유지보수 비용을 낮춰 경제적 부담을 줄여야 한다.

맞춤형 식사 배달 서비스

영양사와 AI 기술을 결합해 패시브 시니어 개개인의 건강 상태와 식단 제한에 맞는 맞춤형 식사를 제공하는 서비스다. 이 서비스는 시니어의 영양 불균형 문제를 해결하고 건강 증진에 도움을 줄 수 있다. 주요 특징은 다음과 같다.

- 개인별 맞춤 식단: 시니어의 건강 상태, 질병, 알레르기, 선호도 등을 고려한 맞춤형 식단을 제공한다.
- AI 기반 영양 분석: AI 알고리즘을 활용해 시니어의 영양 상태를 분석하고 최적의 식단을 설계한다.
- 전문 영양사 감수: AI가 설계한 식단을 전문 영양사가 검토하고 필요 시 조정한다.
- 신선한 식재료 사용: 지역 농가와 연계해 신선한 식재료를 사용한 건강한 식사를 제공한다.
- 정기적인 건강 체크: 식사 배달과 함께 정기적인 건강 체크 서비스를 제공한다.

이 서비스의 장점은 시니어의 건강 상태에 맞는 최적의 영양 공급이 가능하다는 점이다. 특히 만성질환이 있는 시니어나 거동이 불편한 시니어에게 큰 도움이 될 수 있다. 또한 식사 준비에 대한 부담을 덜어 주어 시니어와 보호자의 삶의 질 향상에 기여할 수 있다.

이 서비스를 성공적으로 운영하려면 다양한 건강 상태와 식단 제한을 고려한 레시피 개발이 필요하며, 신선한 식재료의 안정적인 공급 체계를 구축해야 한다. 배달 과정에서의 위생 관리와 적정 온도 유지 등 품질 관리 또한 중요하다.

원격 의료 상담 서비스

이동이 어려운 패시브 시니어를 위해 원격으로 의료 상담을 받을 수 있는 플랫폼이다. 이 서비스는 화상 통화 기술과 AI 챗봇을 활용해 기본적인 건강 상담부터 전문의와의 상담까지 폭넓은 서비스를 제공한다. 주요 기능은 다음과 같다.

- AI 챗봇 상담: 24시간 이용 가능한 AI 챗봇이 기본적인 건강 상담을 제공한다.
- 화상 진료: 전문의와 실시간 화상 통화를 통해 원격 진료를 받을 수 있다.
- 전자 처방전 발급: 원격 진료 후 필요시 전자 처방전을 발급받아 약국에서 약을 받을 수 있다.
- 건강 데이터 관리: 진료 기록, 투약 정보, 검사 결과 등의 건강 데이터를 체계적으로 관리한다.
- 정기 건강 체크: 만성질환자의 경우 정기적인 원격 모니터링과 상담을 제공한다.

이 서비스의 장점은 시니어가 병원을 직접 방문하지 않고도 의료 서비스를 받을 수 있다는 점이다. 특히 거동이 불편하거나 병원과의 거리가 먼 시니어에게 큰 도움이 될 수 있다. 또한 24시간 이용 가능한 AI 챗봇을 통해 간단한 건강 상담을 언제든 받을 수 있어 편리하다.

물론 여기에는 몇 가지 과제가 있다. 첫째, 원격 진료의 법적, 제도적 기반을 마련해야 한다. 둘째, 의료 정보의 보안과 개인정보 보호에 대한 철저한 대책이 필요하다. 셋째, 원격 진료의 한계를 인식하고 필요시 대면 진료로 연계할 수 있는 시스템을 구축해야 한다.

인지 기능 강화 프로그램

치매 예방과 인지 기능 유지를 위한 디지털 인지 훈련 프로그램으로, VR/AR 기술을 활용해 흥미롭고 효과적인 훈련 콘텐츠를 제공한다.

- 다양한 인지 훈련 게임: 기억력, 주의력, 언어능력, 시공간 능력 등 다양한 인지 기능을 훈련하는 게임을 제공한다.
- VR/AR 기술 활용: 가상현실이나 증강현실 기술을 활용해 몰입감 있는 훈련 환경을 제공한다.
- 개인별 맞춤 훈련: 개인의 인지 능력 수준에 맞춰 난이도가 자동으로 조절되는 맞춤형 훈련을 제공한다.
- 진행 상황 모니터링: 훈련 결과를 분석해 인지 기능의 변화를 모니터링하고 정기적으로 리포트를 제공한다.

- 사회적 상호작용 촉진: 다른 사용자들과 함께 할 수 있는 멀티플레이어 게임이나 온라인 커뮤니티 기능을 제공해 사회적 상호작용을 촉진한다.

이런 인지 기능 강화 프로그램은 패시브 시니어들의 인지 기능 저하를 예방하고 지연시키는 데 도움을 줄 수 있다. 또한 재미있고 몰입감 있는 훈련 방식을 통해 시니어들의 참여도를 높이고 지속적인 훈련을 유도한다. 더불어 가족이나 친구들과 함께 즐길 수 있어 사회적 고립감을 줄이고 정서적 안정에도 기여한다.

그러나 이 프로그램을 성공적으로 구현하기 위해서는 VR/AR 기기의 사용이 어려운 시니어들을 위한 대안적 접근 방식도 함께 제공해야 하며, 의료 전문가들과의 협력을 통해 프로그램의 효과성을 지속적으로 검증하고 개선해야 한다.

결론적으로 인지 기능 강화 프로그램은 패시브 시니어들의 삶의 질 향상과 건강한 노년 생활 유지에 중요한 역할을 할 것이다. 이는 단순한 훈련 도구를 넘어 시니어들에게 새로운 경험과 도전의 기회를 제공하는 혁신적인 솔루션이 될 수 있다.

· · ·

한편, 디지털 시니어를 위한 사업은 이들의 활동적이고 독립적인 라이프스타일을 지원하는 데 초점을 맞춰야 한다. 디지털 시니어들은 새로운 기술에 대한 적응력이 높고 다양한 경험과 자기계발에 대한 욕구가 강하다. 또한 단순한 돌봄이나 건강 관리를 넘어 삶의 질을 향상시키고 새로운 경험을 제공하는 서비스를 원한다. 따라서 이들을 위한 사업은 다음과 같은 방향으로 전개될 수 있다.

온라인 평생교육 플랫폼

AI 기술을 활용해 디지털 시니어의 지속적인 학습과 자기계발을 지원하는 서비스다. 개인의 관심사와 학습 패턴을 분석하고 이에 맞는 맞춤형 온라인 강좌를 추천한다. 주요 특징은 다음과 같다.

- 맞춤형 강좌 추천: AI 알고리즘을 통해 개인의 관심사와 학습 이력을 분석해 최적의 강좌를 추천한다.
- 다양한 분야: 언어, 예술, IT 등 다양한 분야의 강좌를 제공한다.
- 유연한 학습 방식: 시간과 장소에 구애받지 않고 자유롭게 학습할 수 있는 환경을 제공한다.
- 상호작용 학습: 온라인 토론, 그룹 프로젝트 등을 통해 다른 학습자들과 상호작용할 기회를 제공한다.
- 학습 진도 관리: 개인의 학습 진도를 추적하고 분석해 효과적인 학습 계획을 수립하도록 지원한다.

이런 온라인 평생교육 플랫폼은 디지털 시니어들에게 지속적인 학습과 자기계발의 기회를 제공해 인지 기능 유지와 삶의 질 향상에 기여한다. 또한 새로운 지식과 기술 습득을 통해 사회 변화에 적응하고 세대간 격차를 줄일 수 있다. 이를 위해서는 디지털 리터러시가 낮은 시니어들을 위한 사용자 친화적 인터페이스 설계가 필요하다. 또한 고품질의다양한 강좌 콘텐츠를 지속적으로 확보해야 하며 온라인 학습의 한계를 보완할 수 있는 오프라인 연계 프로그램도 고려해야 한다.

시니어 특화 소셜 네트워킹 서비스

비슷한 관심사를 가진 디지털 시니어들을 연결해 주는 플랫폼이다. 이 서비스는 AI 알고리즘을 활용해 개인의 관심사와 활동 패턴을 분석하고 이에 맞는 모임이나 활동을 추천한다.

- 관심사 기반 매칭: AI 알고리즘을 통해 유사한 관심사를 가진 시니어들을 연결해 준다.
- 온·오프라인 모임 지원: 온라인 채팅, 화상 통화뿐만 아니라 오프라인 모임도 지원한다.
- 활동 추천: 개인의 관심사와 활동 이력을 바탕으로 적합한 활동이나 이벤트를 추천한다.
- 안전한 소통 환경: 연령 인증, 신원 확인 등을 통해 안전한 소통 환경을 제공한다.
- 건강 정보 공유: 건강 관련 정보를 공유하고 함께 건강 관리를 할

수 있는 기능을 제공한다.

이런 시니어 특화 소셜 네트워킹 서비스는 디지털 시니어들의 사회적 고립을 예방하고 활발한 사회 활동을 촉진한다. 또한 비슷한 관심사를 가진 사람들과의 교류를 통해 정서적 안정과 삶의 만족도를 높인다. 이러한 서비스를 성공적으로 운영하기 위해서는 개인정보 보호와 프라이버시 보장에 대한 철저한 대책과 함께 연령대별, 관심사별로 다양한 커뮤니티를 형성하고 활성화하는 전략이 필요하다.

시니어 친화적 여행 서비스

AI와 빅데이터를 활용해 디지털 시니어의 취향과 건강 상태에 맞는 맞춤형 여행 상품을 개발하고 추천하는 서비스다. 또한 VR 기술을 활용한 가상 여행 체험 서비스도 함께 제공해 선택의 폭을 넓힌다. 이 서비스의 주요 특징은 다음과 같다.

- 맞춤형 여행 추천: AI 알고리즘을 통해 개인의 취향, 건강 상태, 예산 등을 고려한 최적의 여행 상품을 추천한다.
- 건강 고려 여행 설계: 개인의 건강 상태를 고려해 적절한 활동 수준과 의료 시설 접근성이 확보된 여행 일정을 설계한다.
- VR 가상 여행: 실제 여행이 어려운 경우를 위해 VR 기술을 활용한 가상 여행 체험 서비스를 제공한다.

- 동행 매칭 서비스: 비슷한 관심사를 가진 여행 동반자를 매칭해 주는 서비스를 제공한다.
- 실시간 여행 지원: 여행 중 실시간으로 정보를 제공하고 긴급 상황에 대응할 수 있는 지원 서비스를 제공한다.

시니어 친화적 여행 서비스는 디지털 시니어들에게 안전하고 즐거운 여행 경험을 제공할 수 있다. 또한 새로운 경험과 문화 체험을 통해 삶의 질 향상과 인지 기능 유지에 도움을 줄 수 있다. 이를 성공적으로 운영하기 위해서는 다양한 여행지와 숙박 시설에 대한 정확하고 상세한 정보 수집이 필요하며 응급 상황에 대비한 안전 대책과 의료 지원 시스템을 구축해야 한다. 또한 VR 여행 콘텐츠의 지속적인 개발과 업데이트가 필요하다.

시니어 창업 지원 플랫폼

은퇴 후에도 경제 활동을 원하는 디지털 시니어들을 위해 온라인 창업이나 프리랜서 활동을 지원하는 서비스다. AI 기술을 활용해 개인의 경력과 역량에 맞는 일자리나 창업 아이템을 추천하고 필요한 교육과 네트워킹 기회를 제공한다.
- 맞춤형 창업/일자리 추천: AI 알고리즘을 통해 개인의 경력, 기술, 관심사에 맞는 창업 아이템이나 일자리를 추천한다.
- 온라인 교육 프로그램: 창업이나 새로운 직종에 필요한 지식과 기

술을 학습할 수 있는 온라인 교육 프로그램을 제공한다.

- 멘토링 서비스: 경험 많은 선배 창업자나 전문가와의 멘토링 서비스를 제공한다.
- 네트워킹 지원: 비슷한 분야의 창업자나 프리랜서들과 교류할 수 있는 네트워킹 기회를 제공한다.
- 자금 조달 지원: 크라우드펀딩이나 투자자 매칭 등 자금 조달을 위한 다양한 옵션을 제공한다.

이런 시니어 창업 지원 플랫폼은 디지털 시니어들에게 새로운 경제 활동의 기회를 제공함으로써 경제적 안정과 자아실현에 기여한다. 또한 시니어들의 풍부한 경험과 지식을 사회에 환원할 수 있는 통로를 마련해 준다. 이들 플랫폼을 성공적으로 운영하기 위해서는 시니어들의 다양한 배경과 역량을 정확히 평가하고 매칭하는 시스템이 필요하며 지속적인 시장 분석을 통해 시니어에게 적합한 새로운 비즈니스 모델을 발굴해야 한다. 또한 창업 실패 시 리스크를 최소화할 안전장치도 마련해야 한다.

디지털 자산 관리 서비스

디지털 시니어의 자산을 효율적으로 관리할 수 있는 AI 기반 금융 서비스다. 개인의 재무 상황과 투자 성향을 분석해 맞춤형 투자 전략을 제시하고, 은퇴 후 안정적인 수입을 위한 다양한 금융 상품을 추천한다.

- AI 기반 자산 분석: AI 알고리즘을 통해 개인의 자산 상태, 수입, 지출 패턴을 종합적으로 분석한다.
- 맞춤형 투자 전략: 개인의 재무 목표와 리스크 성향에 맞는 최적의 투자 포트폴리오를 제안한다.
- 실시간 자산 모니터링: 투자 자산의 성과를 실시간으로 모니터링하고 필요 시 포트폴리오 조정을 제안한다.
- 은퇴 설계: 은퇴 후 안정적인 수입을 위한 장기적인 자산 관리 전략을 제시한다.
- 금융 교육: 디지털 시니어들의 금융 이해도를 높이기 위한 맞춤형 교육 콘텐츠를 제공한다.

이런 디지털 자산 관리 서비스는 디지털 시니어들이 안정적인 노후 생활을 준비하는 데 도움을 주고, 복잡한 금융 시장에서 정보에 입각한 결정을 내릴 수 있도록 지원한다. 이를 위해서는 개인 금융 정보에 대한 철저한 보안 대책은 물론 AI의 투자 결정에 대한 신뢰성과 투명성을 확보해야 한다. 또한 급변하는 금융 시장에 대응할 수 있는 AI 알고리즘의 지속적인 업데이트와 개선이 필요하다.

SENIOR
TREND